图字：01-2016-1111

图书在版编目(CIP)数据

鹰与龙：全球化与16世纪欧洲在中国和美洲的征服梦／(法) 塞尔日·格鲁金斯基著；崔华杰译. —北京：中国社会科学出版社，2018.12
ISBN 978-7-5203-2932-3

Ⅰ.①鹰… Ⅱ.①塞…②崔… Ⅲ.①殖民主义—历史—研究—欧洲—16世纪 Ⅳ.①K504

中国版本图书馆 CIP 数据核字(2018)第 175035 号

L'AIGLE ET LE DRAGON
by Serge Gruzinski
© Librairie Arthème Fayard，2012

出 版 人	赵剑英
责任编辑	郭沂纹
特约编辑	张 湉
责任校对	林玉萍
责任印制	李寡寡

出　　版	中国社会科学出版社
社　　址	北京鼓楼西大街甲 158 号
邮　　编	100720
网　　址	http：//www.csspw.cn
发 行 部	010-84083685
门 市 部	010-84029450
经　　销	新华书店及其他书店

印　　刷	北京明恒达印务有限公司
装　　订	廊坊市广阳区广增装订厂
版　　次	2018 年 12 月第 1 版
印　　次	2018 年 12 月第 1 次印刷

开　　本	710×1000 1/16
印　　张	18.5
字　　数	293 千字
定　　价	65.00 元

凡购买中国社会科学出版社图书，如有质量问题请与本社营销中心联系调换
电话：010-84083683
版权所有　侵权必究

向西驻目

理查德·瓦格纳：(《王者之心》I，第 1 页)

献给 安格斯·方丹（Angès Fontaine）

全球史与跨国史研究丛书

顾问：
　　李伯重
　　王学典
　　曼　宁（Patrick Manning）
　　格鲁金斯基（Serge Gruzinski）

主编：
　　李中清　刘家峰

编辑委员会：
　　包华石　陈怀宇　陈尚胜
　　顾銮斋　和文凯　黄纯艳
　　蒋竹山　李怀印　李雪涛
　　李中清　刘家峰　王立新
　　王元崇　岳秀坤　仲伟民

"全球史与跨国史研究丛书"出版前言

全球史（Global History）、跨国史（Transnational History）近年来已成为国际史学研究的新趋势。尽管目前学术界对"什么是全球史"、"什么是跨国史"尚未达成完全一致的意见，但全球史、跨国史作为一种研究历史的新理论、新方法、新视野，已得到史学家的普遍认同。一般来说，全球史以全球性现象和全球化进程为研究对象，包括气候变迁、移民、贸易、帝国扩张，以及物种、技术、疾病、思想、文化及宗教信仰的传播；跨国史则以历史上的跨国、跨区域现象（未必是全球性的）为研究对象。两者的研究对象具有互补性，研究方法则趋向一致，皆打破了过往以民族、国家作为单元和视角的研究范式，重视跨国家、跨民族、跨文化的联系与互动，将全球共同关心的话题纳入研究视野。

1963年，美国学者麦克尼尔（William H. McNeill）《西方的兴起》（*The Rise of the West*）的出版，标志着全球史正式登上学术舞台。半个多世纪以来，全球史在美国、英国、德国、加拿大、意大利和日本等多个国家蓬勃发展，以全球史或跨国史为主题召集的学术会议显著增加，这一领域的论著出版也令人目不暇接，开设全球史课程的大学越来越多。20世纪90年代，全球史开始传入中国。进入21世纪以来，首都师范大学、北京外国语大学等高校率先设立全球史研究机构，并创办专业刊物，全球史的概念、理论和著作得以迅速传播。

2015年8月，第22届国际历史科学大会在山东大学成功举办，促使我们思考、探索成立全球史与跨国史研究机构的可能性。一方面，我们希望借此推动全球史与跨国史的教学与研究工作；另一方面，我们也希望这个机构能成为山东大学历史学科与海内外学术交流的一个平台。经近一年的筹备，2016年6月，全球史与跨国史研究院宣告成立，之后开展了一系列的讲座和论坛活动。

"学术者，天下之公器"。山东大学全球史与跨国史研究院拟推出系列丛书，通过引进国外著作和出版国内同人专著、学刊等形式，展示全球史与跨国史的研究成果。在这里，我们衷心希望有志于此的海内外学者惠赐大作，奉献新知，共同打造好这一交流平台，推进全球史与跨国史研究在中国的发展。

目 录

致 谢	(1)
序 言	(1)
绪 论	(1)
第一章 两个宁静的世界	(5)
第二章 向世界开放	(21)
第三章 世界终究是圆的	(30)
第四章 跳到未知世界	(37)
第五章 来自另一个世界的书籍和函件	(51)
第六章 通使还是征服？	(67)
第七章 文明的冲突	(103)
第八章 给他者命名	(118)
第九章 火炮的故事	(135)
第十章 晦涩还是透明？	(147)
第十一章 世界上最大的城市	(160)
第十二章 犯罪年代	(176)
第十三章 白人的位置	(194)
第十四章 战后之人事	(204)
第十五章 南部海域的秘密	(215)
第十六章 中国近在眼前	(231)
第十七章 当中国醒来	(241)
结论：面向文艺复兴时期的全球史	(262)
参考书目	(269)
译后记	(283)

致　　谢

  在这里，笔者要特别感谢法国社会科学高等研究院（*École des Hautes Études en Sciences Sociales*）历史学科的同事所提出的问题、表达的意见还有给予的批评。历史研究向来不能闭门造车，因此，全球史还有其他路径的史学研究，均需世界各区域的研究者交流思想，汇聚方法，融通体验。卡门·伯纳德（Carmen Bernard）、路易斯·贝纳特·塔绍（Louise Bénat Tachot）、亚历山德拉·鲁索（Alessandra Russo）、阿方索·阿尔法罗（Alfonso Alfaro）、德乔·古斯曼（Décio Guzman）、鲍里斯·珍妮（Boris Jeanne）、佩德罗·戈麦斯（Pedro Gomes）、玛丽亚·马蒂尔德·本佐尼（Maria Matilde Benzoni）、奥雷斯特·文特罗恩（Oreste Ventrone）、朱塞佩·马可尼（Giuseppe Marcocci）等崭露头角的学者，提供动力，拓宽视野，解决不同的冲突问题，从而构成了全球史研究的基础。虽然说独木难成林，但历史学研究的著述，主要还是一个人的冒险。最后，衷心感谢社会科学高等研究院这个依然特殊的处所，在这里可以另辟蹊径，可以放手冒险，可以畅想学科未来，正因如此，才使得它一直处于社会科学的研究之巅，毕竟它已懂得如何去打破不同时代和各色文明之羁绊。

塞尔日·格鲁金斯基

序　言

　　本书的作者塞尔日·格鲁金斯基，乃是其时代最为杰出的历史学家之一（他出生于 1949 年）。在他开展历史学研究的初期阶段，他致力于墨西哥早期现代化的研究，后来，逐渐将论域扩展至整个拉丁美洲（巴西亦包括在内），其新近研究主要关注现代全球化（虽然说不管是经济全球化还是文化全球化在近几十年来都突飞猛进，但现代全球化苗头的出现却更早）。在这本新著中，格鲁金斯基聚焦早期现代世界的两个区域：墨西哥和中国。

　　大多数人，甚至包括历史学者在内，并不认为中国和拉丁美洲在 16 世纪有过多的关系（仅有的联系是中国货物运往马尼拉，然后通过所谓的"马尼拉大帆船"再运至阿卡普尔科）。因此，格鲁金斯基的贡献在于纠正了我们的错误认知。《鹰与龙》这部书就是法国学界所说"交叉史"（*Histoire Croisée*）在研究上的范本，所谓"交叉史"有时英译为"Connected History"（联系史），或译为"Transnational History"（跨国史），总之，这种研究历史的方法主要考察世界不同区域的经济、政治和文化之间的联系。

　　有学者认为，"交叉史"自"比较史"（Comparative History）这个比较老的研究方法发展而来，但实际上"比较史"主要侧重不同社会之间的同和不同，基本很少谈及存在的可能联系。不过，在我看来，这两种研究方法在关系上是彼此互补，而非相互对立。很明显，格鲁金斯基在这点上应无歧义。他的学术兴趣是在西班牙和中国这两个帝国，还有"鹰"与"龙"之联系，但是，其研究主要围绕其中的比较与对比，特别是西班牙征服墨西哥之成功和葡萄牙征服中国之失事。在书中，格鲁金斯基对"虚拟历史"（Virtual History）和"反事实历史"（Counter

Factual History）进行了精彩的论说，想象着葡萄人成功和西班牙失败所可能带来的结果。毕竟，当年墨西哥被赫尔南·科尔特斯带领下的数千西班牙人所征服，实际上这完全有可能避免。

  总之，这部相对简短的著述，最大的价值不仅是探究两个帝国之联系，而且，还激发我们去反思帝国何以易受攻击，更促使我们反思在历史的某个节点上两个帝国为何走向不同的道路，事情为何会按照既定的方式发生。

彼得·柏克（Peter Burke）
英国萨塞克斯大学教授

绪　　论

安德洛玛刻："特洛伊之战不会发生，卡珊德拉！"
　　　　　　让·季洛杜：《特洛伊战争不会发生》

　　阅读20世纪上半叶一些作家的著述时，我偶然发现了从墨西哥到中国的研究路径。比如，让·季洛杜（Jean Giraudoux）多年前就使我萌生出一个著述题目的想法——"中国战争不会发生"，但后来被我弃之不用。还有保罗·克洛岱尔（Paul Claudel）描述的栩栩如生的世界，给我们现在的理解提供了很多助益。在1929年上演的多幕剧《缎子鞋》中（The Satin Slipper），来自地球各个区域的人们，彼此高谈阔论。克洛岱尔这样解释说："这出戏的舞台是整个世界，尤其是16世纪末的西班牙。"作者还自称"压缩了国家和时代"，其本人虽然没有自称为历史学家，但是，却让读者陷入全球化的风暴之中①。克洛岱尔的"全球化"，在历史上不是第一次，也不是最后一次；它是葡萄牙人和西班牙人远征的结果，在16世纪迅速发源。不管是阿兹特克（Aztec）这头"鹰"，还是中国这条"龙"，都经受了欧洲人不甘平庸而带来的首次后果。

　　全球化不等同于欧洲扩张。所谓的"欧洲扩张"，要调动数量庞大的技术、资金、精神和人力。它是政治意愿、经济考量和宗教愿望的后果，不管如何，结果是伊比利亚半岛的士兵、船员、教士还有商人被派

---

① Paul Claudel, *Le Soulier de satin*, Paris: Gallimard, 1997, p. 15; 英译本见: Fr. John O'Connor, *The Satin Slipper or The Worst in Not the Surest*, London: Sheed & Ward, 1932; 1945年再版, p. xxvi. 1985年，该剧被拍成电影，导演是葡萄牙人曼努埃尔·德·奥里维拉（Manoel de Oliveira），该电影2004年在爱丁堡国际艺术节和2010年在纽约先后公映。

遭到千里之外的世界其他地区。伊比利亚的扩张，触发了连锁反应，甚至带来很大震动，最终动摇了整个社会。美洲即是其中的例证。在亚洲，伊比利亚人遇到了势力更强的抵抗，而在非洲他们却没有陷入泥淖，困进雨林。这样，便产生了不屈不挠的欧洲人形象——不管是认为其具有英勇事迹和文明美德，还是对之不屑一顾，事实证明这种想象根深蒂固。这是线性史观和目的论史观所致，时至今时，这种想象还在误导着历史学研究者和读者。

在伊比利亚扩张这个事例中，最让人误解的就是其带来的全球化。这个全球化的定义或能概括为，世界上原来互不知悉或相距万里之遥的地区，现在扩散建立各种类型的联系。16世纪的全球化，史无前例的互动在彼此发生，从而影响到欧洲、非洲、亚洲还有新大陆（the New World）。一个环绕地球的网络正在编织，虽然脆弱，虽然布满孔洞，虽然稍微用力就能被扯碎，但是，它终究摆脱政治与文化边界之局限。非洲人、亚洲人还有美洲印第安人，在这场全球化的大戏中只是无奈的配角。而葡萄牙人、西班牙人和意大利人，在这个阶段或者说在至少150年里，则提供了宗教、商业和帝国主义的养分。正如《缎子鞋》里中国仆人向美洲总督唐·罗德里格（Don Rodrigo）所说："我们相互俘虏，彼此都无法摆脱。[①]"

在当时的时代，有多少人能察觉到这点呢？实话说，这对主仆目光的穿透力，超过了此后研究他们的历史学者。16世纪的很多人，不仅是欧洲人，只是注意到周边所取得的发展的规模。他们中的大部分人基于传教团体所打开的视角，将这些事物纳入宗教话语进行理解。但是，全球化同时也影响到一些人，这些人有意识地加速世界不同地区之间的交流，有意识地发现无限多样的土地和民众，有意识地通过向其他世界的投资来攫取最大的利润，有意识地在已知空间无限扩张——虽然伴随着风险。最富有好奇心的，恐怕就是游历者，虽然说没有本地向导的帮助，他们基本上不知东西南北。

美洲的发现，还有墨西哥的征服，只能归功于一些历史人物，如科尔特斯，还有哥伦布（Columbus）。这虽值得商榷，但大体适当。时代

[①] Paul Claudel, *The Satin Slipper*, p. 30.

之久远，无知之增多，不得不让我们接受此类"急就章"。然而，全球化没有发明人。这是对伊比利亚人率先触发的震动，在全球范围内的回应。当面临这种预料不到且不可思议的后果时，结果是很多历史事实变得交错不清，错综复杂。事实上，全球化的过程绝不是残酷无情，也不是不可逆转的，它只是机械地完成一个预想的计划，最终带来一个标准化的世界。

因此，若是认为我们现在的全球化源自柏林墙的倒塌，那则是不正确的观点。同样，如果说全球化这棵参天大树是由伊比利亚人栽种，那也是一种错觉。然而，如果我们认可这段缺失的直接联系或线性关系，不是将历史进程演变为不重要的意外事件和偶然事件，那么，我们所处的时代在很多方面都应感念这段遥远的年代。正是在 16 世纪，人类历史开始在世界舞台上书写。在这时，世界不同区域开始加速建立联系：1492 年后欧洲和加勒比（Caribbean），1513 年后里斯本和广州，1517 年后塞维利亚（Seville）和墨西哥，等等。另外一个原因在于，这也是本书的写作中心：正是伊比利亚人的全球化，欧洲、新大陆和中国开始成为世界伙伴。时至今时，中国和美洲在全球化中仍然发挥着重要作用。但是，它们为何还有如何来到世界棋盘，对向而立？还有，美洲在今天何以显示出疲态之迹象，而中国看起来随时取而代之，而跃居世界之首？

笔者在早期的著述《那里是什么时间？现代黎明前的美洲和伊斯兰教》中，讨论了 16 世纪时伊斯兰世界和新大陆世界所建立联系之性质。在那时，这些地区遭受了欧洲人首次全球性扩张所带来的影响。哥伦布曾认为，他的发现之地黄金遍地，能够帮助基督徒重新夺回圣地耶路撒冷，赢得与伊斯兰教的战争。当看到《古兰经》没有记载、伊斯兰学者也不知悉这块大陆，关键是这块大陆还臣服于基督教教义并播下信仰的种子，奥斯曼帝国感到惴惴不安。若不考虑到 16 世纪之后伊斯兰世界、欧洲、美洲之间的相互关系史，就很难考察逐渐给世界带来共同历史的全球化。但仅仅止步于此吗？如果说伊比利亚人的全球化率先发现了世界 4 个区域之外的地区，那么，中国突然出现在欧洲人和美洲人的视野，则不啻另外一件惊天动地的大事件。基本在同一时期，在发现墨西哥时，我们长期以来将关注点放到中美洲上，还以为这就是世界的尽头，事实上结果却正如古代墨西哥人所声称的，它实际处于世界的中心。

在16世纪，伊比利亚人曾两度希望征服中国，但其目标从未实现。套用让·季洛杜的戏剧名，"中国之战不会发生"。在过去，一些人后悔得太晚了。而现在，包括笔者在内的其他人，将要反思殖民美洲和探索太平洋同期的这些征服梦之经验教训。中国、太平洋、新大陆和伊比利亚欧洲，是这段历史的主角，这段历史起源于它们之间的相遇与冲突。这可归纳为以下寥寥数语：伊比利亚人在中国的失败与在美洲的成功，发生在同一世纪。16世纪的全球史揭示出来的内容，可以视为解读文艺复兴的另外一种路径，其中，少一点顽固的欧洲中心主义，或许更能迎合当今的时代。

第一章 两个宁静的世界

对于亚洲，我所恐惧的是我们自己未来的一种前景，也就是亚洲目前在经历的景象。在印第安美洲，我执念不忘一个时代的出现，……当时人类和其所居住的世界极为协调。

克洛德·列维-斯特劳斯：《忧郁的热带》①

1520 年，在拉丁基督教界，查理五世（Charles V）、弗朗索瓦一世（François I）、亨利八世（Henry VIII）是三颗冉冉上升的红星：与这个新世纪同时诞生的查理大帝，1517 年开始统治卡斯提尔（Castile），1520 年在德国加冕为神圣罗马帝国皇帝，可以说见证了一个新国家的诞生；弗朗索瓦一世于 1515 年登基法兰西王位；亨利八世在 1509 年在英格兰加冕为王②。与此同时，在葡萄牙，其年迈的国王"幸运儿"曼努埃尔（Manuel），却依然充满活力，还打算与都铎王朝国王的妹妹成婚。面对法兰西和英格兰的竞争，查理大帝和曼努埃尔均在海洋上滋养雄心，欲将王国触及其他世界。1519 年 11 月，一位西班牙远征家，名赫尔南·科尔特斯（Hernán Cortés），带领一小撮步兵和骑兵，侵入了墨西哥。1520 年 5 月，一位名叫托梅·皮莱资（Tomé Pires）的葡萄牙外交使臣，进入中国的南京，获正德皇帝召见。朝鲜文献披露，出现在朝堂上的这行葡萄牙人，对向导兼通事的穆斯林商旅火者亚三（Khojja

---

① Claude Levi-Strauss, *Tristes tropiques*, tans. J. and Weightman, New York: Penguin Group, 1992, p. 150.
② Jean-Michel Sallmann, *Charles Quint: L'empire éphémére*, Paris: Payot, 2000, p. 100.

Asan）之侍奉分外中意。① 基本在同一时期，在墨西哥，科尔特斯遇到了三邦联盟头领，即"阿兹特克皇帝"蒙特祖玛（Moctezuma）。

两位皇帝

先从正德帝说起。1505年6月，朱厚照在北京继承其父皇弘治的帝位，改年号为正德。当时他只有14岁，是明朝第10位皇帝，位居大宝直至1521年驾崩。② 史官对其统治多有指摘。按照他们的记载，正德帝不务国事，醉心玩乐，还喜欢走出京师外出巡幸，放任贪得无厌的太监侵吞财富。

事实上，正德帝勇于挣脱臣工束缚，重新更张前朝蒙元时代的开放乃至世界大同主义。大部分时间里，他走出宫殿，要么结交西藏僧人、穆斯林阿訇、中亚工匠、女真或蒙古的护卫，要么接见远来北京的外国使臣。为与中亚穆斯林势力修好，他还甚至禁止京师杀猪。1518年和1519年两年间，他先在北方与蒙古军队作战，接着又到南方的江西戡乱，后平定宁王叛乱，将之在通州处死。但是，这对其形象的改变并无裨益；在正德帝死后，史家仍然是斥责其统治"无道""末世"。流离失所的农民去往矿厂或者是流往城镇，暴发户四起，传统文化遭到摒弃，地方习俗经历突变③，官吏敲诈勒索，民众骚动不安，与倭寇的私通贸易屡见不鲜，这些均是史官的笔下之词，基本缺少正面褒扬。此外，自然灾害频发，特别是1511年洪灾、饥荒接踵而至，造成严重危机，影响着整个社会。然而，也是在这个时代，帝国创造出的财富难以估量，物质生产极为丰盈，对外商贸空前昌盛。④

1520年，在横贯中国南北的首要水路通道大运河上，酒悖状态的

---

① David M. Robinson, "The Ming Court and the Legacy of Yuan Mongols", in David M. Robinson (ed.), *Culture, Courtiers and Competition: The Ming Court (1368 – 1644)*, Cambridge, MA: Harvard University Press, 2008, p. 402, 引自《中宗大王实录》。

② Timothy Brook, *The Confusions of Pleasure: Commerce and Culture in Ming China*, Berkeley/London/Los Angeles: University of California Press, 1998, p. 144.

③ Ibid., p. 146.

④ David M. Robinson, "The Ming Court and the Legacy of Yuan Mongols", p. 401.

正德帝从所乘船只上跌落。他不幸染上了肺疾，最终于次年 4 月 20 日不治身亡，时年 30 岁。正德帝因冰冷的河水而去世，关键是作为龙却死于水，史官相信此乃其应有下场。① 就在数月之前，一种神秘的物种打破了北京街头的平静，它用爪子攻击路人，伤人无数，时人称之为"悲恸之夜"②。兵部重塑秩序，平定谣言。素来沉迷宗教灵异、怪力乱神的正德帝，在驾崩数月之前召见了葡萄牙使臣。但当时及此后的历史记载，却对之少有详载。他驾崩后，并没有像墨西哥—特诺奇蒂特兰（Mexico-Tenochtitlán）君主蒙特祖玛一样赢得声誉。1959 年新中国拍摄的一部名为《江山美人》的影片，就描述了正德帝打扮成凡夫俗子，以便追逐个人享乐的场景。

对于蒙特祖玛，我们既可以说了解很多，同时又能说知之甚少。较之中华世界，阿兹特克这个世界对我们来说更加陌生，而且它长期处于悲剧氛围之中。印第安人、西班牙人和梅斯蒂索人（Mestizos）对蒙特祖玛的描述不一，且充满歧视：或说其是这个勤劳王国崩塌的原因，或颂扬西班牙征服之英勇事迹③。蒙特祖玛大约出生于 1467 年，乃奥伊佐特（Ahuitzotl，1486—1502）的孙子和继承人。他为人沉稳，颇有治国经验，在其 50 岁的时候遇到了科尔特斯。作为第 9 任君主，蒙特祖玛从 1502 到 1520 年就一直统治着墨西哥—特诺奇蒂特兰的墨西卡人（Mexicas），还将势力范围涉足特斯科科（Texcoco）和特拉科班（Tlacopan），从而形成了三邦军事联盟。西方传统将他造就为阿兹特克的皇帝。

编年史家认为，蒙特祖玛治国初期穷兵黩武，但似乎后来又对西班牙征服者改弦更张。他加强对贵族精英阶层的控制，重组上层统治阶级，罢黜先王属臣；还修改历法——其重要性将在下文论述，发起无数

---

① 关于沈德符（1578—1642 年）所撰《万历野获编》，见 Timothy Brook，*The Troubled Empire: China in the Yuan and Ming Dynasties*, Cambridge, MA: Harvard University Press, 2010, p. 13.

② Barend J. ter Haar, *Telling Stories: Witchcraft and Scapegoating in Chinese History*, Leiden: Brill, 2006.

③ Michel Graulich, *Moctezuma*, Paris: Fayard, 1994.; Susan D. Gillespie, *The Aztec Kings: The Construction of Rulership in Mexica History*, Tucson, AZ: University of Arizona Press, 1989.

战事讨伐三邦联盟的敌对者，虽然这收效甚微。1515 年，他兵败特拉斯卡拉，这说明不需要西班牙人，或不要马匹和火枪，都可以将蒙特祖玛击败。如同明正德帝，他建造了一处养禽房，豢养大批奇异独特的动物。还相似的是，两人都沉迷女色。编年史家迪亚兹·德尔·卡斯蒂略（Díaz del Castillo）曾断言说蒙特祖玛还有同性恋癖，这一点正是西班牙人所需要不断强调的借口。最终，蒙特祖玛去世了，死在西班牙人或者是美洲人之手。蒙特祖玛死后，有史家记说其统治早有末世之征兆，当地的祭司亦难以解释，并将之与后来的西班牙人入侵相联系。蒙特祖玛可怜的离世，还给不少电影和戏剧以创作灵感。[1] 和正德帝不一样的是，蒙特祖玛始终出现在西方历史和欧洲人的想象认知中。

虽然两位皇帝并没有太多的共同之处，但他们同时面临着相似的历史时期。1519 年 11 月，蒙特祖玛在墨西哥与西班牙人相遇；几个月之后，正德帝在南京召见葡萄牙人。本书的余下内容，在简述 16 世纪初中国和墨西哥的大致历史图景之后，将探讨这一历史巧合。

正德之中国与蒙特祖玛之墨西哥

1511 年，葡萄牙人拿下马六甲，而西班牙人占据古巴。到这时，伊利比亚舰队距离中、墨这两个端倪初露之国家，实际上近在咫尺，他们也已开始探索其周边地区。然而直到数年之后，墨西哥和中国才汇入伊比利亚君主与臣民所沉迷其中的这股扩张主义潮流。

中、墨两国的相似性很少，只是同时被西班牙和葡萄牙人所发现或者说是征服；或者说在欧洲人眼里两国均有些新奇的异质，如它们都有着千年历史，并与欧洲地中海的国家有着相当的不同之处。无论是秉持一神论的犹太教与基督教，还是承扬政治、司法与哲学的希腊与罗马，均将中、墨视为不同历史轨迹上的异域国家，虽然它们在内在上并不完全歧异。美洲社会的发展，并没有与外部世界产生过联系。但是，华夏世界与地中海世界的接触已有相当长的历史（通过著名的丝绸之路）。

---

[1] 详见以下电影作品：意大利之 Vivaldi、Spontini、Pasiello 和 Galuppi，波西米亚之 Myslivecek，德国之 Graun。

我们不应该忘记，虽然中国对伊斯兰教的渗透有着长久的抵抗，但通过被人普遍接受的印度佛教，中国与欧亚大陆的部分地区还保持着长期交流。因此，当危机降临之际，美洲明显缺乏这些历史经验。

在16世纪20年代，中国与墨西哥在哪些方面具有相似性呢？当时的中国是一个帝国（一些学者谈及中国必称之为"华夏世界"）①，相反，古代墨西哥在政治上却四分五裂。考古学家倾向于用中美洲这个宽泛概念代之，并认为直到19世纪墨西哥才有关于"民族"的认知，事实上从本书所探讨的历史断限来看，此说完全错误。但是，在这里本书不想单纯地比较中、墨两国的异同。笔者的写作目的，只是呈现出伊比利亚人抵达之前两国所处的历史图景，并尤为强调其重要特征，揭示在面临欧洲人介入时所作出的不同反应，特别是导致文明崩坍的一些关键特质。概而言之，这些特质即：快速周游于陆地和海洋的能力，熟悉各洲及洲际事物并能搜集与分析信息，具备迅速且出其不意地转移物品、人员及军事资源的能力，全球视野下的思维能力。此种能力，或是技术层面，或是心智层面，在伊比利亚扩张中均发挥了重要作用：在缺乏资金、舰船、马匹、火枪及通函能力的情况下，漫长遥远的扩张必不可能成为现实，因为这些均涉及人力与武力的流动、后勤支援保障、实地调查及信息窥探、榨取及运输财富、酿造世界意识等。

不可避免，简短的评述难尽如人意，特别是在蒙特祖玛这个事例中更是如此，这是因为，我们一般认为古代墨西哥与中华帝国不可相提并论。西班牙人陡然涌入新征服地区，刺激产生了为数众多的报告与记述，但是在哥伦布发现美洲大陆之前，其历史却模糊不清，虽然在考古发掘上成果显著。众所周知，古代墨西哥人没有文字记录，而中国则至少有3000年的历史了。中国史籍丰富，而美洲历史学家则需要欧洲人的史据、数量有限的本土及梅斯蒂索人的描述，且后者的描述由于遭受到殖民入侵的创伤而扭曲。总而言之，15世纪美洲人的世界对我们来说晦涩不明。当然，华夏世界过去及未来对我们来说则有大量信息可以诉说。

---

① Jacques Gernet, *Le Monde chinois*, Paris: Armand Colin, 1972, p. 100.

中 国

中国，英文表述为"Middle Kingdom"。较之新大陆及其他国家，中华帝国在远古时代的历史最为久远。中国的历史可追溯至公元前3000年，当时的朝代为夏。与之相反，美洲大陆的帝国墨西卡及印加，在西班牙人入侵之前仅有百年的历史。中国统一且历史久远，体量宏大，人口众多——居住人口超过一亿人口乃至一亿三千万之多[1]，财富丰盈，为伊比利亚人所惊叹；伊比利亚人乐意口传相授中国的这些盛景，接着将之传播到欧洲的其他地方。

首先，中华帝国拥有庞大的官僚体制及司法体系，数代以降日趋完备，通过中央及地方的各级各类官吏来统治全国；特别是其军事系统，除了在北部边疆及沿海之外，在其他地区均发挥了重要效用。其国家机器，通过科举考试制度保证人才的流动与补充，也保证了政令从北京的朝廷到地方督抚及至州县的贯彻通行。在这里，没有领主，也无贵族，只有受过教育的士绅。他们中的大部分人，得益于科举考试制度还有家族及地方的支持，这些都为他们进入帝国中枢铺平了上升的道路。儒家思想体制下的官吏多达两万人，加上宦官十万人，这在欧洲人和墨西哥人看来实在是官员冗滥。

实际上，中国在16世纪之时，其官治无序，早就臭名昭著。[2] 在任何一级的官僚体系中，其贪腐盛行，使得帝国的行政控制或是鞭长莫及，或是滞后迟钝，或是零散无常，结果就是治理低效。在其南部海域一带，贪腐尤为泛滥，这里的财富主要来自于海上贸易。葡萄牙人亦从中受益颇丰。当然，事无完事。管理不善、叛乱及盗匪盛行，意味着我们不能过于理想化天朝中国，但是我们应该知悉的是，还没有哪一个行政体如中国一样管理着这么多的民众与土地。拥有如此官僚体制的帝国皇帝面临着多样冲突：他所倡导的宫廷礼仪自由与传统习俗，他的军事

---

[1] 中国人口总量基本等于六个中美洲人口之和，见 Timothy Brook, *The Confusions of Pleasure: Commerce and Culture in Ming China*, p. 95.

[2] Jean-Michel Sallmann, *Le Grand Désenclavement du monde, 1200 – 1600*, Paris: Payot, 2011, pp. 556, 561.

冒险、他对外部世界的好奇、他的九州大一统野心，均与受过教育且秉持不同价值观的官吏们相抵触。

然而，中国还是富商巨贾的世界。这些商人从事玉米、丝绸、食盐、茶叶和瓷器的交易。沟通南北交通的大运河的日渐拥堵，足以见证其贸易规模之盛。① 时至16世纪初年，商人势力抬头，与之相对立的士人群体蔑视其为暴发户。与儒家思想体系下遵规循矩的官绅相比，商人充满活力，喜欢变幻莫测且机遇不定的市场贸易，厌倦稳定有序的乡村生活。然而，依然占据主导的传统积习给这个新兴阶级带来多种束缚。以贸易玉米和茶叶起家的徽商，及获利不菲的盐商，均要依附于士人群体或高级官吏。② 同时，中国士绅自身对于商人远道进口来的奢侈商品亦难以抵御，如古玩、异域水果及外地植物等。此种诱惑，格外强烈，以致诸多士绅收藏或消费各类稀罕物及珍品，且成为日常生活之必须。顺理成章的，对伊比利亚人所输入异域物品的好奇，促成了中国与欧洲的联系，两个世界因之建立纽带。

贸易、邮驿服务，乃至军队，都从这条道路网络中受益匪浅。与同时期的欧洲相较，中国在驿站、运河乃至桥梁的建设上不仅规模大，而且颇富效率。马匹、轿子和平底船随处可见。道路之状况，桥梁之数量，特别是桥梁以石料装饰，并有小舟行经，均吸引着来自欧洲的旅行者，后者对此投以难以置信的目光。③ 农业的发展，同样令人震惊：田地辽阔，目不能及，军队和农民辛勤耕作，没留下一寸荒地。

农业和技术的发展，实际上得益于书籍的散播，特别是在15世纪末期这方面尤为明显。书林之业也成为获益不菲的产业及投机商业，福建建阳的慎独斋即其中一例，由此可以折射出大明王朝的勃勃生机，这远非欧洲的基督教国家所能比肩。印刷业的兴盛，使得儒家典籍、大明律等各类官方文书得以刻印。印刷业的繁盛也要归功于阅读的推广。这里使人联系到15世纪印刷业在欧洲的突然发达，然而与之不同的是，

---

① Jean-Michel Sallmann, *Le Grand Désenclavement du monde*, 1200 – 1600, Paris：Payot, 2011, p. 118.
② Ibid., pp. 128 – 129.
③ Ibid., p. 92.

在中国"足不出户，便知天下"，①印刷业并不是新近出现的事物，而是有着数世纪的历史，发挥着重要作用。时至 16 世纪，这项变革在中国持续进行。在这时，明显可见著述在国家治理上所发挥的先锋作用。而且，它还诱使人们进行哲理层面的探索，也利于刺激一些离经叛道之思想的出现，因此有人或自由地发表意见，或畅谈关于世界的观点。当时邸报随处可见，散布新闻，传播科技，通报帝国各地情形，刊发星象变化以预测灾异。

谈到"中国思想"，寥寥数语进行概述，尚不能表达其内容之丰富、创新之独到。从 15 世纪开始，应举的士子在考试中开始使用官定教科书理学，且要熟知其中的内容。诸如《四书章句集注》等著述，自宋朝以来就滋养正统思想，并因之流布全国，事实上到了 20 世纪初，还在影响着官僚思维。不过，若是得出中国知识圈完全沉浸于这些典籍的世界，那也是不正确的推想。儒家正统，实际上也受到佛教的影响，并融摄其静寂思想，强调心性修养而轻忽外在物质，容忍社会变革时期出现的各种离经叛道之思想。可以想见的是，学者文化与大众文化杂糅，儒、释、道亦三教合一。②对于这种合流现象及宗教传统的互融，我们并不能从教义典籍而要从精神体验的角度来予以解释。

在这种知识层面，有一些人物尤为值得关注。其中，王阳明（1472—1529）是最为杰出的人物，其思想在 16 世纪的中国备受推崇。王阳明的学说强调个人的自我反省，坚持心的重要性，这是因为心乃天地万物的一体③。"夫圣人之心，以天地万物为一体，其视天下之人，无外内远近，凡有血气，皆其昆弟赤子之亲，莫不欲安全而教养之"，目的是"以遂其万物一体之念"。王阳明还奉行"知行合一"，并强调思考的必要性。其他思想家，诸如王廷相（1474—1544）竭力反对正统儒家，认为"气"乃世界之本源，万物皆出于气，世界上除了"气"之外别无他物。还有更激进的观点，如泰州学派的创立者王艮（1483—

---

① Jean-Michel Sallmann, *Le Grand Désenclavement du monde, 1200 - 1600*, Paris: Payot, 2011, p. 132. 论及明弘治朝大学士闵珪的藏书楼。

② Timothy Brook, "Rethinking Syncretism: The Unity of the Three Teachings and their Joint Worship in Late Imperial China", *Journal of Chinese Religions*, 21 (1993), pp. 13 - 44.

③ Anne Cheng, *Histoire de la pensée chinoise*, Paris: Seuil, 1997, p. 533.

1541），因自由阐发儒家经典而著名。在这点上，中国人谈不上羡慕欧洲的伊拉斯谟（Erasmus von Rotterdam）和马丁·路德（Martin Luther）。

阿纳瓦克

在中文里，中国常以"海内"指代自身，即"四海之内"之意。在墨西哥中部，阿兹特克人所说的纳瓦特尔语中，这片印第安土地被称为"Anahuac（阿纳瓦克）"，是"水中之陆地"之意。还有一个词汇"Cemanahua"，意思是大陆被水包围，"整个世界的尽头即天涯海角"，看起来中国和墨西哥在这点上有着类似的话语。还有，"Uey atl"，也是指"大洪水"亦即海洋之意，它环绕在古代墨西卡人出没的这片土地，但该词另有"亡魂"的意思①。大水形成一堵墙，一团沉寂，对外隔绝，阿纳瓦克在其中形成另一个寂静的世界。

这种状况为时不长。1517年，西班牙定居者起航驶向古巴，曾沿墨西哥湾巡航。在船上，他们看到了一片陆地，就是我们当今所称的中美洲，接下来各色人等蜂拥而至，不同的语言、历史和文化在这里交融。虽然说这片区域在古迹上可与中国媲美，但是，那些建构与过往联系的遗址后来遭到了相当程度的破坏。那些即将欢迎西班牙前来定居的当地人群，与鼎盛时期的罗马帝国基本同期的大都会特诺奇蒂特兰，后来一道消逝于历史的烟云中，现在只能通过下列地区残存的普通遗留物，以完全不同的方式来阐释记忆的存在，如：尤卡坦半岛（Yucatan）之玛雅（Maya），瓦哈卡（Oaxaca）之萨波特克（Zapotec）和米斯特克（Mixtec），及墨西哥谷地的那瓦（Nahua）。由于当时缺少字母或表意的书写方式，当今的史实重建因此面临着困难，然而那瓦人从12世纪就开始在高原一带定居，其他地区的文字传说随之传入，这样先前的历史记忆就消失得荡然无存了。因此，墨西卡人费尽笔墨展现墨西哥—特诺奇蒂特兰时，虽给人感觉其国历史不久，但实际上其他族群在此地已繁

---

① "Atl"指水，其反义词是"火（tlachinolli）"和"天（illhuicatl）"，而"teoatl（神水）"则是"战争"之意。详见Frances Karttunen, *An Analytical Dictionary of Nahutal*, Austin, TX: University of Texas Press, 1983.

衍生息多年了。

此外，我们必须还要记住的是，当时的时代关系与我们当今完全不同，其原因是不稳定的记忆，通过流传及重述势必不断制造过去的历史，从而与史实有着偏差。曾有两位蒙特祖玛，先后统治过墨西哥城，一位统治时期是15世纪的中期，另外一个时值西班牙入侵时期。提及第二个蒙特祖玛时，人们不禁联想到与其同名的那个君王，似乎还会特别谨慎地强调两者之间的共性而非各自的特殊性。在不断的映射及重述之下，这种周期循环式的记忆对于顺应于西方历史和想重构事实的我们而言，肯定是绕不开的障碍。我们想要解读的过去之图景，看起来含混不清，让人绝望。他们的这种独特性让人难以预料且无法想象，从而在思想上让人无力解读——当伊比里亚人侵入之后，这种情况便发生了。相反，中国人长期浸淫在熟悉的行为规范里，从其自身的经历中并没有得到对外交往的利益。因此，明王朝从未忘记其根基是建立在驱逐蒙古鞑靼的基础之上，而后者曾入侵且占领以汉民族为主体的宋朝。

中美洲的这种多样性，在其政治分裂方面亦有折射。16世纪之初，一个联盟在其中部地区成立，即所谓的"三邦联盟"，它是以墨西哥—特诺奇蒂特兰和那瓦人的墨西卡（今时所谓的"阿兹特克"）城邦为基业，占据着高原地区的大部分领土。但是，在中美洲这片土地上，不只居住着三邦联盟，其他诸如：西北地区的普雷佩恰人（Purepechas）、南部地区的米斯特加人（Mixtecs）和萨波特加人（Zapotecs）、东部地区的托托纳加人（Totonaca），以及奥托米人（Los Otomis）等族群还与三邦联盟为敌。当时，在尤卡坦半岛，伟大玛雅人的后代首先与西班牙人发生了接触。阿兹特克的都城特诺奇蒂特兰，大概居住着20万到30万居民，是当时世界上的大都会之一。在墨西哥平原，这不是唯一的城市，还有特斯科科（Texcoco）、乔卢拉（Cholula）、特拉斯卡拉（Tlaxcala）以及其他城镇，均是集宗教、政治和经济等功能于一体的中心，其活力引起了入侵者的好奇心。

相反，中国拥有一套庞大的官僚体制来治理相对统一的国土，而阿兹特克只是名义上的帝国而已。下文将会描述，所谓的"阿兹特克帝国"，实际上只是科尔特斯炮制的产物，以及受科尔特斯影响的历史学家之作品。这一切都是为西班牙人的征服史平添光辉，或者是徒增印第安人悲剧史的苦痛而已。其实，特诺奇蒂特兰及其联盟在统治的时候，经常发起突袭、掠夺及远征，但并非都取得了成功。当时道路不畅，役畜缺乏，三邦联盟持续的扩张所带来的影响就是削弱了其本来应该行使的政治与经济统治。① 所谓"统治"，并不意味着系统地剥夺敌手的资源及其神灵，而是去榨取贡品以及取得忠诚的保证，即人质。这些胜利者并不想去改变他们所征服的地区，与之相反，中国人长期以来对那些少数族群进行汉化，伊比利亚人则为美洲印第安人的西方化做着准备。这并不是说，墨西卡人刻意选择这种疲弱的帝国模式，而是因为其缺少大规模的定居或政治整合。相反，他们发展了这一模式，其目的是攫取更大的利益，吸引该地区的大多数民众、敌人或者盟友。而西班牙的胜利者，将会实施完全不同的制度。

"帝国"的管理，基本上通过三邦联盟从贵族中招募的卡尔皮斯科（Calpixqueh）来实施，所谓"卡尔皮斯科"的职责就是各负责一个区域，大概在 40 个省级城镇征收贡赋。② 在地方上，这项任务由专门的征税人（Tequitlhtoh）负责，这些人要依赖于他们的上级卡尔皮斯科。一些贡赋上缴到特诺奇蒂特兰，一些用于各省的驻防部队。与葡萄牙向所经之地派遣的众多官员、法官、兵士还有海关官员相比，卡尔皮斯科数量上实在是微不足道。

在墨西哥，武士发挥着重要的作用，其铁腕手段迫使其他贵族缴纳贡赋，并将这些战利品运送到墨西卡首都及联邦。所以，全副武装的西班牙人在入侵之时，如果面对的是一些受过良好教育的管理者，那么入侵看起来则会相当地轻松自在。印第安的武士与西班牙的兵士相比，有着很大的不同。那瓦民族看重单人决斗，抓获俘虏。他们推崇强烈的个人主义，因而培育出强烈的竞争精神，即便是面对极为危险的战场。个人只有英勇战斗，才能战胜敌人，并牢记只有死亡才是真正的惩罚。③

---

① Ross Hassig, *Comecio, tributo y transporters. La economía política del valle de México en el siglo XVI*, Mexico: Alianza Editorial Mexicana, 1990, p. 111；另请参见第 112 至 113 页，及注释 43，其中论及与中国的对比。

② Ibid., p. 117.

③ Inga Clendinnen, *Aztecs: An Interpretation*, Cambridge: Cambridge University Press, 1991, p. 117.

痴迷于赢取地位，痴迷于拥有胜利，痴迷于持有特权——甚至有时利用欺诈手段，其结果是很难组织起来集体行动，但集体行动才是团队事工的核心，而不仅是个人的勇气。如果殖民者的记述没有夸大其词的话，那么，对他人的冷酷无情，对琐屑违规行为的随时戒罚[1]，披露其主要军事精英的刻板，这些都使他们从而无法自如地应对突然爆发的意外情况。

诚然，这些良好的规则，只是纸上谈兵而已。与西班牙人的短兵相接，很快说明了印第安人的机动灵活且策略多样。何以如此，首要原因就是这里没有真正的常规军。墨西哥及其联盟召集大陆的武士，协同作战，镇压地方叛军，或与宿敌斗争。吊诡的是，即使是在三邦联盟核心的势力地区，也存在小范围的叛逆活动，特拉斯卡拉即其中一例。有人解释说，原因是其干预的能力有限，此后越发明显。即使是规模再小的军队行动，在后勤方面也会面临系列问题，如只能徒步行进，而且土地崎岖不平等。运输所有物品，只有仰仗人力，从而需人颇多：每一名武士都需要配置一个搬运夫，这样装备和粮食才能满足军队远征之需。较多的辎重，加剧了路况不佳所带来的问题。这些被称"Tamemes"的搬运夫，在后来的西班牙人征服过程中侥幸活命，此后他们被牛马所取代。

与中国不同的是，道路、运河与河流在这些部落城邦中并不见踪迹，组织用于战事的军事力量极为受限，这给镇压敌人带来了困难。这里并没有融合被征服民众的迹象，而是周期性地颁发指令，有时处死敌对精英，要求向位于特诺奇蒂特兰的祭坛定期上供。新角色的侵入，看起来挑战了三邦联盟占据优势上的权力平衡，从而破坏墨西卡的霸权。这是因为，排他主义倾向明显，这在整个高原地区尤其盛行。特诺奇蒂特兰曾欺凌它的近邻特拉斯卡拉，而后者也还以颜色；特斯科科的联盟憎恨特诺奇蒂特兰的傲慢自大；特拉斯卡拉与墨西哥谷地为传统宿敌；墨米却肯地区的普雷佩恰人，竭尽全力抵御三邦军事联盟往西北的入侵。[2] 在

---

[1] Inga Clendinnen, *Aztecs: An Interpretation*, Cambridge: Cambridge University Press, 1991, p. 131.

[2] Ibid., p. 268.

墨西哥谷地新近扎根的墨西卡人，费尽周折赢得了正统，消除联盟之间的憎恨，挫败历史上的和潜在的敌手。

因此，难道墨西卡帝国是所谓的"纸牌屋"吗？我们不能把墨西哥的悲惨命运，建构在其历史末期的辉煌基础之上，我们必须审谨对待这一点。实际上，在其他时期，墨西卡帝国在地位上相当稳固，它曾经也是个名副其实的帝国。

吊诡的是，最为严重的威胁是来自于帝国内部，而不是来自于遥远边疆甚至是海岸。离特诺奇蒂特兰大约200公里之外的特拉斯卡拉，依旧在侵蚀着联盟，虽然说尚不足以与三邦联盟相抗衡，毕竟后者的势力范围已深入到北部和南部。一艘敌对的舰队，对古代墨西哥人来说，可能是天外之物，难以相信，这是他们的世界观所造成的：他们相信地球像个圆盘，或者是由四部分组成的长方体，周遭都是汪洋大海，其最远点向上凸起，以支撑穹窿。对于墨西卡人来说，只有在迫在眉睫之时，他们才会发起防御和进攻，但不是将从海洋来犯的外国侵略军驱逐出国门。

与中国类似，我们对宗教的分类，对神圣和亵渎的区分，对神性观念的分析，都无法真正理解古代墨西卡人的信仰、神话与习俗。出于学术习惯，我们应用上述术语，分类概述他们的行为及意识，虽然这极难理解。想进一步展开学术讨论却困难重重，还会遇到种种思维阻碍，对于这些问题，基本上没有研究者能够摆脱。① 从根本上看，通过他们彼此之间的关系，我们可知中美洲各社群曾主宰过自己的命运，这也是他们对这个世界的意义所在，而对于这段时期我们同样也难以全面追述。

在这里，我们还要谈下世界末日这个概念。在托纳尔波华历（Tonapohualli）中，要经常实施严格的人祭仪式表演，这里面其实存在着紧张的矛盾。首先，这里没有教义，当然此种情况在中国亦是如此，所以更不用谈及其正统性了。不管是在中国，还是在犹太—基督教，抑或伊斯兰世界，没有规范文本，就意味着会明显出现宗教上的偏离，且无

---

① 以下成果对于我们了解中美洲的差异性大有裨益：Inga Clendinnen, *Aztecs: An Interpretation*, Cambridge: Cambridge University Press, 1991; Christian Duverger, *L'Esprit du jeu chez les Aztéques*, Paris: Mouton, 1978; Christian Duverger, *L'Origine des Aztéquess*, Paris: Points Seuil, 2003.

法厘清其源头所在。当地记述者出于谨慎,可能掩盖了祭司学校出现的争执,也或许是他们更关注仪式是否适当,而不是说是否符合其本质。神灵或者是所谓的上帝的杰出才能,通过占卜性质的宗教历法进行阐释,或者通过精确的推算以确保其绝对正确。关于羽蛇神自相矛盾的记述及阐释,可以说是歧异叠见,结果是关系失和,有人遭到驱逐,甚至自杀。在阿兹特克保留下来的传统中,我们也可管窥出这种变异,这是因为,当时的社会在任何事务上都会出现不一样的论点;同时,我们从中也可以发现,排他主义普遍显现于对创造神的狂热崇拜,因此一些新神灵有时易与地方上的已有神祇产生抵牾。

日常生活的条规方面,同样也是晦涩不明。在家属及族群的关系调整上,其伦理看起来残酷无情,因此,西班牙修道士对之有钦佩之词,这确实值得商榷。他们热衷于禁欲,近乎清教徒般清苦;他们每征服一地,渴望去保护好这些地方的文物遗址,并重新阐释地方规范及行为。如此,才使得他们容易让人理解、接受,甚至能够适应全新的基督教信仰。①

相似的是,近一个世纪后,耶稣会士来到中国,美化地方习俗,从事于同样类型的一份事业,其目的是分清良莠。所谓的"良"是指基督教信仰的种子,而"莠"则是普通百姓的信条和"迷信",以及僧侣中的偶像敬奉。然而,中国人成功抵制了这场清洗战役,而与之相反的是,印第安美洲却毫无选择:不管其愿意与否,他们最终皈依成为美洲的第一个基督教国家。总而言之,从两个国家的知识群体留下的史据来看,我们发现其描述和观念高度一致,但要真正揭示他们所隐藏的实质,还是相当困难。

两个思想世界

如果居住在这里的印第安人,根本就不会书写,那么,我们能说他们受过教育吗?或精确地说,这里没有字母,也无表意文字,仅仅依靠

---

① Louise M. Burkhart, *The Slippery Earth*:*Nahua-Christian Moral Dialogue in Sixteenth-Century Mexico*, Tucson, AZ: University of Arizona Press, 1989.

刻在树皮或者兽皮上的象形符号系统，来记录大量丰富的信息，当然最重要的是绘制历法；特别是历法在这个社会组织中发挥着重要作用，只有如此，这个社群才能在这个地球上继续生活。

在这里，他们不会表述。他们将表象和意想的东西，用颜色来组织和表义，今天我们不恰当地称之为部落手抄本，而西班牙人当时称之为"绘画"。与拉丁基督宗教世界和中国相比，没有文本就无法复制、流传、引起思考并为之评述，这些图像给人留下无尽的想象。然而，此类图像并不起着表达模式之作用，原因是它只不过表示众神的命令而已：其图文并茂的伟大手抄本，呈递出一种看不见的感知，表露出各大城市都建有宏伟的宗教建筑物，还彰显出宗教仪式的巨大影响。

从大神庙（The Great Temple）到各种道路乃至沟渠，这些地方定期巡游众神、祭司和俘虏，还要例行实行人祭仪式——为众神奉献食物和祭品，也是向众神还愿，都需要动员民众和调集积累下来的财富。他们的宗教仪式往往夸大对时间的掌控，让其加速或者减缓。总之，这些仪式主要表示和激活创物之神及其无情的掌控。人体器官、珍贵的贡物、动物和植物，一层摞着一层，或交错放置。通过它们，在生物、文字及其他类似东西，与代表众神的象征物之间建立持续的沟通。阿兹特克人剖开牺牲品的胸腔，目的是取出"仙人掌果"及略微发紫的颜色，果实和心脏在他们的眼里象征着红色，好似一轮冉冉升起的太阳。实际上，在中国人和欧洲人的史籍里，这并没有象征或隐喻之意，更没有类似的表述[1]。只要众神还活着，阿兹特克人都要敬奉豪华昂贵的物品，这种活动周而复始。"创造"这个概念并不精到，但"迷思"一词又过于学术化。"迷思"包括身体上、集体上乃至嗅觉上的体验，如闻到被解剖人类在腐烂时所散发的臭味。生活在屠宰牲畜的社会，其民众对于分解活人的场景一无所知，至于在龙舌兰及迷药的作用下，对集体陷入沉醉的景象也同样毫不知晓。当集体突然陷入超越生死和惨杀的场景时，这正是在体验着迷思，既有组织性，又带有痛苦。文献记录、口述资料和图形文案，都不足以表述上述体验。

想要更深一步探讨，这实在是难以驾驭。不过，在我们看来，中国

---

[1] Inga Clendinnen, *Aztecs: An Interpretation*, p. 251.

人的思想看起来遥远陌生，晦涩难懂，即使我们费力颇多。但是对于古代墨西哥人之思想，现在仍找不到任何史据，一些材料在征服后被深深地打上殖民化印记。显然，对于西方人的知识世界来说，中国和墨西哥这两个世界都是那么地光怪陆离，其原因可能是它们自成体系，并对我们的思维方式构成挑战。

在两者之间，有真正的相似点吗？看起来，阿纳瓦克和中国有着不同于西方世界的行为准则：没有绝对永恒的真理；矛盾并不是不可调和；而是说有选择的余地；并不强调使用绝对性的词语，而是倾向使用同时存在的反义词，如中国人之阴阳，那瓦人之水火。在中国人的思想中，无处不在的"气"，养育着整个宇宙，乃万物生成之本原，这是不是类似于阿兹特克人口中的"图那"（Tona）？远在太平洋两岸的两个国家，都认为世界"在整体与局部之间，都有一张连绵不尽的关系网"，而不是由相互独立且本质各异的个体组成[1]。这个相似性问题，我们能说其表达实际上与文字之间并没有关联？或者说，我们能认为中国的表意文字和印第安的象形文字之间，存在着内在关联吗？从语言学的角度观之，此两种语言的古典形态缺少"存在"这个动词，当然会对他们在世界关系的概念和构造上的认识产生影响。

必须承认的是，这些相似性都有着其他的诉求。考虑到摆脱欧洲人的视角，进入古代墨西哥人的思维世界，似乎不太可能，或许一些分析方法可能会适用于中国的思维模式。至少，这将会帮助我们进一步接触印第安之图像的奇异性。总而言之，本书期望研究这种非西方化的思想，因此笔者必须审谨对待，以免陷入错觉，最终带上了解读上的瑕疵。

---

[1] Anne Cheng, *Histoire de la pensée chinoise*, p. 40.

第二章 向世界开放

长期以来,欧洲扩张史将世界划分为入侵者和被入侵者两个世界。欧洲人行动活跃,充满好奇,而当地社会保守惰性、闭关自守并与外界隔绝,两者形成鲜明的对比。中国的形象被描述为"处在沉睡之中",与外界隔绝,或躲在长城里面顽固自守。至于印第安美洲,与世隔绝早就成为其明显特征。

对中国的误解,同样也发生在美洲身上。中美洲社会内部,实际上并没有彼此隔绝,或者说是相互并不了解。该地区的历史中,不仅迁徙频仍,移民混杂,而且在特奥蒂瓦坎时代,宗教、政治和艺术交流对整个中美洲产生了长远影响,虽然说无休止的"鲜花战争"(Flower Wars),在各民族之间曾酿造出大量冲突。

波切特卡斯视角下的世界

对于中美洲之间的这些联系,这里应叙述三邦联盟时期的"波切特卡斯"(Pochtecas),该商人群体开展远途贸易,且高度自治,不为武士和贵族所喜。他们习惯旅居邦外,时常拜访遥远地区的贵族,会讲其他种族的语言,通晓外界的事件,必要时适应其他种族的服装、语言和其他风俗,以融入敌对的环境之中,所以,在墨西哥—特诺奇蒂特兰城,波切特卡斯毫无疑问地成为武士心中的刺头。当地的其他阶层认为波切特卡斯灵活且好动,当下的这些词并不能精确概述其时代特点,但并没有"世界主义"之意,而这些特点正是其他阶层自身所缺乏的。除了与本地城邦建立联系,波切特卡斯的远途贸易还将高原地区的中心地带与北部城邦,乃至东西海岸和海湾地区("韦拉克鲁斯"Vera Cruz 和"塔巴斯科"Tabasco）连接起来，甚至连接到中美洲更遥远的地区（"恰帕斯"Chiapas、"索科努斯科"Soconusco 和"危地马拉"Guatemala）。以此为基础，其经济贸易网络远触到哥伦比亚（Colombia），甚至是厄瓜多尔（Ecuador）。

因此，有很多人要为长途贸易进行准备。当然了，在行动上要极为小心。这是因为，商人贸易如同其他社会生活一样，都要听从祭司和神职人员的预言。这些远途跋涉者，审谨地敬仰着随身携带的神圣历。在神圣历中，纳瓦人、米斯特克人和玛雅人的各类预言，彼此混杂，相互融合，这就解释了其宗教传统的流动，并验证了思想上的内部融合，但我们却对此了解甚少[①]。实际上如同远途贸易，形式和思想在中美洲交错发展了几百年甚至上千年。

但是，流动受诸多掣肘：这里没有牲畜，更无车辆，后来的考古发现也可予以证明。另外，此地多山，水文网络稀疏，同欧洲和中国相比，这些缺陷使得人和物的流通变得复杂和困难起来。依靠人力搬运，货物的重量和体积都受到限制，不利于流通，效率也低下，而且当时还没有真正意义上的道路。西班牙殖民者就是抓住了这一点，迅速利用这种人力资源，且没有任何负罪感。同中国和欧洲比起来，车辆事实上严重不足：印第安美洲对于玻璃和轮子都不熟悉，并且没有工具用于交通、防卫（火炮、鹰炮、弩和投石车）及生产（织布机和轧机）或交流（印刷术）。

16 世纪初，大机器尚未给欧洲人带来压倒性的优势，但已给他们指向了世界概念这条道路，而且在这个世界里，人们的存在、生存和成功会更加依赖于机器。无论是中国人还是欧洲人，创造机器和明白如何使用机器，成为一种能力，成为能否具有现代性的标志。而美洲印第安人要了解这一点，则需要付出代价。

大明水师

"中世纪"的中国，远不是我们所想象的闭关锁国，一成不变。早

[①] Miguel León-Portilla, *Le Livre astrologique des marchands*, *Codex Fejérvary-Mayer*, Paris: La Différence, 1992, pp. 19 – 21.

在15世纪，中国就进行海洋探索，远达东非海岸。在更早的蒙元时代，中国的疆域范围曾远及波兰和匈牙利所处的平原地带。后来，中国穆斯林航海家郑和之舰队放弃远征之后，朝廷才相对地收敛了其边境的扩张。一方面，东南亚仍有中国的化外之民在这里活跃①；另一方面，自1368年明朝开国，中国复又向外展现其相对于四夷的优越性。与西部的西藏还有中亚的绿洲地区，北部的蒙古与女真，东北的日本和朝鲜，以及东南亚之间的关系，都在一定程度上证实了其影响的势力范围之广，及政治关系之复杂。朝廷设立专门机构负责对外联系，对域外民族之信息的渴求，还有人员和书籍的流通，均意味着我们不能将中国视为闭关锁国的封闭世界。

不可否认，因认为外部世界劣等凶蛮，中国儒士不喜接触这种下等世界，而且朝廷要员还将之视为骚乱的源头。1436年，政府禁止建造海船②。约40年后，又焚毁航行日志等相关文书。直到1567年，朝廷才开放"禁海令"③。但是，对外贸易要受严格管控，大明水师在福建沿海和其他地区巡检私通贸易。凡与外人交易者，均被处以严刑峻法。从事远途贸易的中国人，装配大型船只，甘冒风险，行贿海关官员，并从中暴富，即使常为时人猜疑。因此，在16世纪的前几十年，这类人群从事走私并以此牟利，且无可畏惧。丁香粉、胡椒和苏木的输入，利润丰厚，招致更多人参与其中，并形成竞争关系④。

葡萄牙人踏上这片国土时，其边界戒备森严，但对于外部世界并不是说密不透风。也正是在此基础上，我们开始理解中国人口的巨大多样性，开始超越以往作家对中国传统乏味的认知，开始足够重视拥有不同世界观的太监、女性、少数民族还有穆斯林及佛教信徒⑤。

---

① 中国人主要生活在琉球群岛、暹罗、占婆、马六甲、苏门答腊、文莱、爪哇和菲律宾。
② Patrick Boucheron（ed.），*Histoire du monde au XVᵉ siécle*，Paris：Fayard，2009，p. 625.
③ Ibid.，p. 628.
④ Timothy Brook，*The Confusions of Pleasure: Commerce and Culture in Ming China*，Berkeley/London/Los Angeles：University of California Press，1998，p. 144.
⑤ Marsha Weidner Haufler，"Imperial Engagement with Buddhist Art and Architecture"，in *Cultural Intersections in Later Chinese Buddhism*，Honolulu，HI：University of Hawaii Press，2009，p. 139，quoted by David M. Robinson，"The Ming Court and the Legacy of Yuan Mongols"，in David M. Robinson（ed.），*Culture, Courtiers and Competition: The Ming Court（1368 - 1644）*，Cambridge，MA：Harvard University Press，2008，p. 407.

文明的边界

中国既有陆上边疆，也有海上防线①。而三邦联盟只有前者，原因是海洋并没有将之与其他人类社会割裂开来。不过，两者与游牧民族所居住的北部蛮荒之地，均有着特别的联系。无论是对中国，还是就三邦联盟来讲，截然不同的生活方式使定居此地的人群形成了一种意识：只有他们自己才拥有所谓的"文明"。在中国，早在夏商周时代，这种信念就开始在中国这个区域形成了；而所谓的"中国"，即"位于中心的帝国"之意，坐落于"黄河环抱之中"并"受其养育"②。一般认为，"文"源于中国，指文化或文明之意。这就意味着，人们认为中国之外的民族不可能有"文"，也就是他们不可能是文明的。最重要的是，"文"是一种价值系统，具有不可抗拒的吸引力，因此可以传播到不具有"文"的民族之中。在帝国时代，此成为位于中心的帝国——中国，强加到民众身上的生活方式。

在帝国时代之前和帝制的历史上，中国不断遭受来自北部的侵扰。首次可能发生于周代，约在公元前第二个千年。③ 后来形成定律，一旦入侵者定居，他们一般会常居于此，并适应"文明"的习俗。1368年，蒙古统治中国，亦是如此；几世纪之后，满族入关，灭了大明，也没有例外。

中美洲的历史，也呈现出这种动态性，北方民族为寻找文明而不断南下。荒毛之地和文明之地的分隔线，因气候变迁而变化，结果是人口流动的不可控制④。如同其他瓦特种族，墨西卡人意识到他们不是土著人，而是来自于其他地方的民族，曾离开神秘的阿兹特兰，开展史诗般

---

① Owen Lattimore, *The Inner Asian Frontiers of China* [1940], Boston, MA: Beacon Press, 1962.

② Hugh R. Clark, "Frontier Discourse and China's Maritime Frontier: China's Frontiers and the Encounter with the Sea through Early Imperial History", *Journal of World History*, 20, 1 (March, 2009), p. 9. 另外，该页注释13阐释了"中国"之含义。

③ Ibid., p. 6.

④ Alfredo López Austin and Leonardo López Luján, *El pasado indígena*, Mexico: FCE, 1996, p. 188.

的迁移，最终受神指引而来到新的阿兹特兰，即墨西哥城的前身特诺奇蒂特兰城。① 通过定居，墨西卡人自身发生了改变，开始了解当地原有定居者的特点，以及农民和城市人群的不同，并迫不及待且不惜一切代价地想成为其中的一分子。一定程度上，他们与前往世界另一端之西班牙和葡萄牙的流动人口明显不同。墨西卡人之所以重写历史，或是固守在墨西哥岛和谷地的湖边及周边土地，均是因为想设法得到自身所缺乏的，即在地方上的根基。而大神庙的建造，无论对其溯源历史，还是在物质和精神上对于此世界中心的依附，均是鲜明的证明。从历史上看，不论是墨西卡人还是其联盟，他们在高原地区上都不是原住民。事实上明朝也是如此，在特诺奇蒂特兰城建立50年后，明朝才取得正统地位。在这两个例证中，我们能够理解为什么他们竭力使之前的宋、元两代或托尔特克人的遗产合法化。

那瓦人的祭司和统治者，不希望将自身与原住民之间的区别继续扩大。他们所构筑的文明，在表述中既与传说中的图拉遗产有关，也与托尔特克一些原居民的创造相联系。这些原居民，是指"画匠、记述者、雕刻工人"等各类技工，他们或在木头、石头上进行雕刻，或参与城市和宫殿建造，或在皮毛和陶艺方面有一技之长②。米格尔·莱昂-波蒂利亚（Miguel Leon-Portilla）认为"智者"（Toltecayotl）一词和"文明"一词意义形同，实际上是指从古时和高原地区延传而来的技能和知识。三邦联盟的统治者，同样也知道自己来自于北方，有着贫困、迁徙和游荡的历史，被人蔑称为"奇奇莫克人"（Chichimecs）③。在16世纪的欧洲主导的时期，"奇奇莫克人"和打劫者、流浪者、野蛮人的意思类同，说他们穿着原始的印第安兽皮，在仙人掌之间游走，四处谋求生存。

因此，在"野蛮人"和"文明者"之间存在着明显对比，但与中国乃至欧洲相比，墨西卡人有着完全不同的表达术语，这是因为，在墨西卡，所有以"文明者"自居者基本会宣称自己原来是"野蛮人"。第

---

① Christian Duverger, *L'Origine des Aztéquess*, Paris: Points Seuil, 2003.
② Miguel León-Portilla, *Toltecayotl: Aspectos de la cultura náhuatl*, Mexico: FCE, 1980, p. 28.
③ Alfredo López Austin and Leonardo López Luján, *El pasado indígena*, pp. 187–190.

一批的奇奇莫克移民与来自墨西哥南部塔巴斯科的诺诺阿而卡人（Nonoalcas）相互融合，后来建立图拉这个城市，以卓越的文明自居就是其中例证。

海　洋

在中国，海洋长期以来是神灵的各种道场。海岸线周边的小岛居住着诸多神灵，如浙江舟山群岛附近的普陀山，据说这是观音菩萨的道场；而在福建省沿岸的湄洲岛，则是海上女神妈祖祖庙所在[1]。数世纪甚至千年以来，南海不再是未知区域且无法通行，反而，这里成为东南亚交通繁忙之区。

海岸线一带的活动，在中国一直频繁。至迟汉代起，中国就能建造规模较大的船只，其他国家的朝贡使节和商业使团前来中国。到了公元4世纪，外国商人数量激增，来自印度和东南亚的僧侣也来到华南地区，传播其宗教信仰。时值唐代，随着与波斯湾和红海地区关系的建立，西亚的商人们亦来到中国，在这里长期定居，宣扬伊斯兰教。受季风影响，新到岸的船只一般在广州登陆，此后一段时期里这种情形发展迅速。公元684年和758年，因与外人的联系，当地爆发一些事件，牵涉到波斯人和阿拉伯人，他们被控诉扰乱了地方平静。9世纪末期，外国商人团体在扬州和广州两地定居下来，其中很多是穆斯林。实际上，在中国，伊斯兰教并不是唯一外来宗教。在中国沿海，还有摩尼教徒、聂斯托里教派的基督徒和婆罗门教徒等。13世纪时，罗马天主教亦来华传教。13世纪和14世纪，不同语言、民族和信仰的人齐聚于此，沿海地区呈现出世界气息。闽南发展尤为繁荣，14世纪的泉州港与整个东南亚地区进行广泛贸易，其在海事方面的重要性，类同于20世纪20年代的上海和20世纪70年代的香港[2]。来自意大利中部港口城市安科纳的一位犹太人，曾对泉州港有着引人入胜的描述。

---

[1] Hugh R. Clark, "Frontier Discourse and China's Maritime Frontier: China's Frontiers and the Encounter with the Sea through Early Imperial History", p. 20.

[2] Billy K. l. So, *Prosperity, Region, and Institutions in Maritime China: The South Fukien Pattern, 946 – 1368*, Cambridge, MA: Harvard University Press, 2008, p. 402.

因此，中国政府没有利用这种活动的优势，与朝鲜及东南亚地区进行远洋贸易，持续增长的外来移民却以此为生，这着实令人惊奇。15世纪初期那次著名的远航，就是发生在这种历史背景下。这次远征沿着数世纪以来的航道，远达阿拉伯一带和东非地区。14世纪和15世纪时，商业交通规模颇巨，明朝不得不设立专门港口，垄断海事活动，以控制海外贸易。按照官方规定，只有朝贡使节才有资格处理贸易事宜，贸易次数、物品种类和海陆行程都需要按照约定。尽管明朝并未完全控制与外部世界的联系，但是专门设立的管理馆所，却有时开放，有时关闭，有时变动[1]。葡萄牙人来到中国时，发现与他们对话的人，实际上有着与外人打交道的老道经验，并系统筛选来自南海的所有人物。

与此同时，走私者、逃犯和海盗云集沿海岛屿。朝廷禁止私通贸易的意愿越强，走私及掠夺活动就愈发猖獗。该地区无法度制约，以野蛮和残忍著称[2]。葡萄牙人后来逐渐了解这个地方，并迅速适应下来。

在中美洲，贸易大都经由陆地。海岸上没有驻扎舰队，就连用于海上航行的船只也很少，尽管玛雅人能够建造划艇，适合在热带海岸航行。总之，他们不但不能与中国的海事网络、港口、水师、海上缉私部队以及海关官员相比，就是与中国的走私者也无法相提并论，因为中美洲四周几乎不濒临海洋，好像处在另外一个星球。而且，印第安人和中国人与伊比利亚人不同。中国人虽然被禁止远洋航行，但始终保留着这种优势；伊比利亚人也正在探索海洋的魅力，发现其优点和风险；而中美洲则没有对其周边的水域抱有任何期望。在16世纪初期，冲上海岸的一些东西曾引起印第安人的好奇："他们给蒙特祖玛带来了西班牙的一些物品，实际上这是来自于大西洋船只的残骸。其中，他们发现了宝剑、戒指、珠宝和衣物。后来，蒙特祖玛将这些宝石交给了德斯科科和塔古巴这两个联邦，并言之这是其祖先之物，还要求

---

[1] Billy K. l. So, *Prosperity, Region, and Institutions in Maritime China: The South Fukien Pattern, 946–1368*, Cambridge, MA: Harvard University Press, 2008, p. 125. 明朝建立福建泉州、浙江明州、广东广州三市舶司管理对外贸易。

[2] 有人指控海盗戕害婴儿，还强迫妻子吃掉男人的尸块，否则也将她们大卸八块。参见 Hugh R. Clark, "Frontier Discourse and China's Maritime Frontier: China's Frontiers and the Encounter with the Sea through Early Imperial History", p. 25.

妥善保管，予以尊重①"。

墨西卡的主宰者一般希望隐藏真相，这样就不会威胁到其统治。但当西班牙征服之后，一切终见天日。古代墨西哥人根本无法想象，他们所供奉的神圣之水，这片蔚蓝的海洋所带来的未来命运会那么地叵测。

提前到来的历史？

面对欧洲人的扩张，我们时下很显然看出墨西哥毫无机会；但是，中国则装备精良，能够抵御来自于海洋的入侵。然而这都是后见之明，且受我们头脑固有思想的影响。墨西哥没有铁器，也无机械，更谈不上文字，但拥有两千多万居民，难道注定要毁灭在数千名西班牙人手中吗？墨西卡人是否全力以赴，还是说他们看到东部海洋之迹象，便心神大乱，认为这是其衰败的预兆？实际上，认为西班牙精思谋划征服墨西哥的看法也是荒谬至极，其原因是他们根本没有意识到这片土地的存在。

简单审读，可以看出葡萄牙人和西班牙人基本在同一时期发现了不同地区的人口、事物和状况的多样性。那么，他们的发现到底意味着什么呢？在相遇初期，伊比利亚人实际上没有办法渗透到所发现的社会，他们并不像我们今天所想的那么得心应手。事实上，在相当长的一段时间内，在欧洲人中，也只有他们去观察、描述和理解他们所突然发现的世界，而且不只是一个世界，而是同时出现的数个世界。无论是欧洲人面对"他者"（the Other），还是他者面对欧洲人，我们今天都将之视为学术交流行为，但实际上在16世纪伊比利亚人和其他世界之间的交流产生了难以避免的障碍。这是因为，欧洲人不得不在不同的区域活动，与美洲人、亚洲人、非洲人和穆斯林相遇——这样就面临诸多的他者，尽管有时候并不见得非要与之相遇。当然，这有助于奠定全球化的基础，此时全球化也开始出现苗头。同时，在与其他文明对话的基础之上，这些地区的现代性的道路亦为之开启，而且是在欧洲之外所建构的

---

① Toribio de Benavente Motolinía, *Memoriales o libro de las cosas de la Nueva Españ y naturales de ella*, ed. Edmundo O'Gorman, Mexico: UNAM, 1971, p. 214.

现代性，并呈现出"去中心化"的特征。更重要的是，考虑到这些地区调动一切手段，去和这些素未谋面的人类打交道，那么问题的关键就在于挖掘出他们在与外部世界相遇时，对所遭遇事情的理解程度（事实上存在诸多史事待考，其中的一些史实直到今天我们才发掘出来）。虽然说这些地区竭尽所能抵抗征服，结果它们却仍然被迫屈服。

16世纪20年代，在墨西哥谷地的核心地区，出现多种崩溃之迹象和令人难安之怪异，这酝酿出一种不安的情绪，从而限制了蒙特祖玛的权势，并预示着险恶的到来。在同一时期，西方的欧洲世界也阴云密布。1517年，疯狂的夜战在贝加莫周边的乡村地区爆发，此后关于该事件的笔墨不断[1]。

此时的中国，气氛也很难安宁。正德帝统治的前6年，还倒万事太平。然而，1512年夏始，"龙"的出现逐渐频繁。首先造访的是条通红的火龙，接着，在1517年7月7日，又有9条黑龙从京杭大运河与淮河的交汇处掠过。一年后，在长江流域，又有3条龙出现，且口吐火焰。这几条龙在船上盘旋，人们大为惊恐，死伤无数。11个月之后，在鄱阳湖，龙群之间突然爆发争斗。自1368年蒙元统治结束之后，中国还没有出现过如此景象。在中国，有龙造访一般不是什么好征兆，要么谴责帝王或国策失道，要么预示灾难来临。当王朝崩塌，不能代天行道之时，怪力乱神之现象便为之渐起。

无论是欧洲还是美国，都没有出现过天赋专制的现象。但是，世界上任何一个社会，不管其规模如何，只要是陷入危机之时，往往都会联系到一些偶然现象，在这点上中国人、墨西卡人和欧洲人皆是如此，尽管他们从属于彼此没有联系的世界。16世纪初期的天下，同文明一样，仍然被严格地分割开来[2]。

---

[1] Ottavia Niccoli, *Profeti e popolo nell'Italia del Rinascimento*, Bari: Laterza, 2007, 英文原本见：Lydia G. Cochrane as *Prophecy and People in Renaissaince Italy*, Princeton, NJ: Princeton University Press, 1990, pp. 61–88; Timothy Brook, *The Troubled Empire: China in the Yuan and Ming Dynasties*, Cambridge, MA: Harvard University Press, 2010, pp. 13–23.

[2] David W. Pankenier, "The Planetary Portent of 1524 in China and Europe", *Journal of World History*, 20, 3 (September 2009), pp. 339–375.

第三章 世界终究是圆的

1515年左右，在古巴的西班牙定居者，开始将注意力转移到岛屿西部和南部的广袤土地上。1517年时，首支远征队起航驶往墨西哥沿海。1519年科尔特斯率队向墨西哥进发，这已经是第三支队伍了。过程费尽周折，但最终成功征服墨西哥。1521年8月13日，西班牙人攻下并占领了墨西哥城，推翻了墨西哥人的统治。之后，欧洲控制了墨西哥，大陆的其他地区也随之被收入其帐下。无论是拉丁人、法国人、荷兰人还是盎格鲁—撒克逊人，新大陆在长时间内都将被这些欧洲人占领、殖民和西化。

葡萄牙人和中国人之间的首次实际性接触，始于1511年左右，当时的接触发生在马六甲，当地居住着一大批来自中华帝国的移民。葡萄牙人首次出现在中国沿海，至少可追溯到1513年，并在随后两年中在这里频繁出现。1517年6月，一支由8艘船舰组成的葡萄牙外交使团，驶离马六甲启程前往广州，但直到1520年1月才获准前往北京。这是欧洲国家派往中华帝国的第一个外交使团。当年5月，使团到达陪都南京，夏季来临时才抵北京紫禁城。不料使团被监禁入牢，人员大减。中国当局不满足于将这些入侵者收监，还冠以间谍和强盗之名，谴责其怀有敌意，最终将之处死。基于此，直到19世纪中叶，中国人在刑律上还是如此处置外人。虽然说在历史上没完全免受外族入侵，日本人、西方人均是其中例证，但不同于印度和亚洲其他地区，中国避免了被完全殖民化的道路。

并行的历史

这里需要比较一下这些并行的历史。从中可以发现世界上大部分地区，包括中国和印第安美洲，事实上命运各异[1]。实际上，这并不是简单的并行性问题。伊比利亚远征军到达墨西哥和中国沿海，可能行动上并不协调一致，但绝不是单纯的机缘巧合。明显的例证是，这两起事件的动因相同。16世纪的世界，见证了诸多区域与欧洲人的接触。这些运动的过程，目前只能从全球层面予以解读。现在认为，他们的出现是历史必然，而且彰显出世界一体化的苗头，并在后来持续到20世纪末，但这种解释事实上并非特别妥帖。空间虽然遥远但却共时存在，且对称互补，但受19世纪史学与地理学之学科分野的局限，数代历史学者对这些事件缺乏研究，实际上直到如今这些事件才成为学界研究风尚。

但是，我们仍然需要重述历史，这样才能展现16世纪洲际交流的方方面面，特别是要叙述两股新生的欧洲政权卡斯提尔和葡萄牙的情景。它们在世界各地令人叹服地航行，与世界各地发生着接触，而这些地区常为绝大多数国家所忽视。随之带来的冲击和碰撞，迅速而无情。对其的解释路径是，或说伊比利亚人带有主导全球的主观意愿，或说其头脑中自然带有帝国主义和西方逻辑——他们相信"世界既无限制也没终点"，因为地球是圆形的[2]。但是只注重一边的诉说，势必会忽视这是双边交流的历史事实。因地点和对象的不同，接触形式、冲击强度和各自反应，自然也各异。墨西哥和中国虽然都面临着不期而遇的民族和武力，但遭受的创伤却有着差异。

马鲁古群岛：联系东西的历史

在这些并行的历史中，有一个更为直接的联系：位于东南亚的"香料群岛"，包括班达群岛（Banda Islands）和马鲁古群岛（Archipelago of Moluccas，印度尼西亚语为"Maluka"）。班达群岛种植肉豆蔻，特尔纳特岛（Ternate）和蒂多雷岛（Tidore）则生产丁香。这些香料，深受中

---

[1] 关于在全球层面的研究，见 Pierre Chaunu, *Conquête et exploitation des Nouveaux Mondes*, XVIᵉ siècle, Paris: PUF, 1969.

[2] Pedro Mexía, *Historia real y cesárea*, Seville: 1547, 转引自 Xavier de Castro et al., *Le Voyage de Magellan（1519–1522）: La Relation d'Antonio de Pigafetta & autres témoignages*, Paris: Chandeigne, 2007, vol. 1, p. 23.

国人和欧洲人追捧,在世界贸易中拥有广泛市场,而且利润丰厚,由之衍生出的商业链将东南亚及地中海和威尼斯一带连接起来。葡萄牙人和卡斯提尔人自信拥有航海手段,能够占领这些香料群岛,并缩减这条传奇贸易链的交易环节,于是展开竞赛,开展了一场钳形运动,前者从东方起,后者则从西方来。

1494年,《托德西拉斯条约》(Treaty of Tordesillas)签订,卡斯提尔人和葡萄牙人将世界一分为二。从北极到南极所划的这条分界线,将大西洋一分为二倒没有什么歧义,但是另外一条以对向子午线为界点,却模糊不清。香料群岛到底归葡萄牙人所有,还是说卡斯提尔人也占据一半的权益?结果两个国家首先爆发外交矛盾,接着两个国家的船长、水手和士兵在因边界模糊导致的走向问题上冲突不断。其中的关键,就是要控制班达群岛和马鲁古群岛所盛产的香料[1]。

经由好望角的海上航线由葡萄牙人发现,他们首次接近好望角并成功完成这个目标。1505年,曼努埃尔国王鼓励发现马六甲的新航线。1年后,曼努埃尔急于摆脱卡斯提尔人的威胁,下令在所经海岸建立堡垒,因为西班牙人也接近发现新世界了。然而,这些区域很难开展商贸往来,在这里并没有见到马可·波罗所述的商人,听说这些商人野心勃勃,且以"Chins"这个名谓闻名。1508年,葡萄牙国王失去耐心,敕令迪奥格·洛佩兹·德·塞克拉(Diogo Lopez de Sequeira)呈报有关中国的情报。在苏门答腊北部,葡萄牙人曾遇到过中国商人,并得到些中国瓷器[2]。1509年7月,在马六甲,葡萄牙舰队还遇到几艘中国帆船。双方以礼相待,互相邀请一同进餐,并询问各自国家的情形。此番相遇,可能是对中国人的首次直观描述。双方接触之后,气氛愈发轻松。很明显中国人不是穆斯林,但他们是否是真正的基督徒呢?葡萄牙人曾一度坚定给出了肯定的回答。

---

[1] 关于早期阶段的综合性分析,参见 Giuseppe Marcocci, *L'invenzione di un impero: Politica e cultura nel monde portoghese (1450–1600)*, Rome: Carocci Editore, 2011, pp. 45–58.

[2] João Paulo Oliveira e Costa, "A coroa portuguesa e a China (1508–1531): do sonho manuelino ao realismo joanino", in António Vasconce los Saldanha and Jorge Manuel dos Santos Alves (eds), *Estudos de História relacionamento luso-chinês*, séculos XVI–XIX, Macao: Instituto Português do Oriente, 1996, pp. 15–16.

1511 年，来自葡萄牙的士兵和水手，从苏丹马末沙（Mahmud Shah）的手里夺取马六甲。这块地方，后来就成了葡萄牙在西亚地区所发展的重要基地。当时，马六甲是许多商人的聚集地。这些葡萄牙的新统治者，与当地泰米尔人（Tamils）和凯利格人（Keligs）结盟，赶走了古吉拉特人（Gujarati）的社群[1]。他们虽拒绝与中国商人合作，但是马六甲早已开展起来的商界接触，仍然在继续发展。1512 年，一支葡萄牙代表团返回里斯本。同年，葡萄牙人已在马六甲和班达群岛扎根，取消了远航中国的计划，因为他们已经实现了自己的目标。

卡斯提尔人没有失去获得香料的一线希望。1512 年，天主教君主斐迪南（Ferdinand）决定派遣葡萄牙人胡安·迪亚兹·德·索利斯（Joao Diaz de Solis）追随其葡萄牙同胞的步伐。索利斯航行到马鲁古群岛，欲将之收入囊中，彻底占据《托德西拉斯条约》所界定的领土权益，该条约"当时已广泛为人所知，且划界明确"。索利斯先后拿下锡兰（Ceylon）、苏门答腊（Sumatra）和勃固（Pegu），香料古国中国也近在咫尺[2]。当时，卡斯提尔王国流行的一幅地图标注着马六甲、香料群岛和中国沿海，而这些区域均位于教皇子母线右侧区域，归西班牙所有[3]。因此，西班牙在还没意识到墨西哥的存在时，就已经出现了派遣使团前往中国的迹象。但是，这个计划激怒了里斯本政权。葡萄牙国王曼努埃尔格外愤怒，索利斯的远征最终也没有成行。不过，卡斯提尔人没有放弃计划。1515 年，斐迪南指令索利斯出海，寻找大西洋和西班牙航海家巴尔博亚（Balboa）于 1513 年 9 月所发现海洋之间的通道，这片位于南部的海洋后来被称为太平洋。但很不走运的是，索利斯既没有找到这条通往亚洲的通道，还被印第安人吃掉了。

然而，世界毕竟是圆的。葡萄牙人知道，西班牙会持续向西挺进，

---

[1] Sanjay Subrahmanyam, *The Portuguese Empire in Asia, 1500–1700: a Political and Economic History*, London/New York/Longman, 1993, p. 70.

[2] Francisco Manuel de Paula Nogueira Roque de Oliveira, "A construção do conhecimento europeu sobre a China", 地理学科博士论文，西班牙巴塞罗那自治大学（Autonomous University of Barcelona）2003 年，第 185—186 页。

[3] Castro et al., *Voyage de Magellan*, vol. 2, pp. 889–890. 引述了马克西米利安·特兰西瓦努斯的著述，上面说："马六甲和大海湾归属于卡斯提尔王国，葡萄牙人则越过了界线；马六甲的归属也许有点不确定，但大海湾和中国确实是在卡斯提尔人的航线范围之内"。

终有一天会到达远东地区。因此，他们不惜一切手段，加快增强在中国沿海和马鲁古群岛的存在感。这就解释了曼努埃尔何以于1515年派使臣出使北京。在马六甲的葡人，也立即开展行动。1512年的一封函件描述了航行中国的准备工作，并言及遭到穆斯林中间人反对而无法成行，因为通往中国的航线由这些穆斯林把持①。1513年5月，欧维士（Jorge Álvares）跟随中国商船来到中国沿海。两年后，哥伦布的远亲葡萄牙人拉斐尔·佩雷斯特雷洛（Rafael Perestrello）由马六甲起航前往中国，并在广州登陆。三年后，他返回里斯本，完成了往返葡萄牙和中国之间的首次航行。

卡斯提尔人也没有放弃。1528年，另外一位葡萄牙航海家麦哲伦（Magellan），投向其母国敌人的怀抱，重新启动索利斯的计划，拟从大西洋寻找到马鲁古群岛的南洋通道。②事实上，麦哲伦熟悉这片地区。他曾在葡萄牙的亚洲殖民地生活多年，并参与征服马六甲的活动，也探索过巽他群岛（Sonde Archipelago）。1519年麦哲伦在巴西中途停留，这加剧了里斯本的恐惧。这一次，麦哲伦船队将会到达太平洋，然后再由东向西返回。

葡萄牙的恐惧有其理由，虽然说这在今时看来实则荒谬。那些坐落在安的列斯群岛（Antilles）和亚洲之间的新岛屿的发现，也触发了对当时世界地图的质疑，如约翰尼斯·施纳（Johannes Schöner）在1515年和1520年所绘制地图将太平洋绘制得非常之小，再如1520年代绘制的一些地图将中美洲与亚洲联结到了一起③。在戈麦斯·德·埃斯皮诺萨（Goméz de Espinoza）失败之后，这些错误的设想还有人相信。当时，埃斯皮诺萨船长搭乘麦哲伦船队的一艘船只，想横渡太平洋，最终达到安的列斯群岛，但未能成功④。

因此，不管是葡萄牙在东南亚的计划，还是卡斯提尔人在新世界的

---

① Francisco Manuel de Paula Nogueira Roque de Oliveira, "A construcão do conhecimento europeu sobre a China", p. 24.
② Castro et al., *Voyage de Magellan*, vol. 1, pp. 20–21.
③ Ibid., pp. 57, 70.
④ Ibid., vol. 2, p. 780. 其内容说："从安的列斯群岛到中国，其土地不属于同一块大陆"。

活动,都与香料群岛的征服有着千丝万缕的联系。从全球的角度来看,对马鲁古群岛的征服,鼓动了西葡两国君主对无尽财富的追逐,以及扩大在恶性竞争中的份额。此时,墨西哥一边前途叵测,而中国一端则前景可期。麦哲伦探险队的传记史作家马克西米利安·特兰西瓦努斯(Maximilian Transylvanus),直白地记录道:"我们的船穿越了整个西方,绕过我们半球的底部,然后穿越东方,最后又回到西方①"。

这一丰功伟绩,即使是希腊的阿尔戈英雄(Argonauts)也难以望其项背。其导致的结果,虽然说掩盖了当初设定的航行首要目标,因为它们本来计划占有香料群岛,并在亚洲最远端占据一席之地,从而进一步接近中国,但在西班牙,为该国服务的意大利籍传记史家彼得·马特尔(Peter Martyr d'Anghiera)这样表述说:"你们这些西班牙人跟随的是日落西山的残阳;而葡萄牙人追随的则是冉冉升起的朝阳,并将很快到达马鲁古群岛的东部。这个地方,就是托勒密(Ptolemy)所描绘的卡蒂加拉(Cattigara)和大海湾(Great Gulf),而这是打开中国之门户②"。

开创历史的哥伦布

以寻找香料为名,还远不能重新定位葡萄牙人和卡斯提尔人的这项事业。里斯本与中国的率先接触,自然引起哥伦布的注意,因为他极度渴望能够到达亚洲。我们不应该忘记的是,西班牙人的征服运动,是要夺回海洋领地,他们实际上没有征服美洲的计划,而是一直寻找前往亚洲的通道。正如"梅霍拉达陈情书"(Memorial de la Mejorada)所言,哥伦布遭到信仰天主教的国王指控,其罪名为"他从西班牙向西航行,寻找和发现印度和远东地区的岛屿和土地③"。

正是如此,葡萄牙国王感到不安且愤怒,特别是哥伦布执意探索好望角之外的地区,并将在印度洋所发现的岛屿,都宣称为卡斯提尔国王

---

① Castro et al., *Voyage de Magellan*, vol. 1, p. 918.
② Ibid., p. 938.
③ Cristobal Colón, *Taxtos y documentos completos*, ed. Consuelo Varela, Madrid: Alianza Editorial, 1982, p. 170.

的领地①。一定意义上，在卡斯提尔人看来，西方眼中的亚洲这个遥远的世界，自古以来就出现在地中海的想象之中，现在终于可以触手可及了。这个观念如此根深蒂固，以至于到了 19 世纪，西班牙人还将美洲命名为"西印度群岛"。从巴塔哥尼亚到加拿大，生活在这片大陆上的土著人民，时至今时还被我们称为印第安人。发现美洲只是西班牙人发现东方的偶然和干扰之事件，而历史学现在的任务，就是通过逐步建构的这个"发现"，来解释我们与亚洲的关系，实际上就如与伊斯兰的关系一样是那么地密不可分。②

---

① Cristobal Colón, *Taxtos y documentos completos*, ed. Consuelo Varela, Madrid: Alianza Editorial, 1982, p. 173.

② Serge Gruzinski, *What time is it There? America and Islam at the Dawn of Modern Times*, trans. Jean Birrell, Oxford: Polity, 2010.

第四章 跳到未知世界

在16世纪初，对于中国的正德帝和墨西哥的蒙特祖玛，欧洲人有所了解吗？事实上，他们一无所知，即使葡萄牙人曾经一度造访印度沿海，西班牙人也多次往返加勒比地区。当时，不论是中国，还是墨西哥，都不曾出现在欧洲人的视野中。因此，伊比利亚人首先来到的到底是个未知世界，还是空旷之地？或者说这是欧洲人不惜一切代价，对于未知地区产生兴趣的初步迹象？

跳到未知世界，这一隐喻令人有所遐想，但实际上却并不精到，其原因是它没有考虑到船员们的心境与实践。先前，这些人并没有航行到未知世界的体验。15世纪初以来，葡萄牙人通过各种渠道，积累资源，反复实践，从而积攒出丰富的海洋经验和知识，因此，他们才历史性地将非洲、印度洋与里斯本乃至欧洲联系起来。在此之后，葡萄牙船员一行千里，令人叹为观止：1498年登陆印度沿海，1511年到达马六甲，1512年来到马鲁古，1513年进入中国。当然，倘若没有远东几个世纪以来存在的商业路线和信息网络，葡萄牙船员们的上述行动也难以成行，甚至不可想象。这些航海老手积累了丰富知识，还能付诸实践，因此，葡萄牙人从来只在自己熟悉的水域航行；而卡斯提尔人，虽然在经验上比他们的邻居少，但也总是知道前行的目的地。现在，让我们站在伊比利亚半岛的角度，看看马可·波罗（Marco Polo）笔下的中国是如何在西方显现的。

马可·波罗笔下的中国

葡萄牙人熟悉威尼斯人马可·波罗的游记，其中一部拉丁文译本还被收藏在国王杜阿尔特（Duarte，1433—1438年在位）的图书馆。然而，直到15世纪下半叶，该书才在欧洲声名大噪。约在1457年至1459年，一个威尼斯卡玛尔迪斯（Camaldolese）修士，名弗拉·毛罗（Fra Mauro），为葡萄牙国王阿方索五世（Afonso V）绘制了一幅世界地图，特别提到一些中国和亚洲国家的区域名称，如汗八里（Cambaluc）、行在（Quinsay）、刺桐（Zaitun）、蛮子（Mangi）、契丹（Cathay）和日本（Zimpagu）。几年后，佛罗伦萨天文学家，也是医师的保罗·德尔·波佐·托斯卡内利（Paolo del Pozzo Toscanelli）给葡萄牙费尔南·马丁斯神父（Fernão Martins）致信，内容冗长，但值得一提[1]。这是在1474年6月，托斯卡内利向马丁斯神父解释说，通过大西洋有可能到达印度群岛。并在信中附有一张地图，提请他注意一个港口城市，说其地富饶，盛产香料货物。他还指出，该国人口众多，统治的王子被称为大汗，其王宫坐落在中国的一个省份。这些信息，是托斯卡内利从教皇尤金四世（Eugene IV）的使臣口中得知。他信中所提的"行在"，距离契丹不远，其名字的意思是"天堂之城"。这位佛罗伦萨学者还有着数据描述，如里斯本与"宏伟的行在城"在地图上有着26格的距离，每一格代表250英里。"从安提利亚岛（当时认为该岛位于大西洋中部）到著名的日本岛，大概有10格的距离"。这些信息，首先传到葡萄牙马丁斯神父那里，又很快传到葡萄牙阿方索五世耳中，实际上其内容皆取自于《马可·波罗游记》。

　　马可·波罗所引发的期望，可能比其书流传得更快，因为长期以来在伊比利亚半岛很少有人能够阅读到该书。在卡斯提尔人中间，这本书却带了最惊人的影响。1492年，哥伦布开展处女航海，在招募水手时，声称要去探索一个连屋顶都是黄金的土地，这个宣传口号明显受到了马可·波罗的激励[2]。但是，哥伦布这位热那亚人和威尼斯人毛罗修士之间的联系是什么呢？

---

[1] John Larner, *Marco Polo and the Discovery of the World*, New Heaven, CT: Yale University Press, 1999, p. 142.

[2] Juan Manzano y Manzano, *Los Pinzones y el descubrimiento de América*, Madrid: Cultura hispánica, 1988, vol. 1, p. 40; John Larner, *Marco Polo and the Discovery of the World*, pp. 143 - 144.

在哥伦布发现新世界之前，他就已读过《马可·波罗游记》。他的知识，可能都来自于托斯卡内利那封著名的信函。事实上直到 1498 年春，哥伦布才开始阅读该游记，这还是得益于布里斯托商人约翰·戴（John Day）的赠送①。总之，大汗这个人物形象，刻印在哥伦布的脑海中。伊莎贝拉女王（Queen Isabella）亦是如此。在派遣哥伦布出航之时，她赐国书一批，望能呈递给中国皇帝和印度君主。

哥伦布所看到和发现的一切，被解释为受到了托斯卡内利地图之影响，当然也不止他一人受此影响。或者更准确地说，哥伦布其实并没有发现任何东西：他仅仅是进一步确认并重新发现，甚至他的最后一次探险也只是一系列进程中的一个纵深阶段而已。在第一次航行时，虽然哥伦布并没有窥见水平的陆地，但他相信自己已从日本绕行。当时，他认为最好的计划就是直接通航到行在城，将女王的国书呈递给大汗，并祈求拿到回书，然后返程西班牙②。这样，西班牙便能在亚洲占有一席之地。

起初，他将古巴岛误认为是日本，认为这片土地"要么属大汗领土，要么是其国界所在③"。所以，他感觉自己即将到达刺桐和行在两城，距离"大概还有 100 里格的里程"。哥伦布还指派两名使臣，登陆去寻访大汗。其中一个名叫罗德里戈·德·赫雷斯（Rodrigo de Xeres），还有一名叫路易斯·德·托雷斯（Luis de Torres）的新教徒，并懂得希伯来语（Hebrew）和迦勒底语（Chaldean）。这两人另带有两名印度人，组成使团，"代表着卡斯提尔的国王和王后"，前去觐见大汗，赠送礼物，表示友好，并替哥伦布伺机收集一些省份、港口和河流的相关信息。不过，哥伦布没有失去判断力。根据伊斯帕尼奥拉岛（Hispaniola）印度人先前向他描述，说加勒比人一定是"大汗的子民"，"可能距此不远"④。因此，哥伦布并没有丝毫动摇。第二次航行之后，哥伦布找到了因马可·波罗而扬名于世的中国泉州港，该港与古巴最东端麦西角（Punta de Maisi）遥遥相对。对于哥伦布来说，这里就是西方之端、东

---

① 文本语言可能是拉丁文，目前藏于塞维利亚的哥伦布图书馆。
② Bartolomé de las Casas, *Historia de las Indias*, Mexico: FCE, 1986, vol. 1, p. 217.
③ Ibid., pp. 217, 219, 227.
④ Ibid., pp. 257–258.

方之始①。哥伦布所发现的新世界,总是有中国的影子。

此期出现的地图,仍顽固地描绘出这片遥远的土地,秉信新世界的前景。亨里克斯·马特拉斯·格马尼库斯(Henricus Martellus Germanicus)大概在1489年或1490年绘制的世界地图,目前被储藏在大英图书馆,从中我们可以看到占婆(Champa)、蛮子、行在和契丹,这些地方被标注为城镇。刊刻于1489年的著名耶鲁地图,在卡纳里亚斯群岛(Canaries)以西90度标注了"日本"这个名称;而里斯本则标注于日本以西105度、行在以西135度之处。这就是哥伦布于第一次航行前夕,在佛罗伦萨一间作坊所看到的世界图景。1492年,马丁·贝海姆(Martin Behaim)在纽伦堡制作了一个地球仪,这个地球仪可能就是建构在《马可·波罗游记》不同的翻译版本上;他估算出欧洲和亚洲相距应不超过130度,并把日本刻在距离蛮子即中国25度的地方②。

长期以来,《马可·波罗游记》虽备受攻击,但在欧洲却有着持续的影响力。显而易见,对于关心该书所载内容的人们,自然便去设法阅读。1502年,一位来自摩拉维亚(Moravia)的德国人,1493年在塞维利亚短期停留后,1495年来里斯本并在此居住7年,为不熟悉威尼斯语、托斯卡纳语、法语或拉丁语的葡萄牙读者翻译了《马可·波罗游纪》。瓦伦蒂姆·费尔南德斯(Valentim Fernandes)、阿尔布雷特·丢勒(Albrecht Dürer)③、康拉德·波伊廷格(Conard Peutinger)、闵采尔(Hieronymus Munzer)等人,在传播中也发挥了刻印或复制该书的作用。正是这名德国人,才使得葡萄牙人的发现为北欧人民所知。这一点,正如前述意大利传记史家彼得·马特尔将哥伦布的冒险事迹从卡斯提尔王国向外传播一样④。

---

① 马可·波罗的游记也被译为加泰罗尼亚语。在第一次航行之前,哥伦布是否得到了这份阿拉贡语的译本有待考证。拉斯卡萨斯在著述里也没谈到这一点。事实上,这位多明我会教士搞混了"Marco Polo"和"Paolo Toscanelli"这两个波罗,因此他的撰述有失真之处,还有他未言及之处也是极富争议。

② John Larner, *Marco Polo and the Discovery of the World*, p. 149.

③ 人文学者康拉德·波伊廷格也评述了葡萄牙人的航行,直接影响了《费尔南德斯手稿》(*Manuscrito de Valentim Fernandes*)(目前藏于慕尼黑州立图书馆)的问世,详见 *Códice Valentim Fernandes*, ed. José Pereira de Costa, Lisbon: Academia Portuguesa da História, 1997.

④ 彼得·马特尔还写了一篇关于葡萄牙船员的故事,名为"非洲西海岸记事"。见 Georges Boisvert, "La dénomintaion de l'Autre africain au XVe siècle dans les récits des découvertes portugaises", *L'Homme*, 153 (January-March 2000), pp. 165 – 172.

准备起航

实际上，葡萄牙人所以远征中国，肯定是掌握了相当可靠的信息，绝非为毛罗修士的信函或者是《马可·波罗游记》所左右。在里斯本，葡萄牙人为了这次探险曾有过精心构想和认真准备。15 世纪末，来自亚洲的货物已经定期运达塔霍河（River Tagus）上的港口城市里斯本，其中有来自中国的锦缎和瓷器，此时葡萄牙船只还尚未到达过这个国度。

这个目标国度有一个名字，叫作"中华之邦"，并在人们的心目中形象渐趋丰满，成为一个物质、人类和自然立体呈现的存在。征服马六甲，使葡萄牙人接触到一个重要且在此居住很久的华人聚集地。1512年，一位中国人被派往交趾（Cochin），从那里转赴里斯本王宫。葡萄牙国王从马六甲呈递过来的由爪哇人绘制的一幅地图中，找到了中国的方位。同年，一些中国书籍也被送至里斯本，两年后，曼努埃尔国王将其中的一部著作呈递给罗马教皇里奥十世（Leo X）。在罗马，这本书吸引了伟大的人文学者保罗·乔维奥（Paolo Giovio）的注意，其吃惊、艳羡难以言表，对此下文将有详述[①]。在葡萄牙人还没踏入中国的国土之前，中国已经借之进入到了欧洲人的世界。事实上，正是中国人发明的印刷术，直接或间接影响到了数代欧洲知识分子，因为在欧洲文艺复兴时期，书籍的印刷成为其主要工具之一。

在亚洲的葡萄牙人，获得了更直接和丰富的信息。自达伽马（Vasco da Gama）于 1498 年第一次航行以来，葡萄牙人在海上穿梭，将各种渠道的信息汇集一起。在马六甲，曼努埃尔国王的使臣皮莱资，不仅了解亚洲，而且大概在 1515 年还完成了关于经济与政治地理学的洋洋大作，名《东方诸国记》（*Suma Oriental*），其描述了葡萄牙人发现的关于亚洲的所有信息。

[①] Anselmo Bramcamp Freire, "Inventário da guarda-roupa e D. Manuel I", *Archivo histórico portuguez*, vol. 2, Lisbon, in Francisco Bethencourt and Kirti Chaudhuri, *História da expansão portuguesa*, Lisbon: Círculo de Leitores, 1998, vol. 2, p. 535.

该书专辟章节介绍中国情形,实际上直到两年之后皮莱资才踏入中国沿海。这一点就如同科尔特斯还没进入尤卡坦半岛,就已经编写关于墨西哥和北美的史志。在文中,皮莱资说,"中国的土地和人民伟大、富饶、豪华、庄严,如同葡萄牙一样[①]"。他注意到当地人在穿着上极为奢华,并指出与葡萄牙人的诸多异同点(文中多现"像我们一样""像我们葡萄牙的东西""像我们的做法"等语句)。他还说,在马六甲的中国人也有缺陷,如撒谎或偷盗,这一点在当地很有名,但这些行径主要发生在一些平民身上。在这本书中,欧洲人第一次注意中国人在饮食上使用筷子,且发现他们食用猪肉,称赞葡萄牙的美酒。中国女人,像亚洲其他国家的女人一样,也吸引了皮莱资的关注:她们像欧洲人一样白,外观类似西班牙人,和塞维利亚女人一样喜好浓妆艳抹[②]。事实上,这只是他在马六甲所能见到的中国女人。

皮莱资所描述的中国,到处建有城市,修有堡垒。皇帝居住在汗八里,不管是老百姓还是王公大臣都很难见到他。在汗八里,中国皇帝定期接受邻国的朝贡,仪式庄严且虔诚,而这些国家包括占婆、交趾支那、琉球、日本、暹罗、八昔(苏门答腊岛)和马六甲。藩属国定期派遣使臣,向中国皇帝进贡其国物品,而中国天子则会大量赏赐。皮莱资得到消息说,中国皇帝一般躲在一扇帘子后面,使臣只能窥到他的"大致外貌",与其沟通也只能通过皇帝身边的近臣。皮莱资没有想到有朝一日他也能率领使团前往中国,更没有料到将来会抗议中国僵化的外交教条。不仅皇帝不能接近,而且其国土也不对外开放。倘若得不到广东地方官员的准可,中国人不能私自前往暹罗、爪哇、马六甲或八昔。当然了,如果得不到授权,外人也不能擅自离开中国。触犯以上条规者,或没收其商品,或处死相关人员。正所谓"识时务者为俊杰"[③]。

---

① Rui Manuel Loureiro (ed.), *O manuscrito de Lisbon da "Suma oriental" de Tomé Pires*, Macao: Instituto Português do Oriente, 1996, p. 145.

② Armando Cortesão (ed.), *The Suma oriental of Tomé Pires and the Book of Francisco Rodrigues*, London: Hakluyt Society, 1944, vol. 1, pp. 117–127.

③ Rui Manuel Loureiro (ed.), *O manuscrito de Lisbon da "Suma oriental" de Tomé Pires*, pp. 194–195.

广州是中国的一个城镇，马六甲人大多知道这个地方。当然，这时的皮莱资也没有意识到将来他会在这个地方居留多年，而且人生最后的光景在这度过。皮莱资关于这座城市的一些知识，来自于一个"曾经去过那里"的商人，名卢孔（Luçon），菲律宾人。他得知，广州位于珠江河口，是中国的主要贸易港口。卢孔还告诉他说，城市地形平坦，城墙用石头修建，"有七英寻高，一眼望不到头"，还有一个定时开关的城门。广州下面还有几个"港口"，停泊着大型帆船。去往那里的大使，一般会在广州城外30里格处的地方开展商贸往来。这里是一片岛屿，为使团停靠之地，在此还要等待驻扎在沿海口岸南头的官员的批复。南头要塞给广州行文，告知外人来访，然后广州地方再安排商人估算货物，计算应付税款。这些官员不仅私吞税款，而且还指示广州商人带来物品，满足外人之需求。皮莱资还听说，所有的征税工作必须在广州城外完成，由于考虑到海盗侵扰，所以其目的是保证广州城的安全。他们经常会受到海盗的威胁。中国人对爪哇和马来西亚的船舰有所忌惮，因为这些船远远优于帝国的帆船，当然"帝国"这个用词不如"王国"更为精确，事实上皮莱资始终也没有用过"帝国"这个词汇。他得出结论说，仅凭这些大型船只，就足以占领广州城，这对中国来说将是"巨大损失"。来自里斯本的这些外人从来没有动摇过这种信念。

从马六甲到中国，需要多少时日？一般来说20天足矣，但如果利用季风的话，应不超过15天。何时离开最好，6月底为宜。从中国到婆罗洲（Borneo），又需要多少时日呢？实际上只要14天，但是往返却要花费七八个月的时间[1]。卖给中国人什么商货呢？首要的是辣椒，还有少量的丁香、肉豆蔻，以及象牙、樟脑等物品。从马六甲出发，到达中国之时应该停靠在哪里，答案是屯门岛。在中国可以买到哪些物品？主要是丝绸、珍珠、麝香，还有大量的瓷器，甚至是糖，更不用说葡萄牙从佛兰德（Flanders）购买的廉价小饰品了[2]。这些货物从哪里来？

---

[1] Rui Manuel Loureiro（ed.）, *O manuscrito de Lisbon da "Suma oriental" de Tomé Pires*, p. 197.

[2] Ibid., p. 200.

白丝来自漳州，彩丝来自泉州，云锦来自南京。除了广州，别地还有居留之处吗？东北方向的福建海岸，更远的琉球群岛，也是去处。但是，广州才是"中国之门户"。在这里要格外小心，要特别留心当地老百姓，因为他们不是特别诚实。不过大商人和胡椒的购买者，在交易中似乎比较"诚实"。

看起来，皮莱资了解一切，几乎无所遗漏，这对于将来访问天朝十分必要。考虑到在此 10 年之前外人对中国还一无所知，那么，我们就会发现皮莱资此时对中国的了解是多么通彻。当然，如果按照目前我们对于中国的了解，皮莱资的这些信息也只是些皮毛而已。

马六甲：亚洲十字路口

皮莱资的所有知识，是在马六甲停留期间获得的。自 15 世纪后，马六甲就成为当时世界上的重要枢纽。早些年间，马六甲曾为中国藩属之国，郑和（1371—1433）下西洋曾多次驻节该港。

马六甲城居住了来自亚洲各大港口以四海为家的商人，皮莱资对之有过长篇评说。当时，马六甲是获得该区域海运时间、路线，以及穿行其中的商人群体等信息的最佳地方。实际上，并不仅仅只有皮莱资在搜集有关中国的信息。他的两位同胞，弗兰西斯科·罗德里格斯（Francisco Rvdríguez）于 1513 年，杜阿尔特·巴博萨（Duarte Barbosa）于 1516 年，也分别搜集各类史实：关于天朝赏赐给使臣的手工制作的瓷器和丝绸，还有一份名为"通往中国之路"的航海图，主要描述了从马六甲到广州的路线[①]。

1514 年和 1515 年，一位来自佛罗伦萨的商人，名乔凡尼·达·恩波利（Giovanni da Empoli），在两封信函中概括了他所了解的中国人，其中既有马六甲的中国人，也有天朝内部的中国人。他说，中国之所以

[①] Francisco Manuel de Paula Nogueira Roque de Oliveira, "A construcão do conhecimento europeu sobre a China", 地理学科博士论文, 西班牙巴塞罗那自治大学 2003 年, 第 414 页；Duarte Barbosa, *O livro de Duarte Barbosa*, ed. Maria Augusta da Veiga e Sousa, Lisbon: Ministério da Ciência e da Tecnologia, 1996; Armando Cortesão (ed.), *The Suma oriental of Tomé Pires and the Book of Francisco Rodrigues*, pp. 290 – 332.

著名，是因为它"财富满贯、物产丰盈"①。他提到了刺桐城，并说中国国王在这里居住，认为这就是契丹的大汗②。或许，他是第一个发觉马可·波罗时代的中国和明朝有所不同的人。1516年，另外一个佛罗伦萨人安德里亚·科沙利（Andrea Corsali），参照已有成果，特别利用先前探险先驱欧维士所获得的新信息，对关于中国的已有知识进行了总结。

可见，皮莱资出使中国，绝不是外人之始。早在1513年，欧维士就到达中国沿海。大概一年后，佩雷斯特雷洛由马六甲驶往中国，他是哥伦布儿子的二表弟，乃葡萄牙人。值得一提的是，哥伦布的儿子迭戈·哥伦布（Diego Colón）后来也继承了印度群岛总督头衔。1515年春，佩雷斯特雷洛率领3只帆船驶往中国。当然，这不是他的首创之功。葡萄牙人和意大利人早就在这条航线上航行。1515年11月，恩波利在首次居留亚洲期间，从广州发出一封信函，生动描述了中国的画面：城镇、人口、财富和建筑物，一切看起来都非同寻常。然而，1517年，因船只失火，乔凡尼·恩波利死于中国沿岸。

至于葡萄牙方面，其民众开始进入所谓的后马可·波罗时代，而此时的明代已取代蒙元帝国。不过，欧洲的知识分子，还没有了解到这种新情况。他们所绘制的地图，老调重弹，重复着托勒密和马可·波罗关于这片世界的叙说。而使用这些地图的葡萄牙船员们，却有了新的发现：他们现在拥有中国海岸和珠江河口的最新信息。

新印度坐落在亚洲？

在加勒比地区的西班牙殖民者，之所以能够相信繁荣贸易社会即将到来，得益于哥伦布所传播的期望和妄想，毕竟哥伦布相信他已经接近了日本和大汗帝国。如前所述，有幸阅读《马可·波罗游记》的人很少，但很多人对之都有过耳闻，卡斯提尔和新大陆的联系亦因之建立起

---

① 参考科钦来函，1515年11月15日，见刊于Marco Spallanzani, *Giovani da Empoli: mercante navigatore fiorentino*, Florence: Spes, 1984, pp. 202–203.

② Francisco Manuel de Paula Nogueira Roque de Oliveira, "A construção do conhecimento europeu sobre a China", p. 396.

来。16世纪初,这位威尼斯旅行家的游记进入里斯本和塞维利亚这片世界。1502年,葡萄牙语译本问世,接着首个卡斯提尔语译本也完成,1年之内在塞维利亚刊行。这是否意味着西班牙在紧跟葡萄牙的步伐?西班牙前后翻译《马可·波罗游记》以及佛罗伦萨人米特·波吉奥(Miter Poggio)有关相同区域的论述,就是鲜明的例证,特别是米特·波吉奥描述了尼科洛·德·孔蒂(Niccolò de' Conti)的航行。矛盾的是,他们的目的不是证明哥伦布的正确,相反,而是为将印度群岛与马可·波罗笔下的亚洲混为一体之说提供反证。

在译本的序言中,多明我会修士罗德里戈·德·圣塔拉(Roderigo de Santaella)解释由头,由此揭示了他绝非一名普通的翻译人员。他有多个头衔,如教皇的首席书记官、教会副主教、塞维利亚大教堂教士,在卡斯提尔王国算得上一名高级知识分子。他先后在博洛尼亚和罗马接受人文主义教育,撰写大量关于天主教道德的作品,支持僧侣改革和文艺复兴。他对于卡斯提尔人在大西洋的发现,有过探索思考。圣塔拉所翻译的马可·波罗之游记,就是针对哥伦布。16世纪初,当哥伦布正在进行其第四次航行之时,圣塔拉即认为马可·波罗所谓的西部群岛乃印度属地,实系错误之说[①]。

在序言中,圣塔拉回应了塞维利亚精英们普遍流传的对未来的不确定感。而塞维利亚人的这种气氛,恰与葡萄牙人的勇往直前形成鲜明的对比。安的列斯群岛(Antilles)的发现,不管是对平头百姓还是显赫贵族,都激发出来诸多的想象。这些群岛,到底属于所罗门国王,还是说处于亚洲之外?圣塔拉断言,他的同胞所发现的岛屿,实际上属于世界第四区域的一部分:"看起来亚洲、塔尔希斯、俄斐和莱廷处于东方,而西班牙则在西方;他们的地位和性质完全不同。"并指出那些持相反论调的人,"论据毫无基础,诱骗诸多普通人"。圣塔拉所翻译的《马

[①] 他关于马可·波罗的著述,在其1509年去世之前又再版两次(胡安·巴雷拉又于1518年再度刊行)。圣塔拉在关于宇宙志的序言已援用了费尔南德斯手稿,但在文中使用的却是波吉奥用威尼斯语写作的《认识印度》一书。现代版本可见胡安·希尔(Juan Gil) 1987年在马德里出版的版本。参见:Henry Harrisse, *Biblioteca Americana vetustissima* (rept. Madrid: 1958), vol. 1, pp. 130 – 134; Donald F. Lach, *Asia in the Making of Europe*, Chicago, IE: University of Chicago Press, 1994, vol. 2, p. 164.

可·波罗游记》，流传迅速，很快揭露了哥伦布声明主张的愚蠢。他得出唯一可能的结论是，印第安人不是印度人，东方与西方不应该再混为一谈了。此时，关于西方的概念开始形成，这里的西方是一个独特的实体，不再是奢华东方微不足道的附属物。

实际上，对于这些伟大的发现，圣塔拉并没有抱有敌意。对于当时的人来说，他们更乐见接受新知识，而不仅仅是了解到世界的其他地方，而且，当时只有一小部分人才能获得这些信息。圣塔拉还面见在锡丰特斯（Cifuentes）的伯爵，不仅向其及其他贵族呈送译本，还将该书送给了大安达卢西亚城的神职人员与商人。他知道如何取悦那些期盼看到见所未见、闻所未闻之新事物的群体，因为这类人渴望发现"伟大的君主，省份和城镇，富有的国家，多样的民族，还有法律、教派和习俗"。

圣塔拉还意识到了伊比利亚海洋探险所造成的剧变。事实上，正是如此才促使他重读《马可·波罗游记》，并产生新的认识。长期以来，马可·波罗叙述的真实性备受质疑，特别是站在欧洲人自身的有利视角，他们会发现这简直是天方夜谭。但是，考虑到卡斯提尔人和葡萄牙人迅速且厚重的发现，他们对之也不会感到惊愕。伊比利亚人的出航，带来了种种可能，打开了广阔的视野，从而将原来令人难以置信的荒谬变成现实。因此，马可·波罗所描述的奇迹，现在变得可信。当然，虽然马可·波罗确实是一个"真正的作家"，但他的游记无可置疑地被奉为关于东方世界的第一手记录。这是因为，他道出了一个西方人必须接受的真相，即发现的新岛屿与亚洲实际上没有任何关系。正是因为卡斯提尔人读了《马可·波罗游记》，才会有这个前所未有的发现。

圣塔拉还提出了一个微妙而深刻的论证。他认为，我们不仅应认识到马可·波罗的作品会在地理上带来好处，而且也应明白"我们会在许多方面受益"。重要的是，这为基督徒提供了精神食粮。首先，它是天主创造多样性人类的明显证据。真正的信徒，只要对其所熟悉的世界有点滴认知，就会清楚地看到接受信仰是多么地幸运，"野蛮人和天主教徒之间的差异，类似于相分离的光芒与黑暗"。其次，这种体悟将唤醒基督徒将天主真理传播给异教民族的愿望。通过向外地派遣传教士，将来大功告成之时，将会解救"无数灵魂"。最后，这部书所描述的敬奉和崇拜假神、偶像的信徒与异教徒,将会醍醐灌顶、幡然大悟,最终侍奉和跟随西方人真正的天主。

上面寥寥数语,简单地勾画了对世界的"他地"(Other parts)进行基督宗教化的庞大计划。事实上,卡斯提尔人意识到墨西卡人的存在,巴托洛梅·德·拉斯卡萨斯(Bartolomé de Las Casas)对印第安人的种种保护,在时间上都发生在这个计划的谋划与出台之后。

亚洲梦

圣塔拉咄咄逼人的言辞,能够激起卡斯提尔人对亚洲的渴望,从而与葡萄牙人展开竞争吗?实际上,西班牙对这片世界的兴趣还没有消失。而且,卡斯提尔人的阅读范围,并不局限于《马可·波罗游记》。波吉奥对孔蒂在印度的航行记述,于1510年在格兰纳达出版;两年后,马丁·费尔南德斯·德·菲格罗阿(Martín Fernández de Figueroa)所著的《从波斯手中征服印度群岛》(Conquista de las Indias de Persia)在萨拉曼卡(Salamanca)出版,这是关于葡萄牙人探险的首部作品。1521年,约翰·曼德维尔(John Mandeville)再遇春风,其游记在14世纪和15世纪曾激起拉丁基督宗教的无穷想象,如今在瓦伦西亚(Valencia)重新出版[1]。

即使后来身在中美洲,西班牙人依旧怀揣着亚洲梦。以一封信函为例。发信人是前述传记史家彼得·马特尔,他是米兰人,定居在卡斯提尔,信中记载了他所听到的一些传言。他事无巨细地记述说:"1516年10月14日,有两人前来拜见我。其中一个是我提到过的罗德里戈·科尔梅纳斯(Rodrigo Colmenares),还有一人大概名叫弗朗西斯科·德拉普恩(Francisco de la Puente)。……我们谈了一件事,其中一人只是听说,另外一人则亲身经历。他们说,在南部海域、圣米格尔湾(St Miguel)和黎加岛(Rica)的西部有很多岛屿,树木繁荣生长,上面长着水果,和卡利卡特(Colocut)、交趾和坎纳诺尔(Camemori)的果树相似,这片区域就是葡萄牙的香料市场;他们推断,不远处就是生产各

---

[1] *Libor de las maravillas del mundo*, Valencia: Jorge Costilla, 1521.

种香料的土地①"。很多人都渴望探索这片具有无限前景的新土地。上述提及的卡利卡特、交趾和坎纳诺尔等地，当然是取自于菲格罗阿《从波斯手中征服印度群岛》一书，它所提到的印度群岛的三个港口的顺序与实际完全相同。显然，这表明西班牙人到达亚洲已指日可待了。

跳进虚无之地？

距离亚洲仅一步之遥，为何这一跃还要等待么长时间呢？其中的原因是，如果圣塔拉正确无误，即马可·波罗所说的印度群岛不是圣塔拉所说的印度群岛，那么他们秉持的到达的乃是已知领土之信念将会崩塌。正是凭借着这种信仰，船员们才能满怀热情，投资者才能充满信心，他们都指望着在亚洲发现财富来弥补自己的损失。突然，他们跳进了一个未知世界，好似跳进了虚无之地，接下来的探索则毫无目标。瓦尔德泽米勒（Waldseemulle）于1507年刊刻的地球平面图，就已对遥远的亚洲和北美洲进行过比较，令人相当吃惊：时人熟悉的中国和日本刻在地图最右侧，在另一端相同高度上，可以看到一个洁白而神秘的白色印记；10年后，这里将是墨西哥，只不过当时还没有人知道它的存在。在这里，北美洲被命名为"未知领域"（*Terra ulterius incognita*）。6年后，即1513年，瓦尔德泽米勒所刻印的另一幅世界地图中，这片区域仍然空白。因此，每个船员与每个投资者，对这片空白之地抱有深深的恐惧。

从中国到虚无之地，从虚无到发现。在1517年之前，关于古代墨西哥的社会，并没有留下多少史实。他们不是处于黄金卡斯提尔人的探索方向。拉斯卡萨斯神父于1503年来到圣多明各（Santo Domingo），1512年起又定居古巴，他曾对这个区域有过冗长的记述且持续的观察，但从来没有谈及这片土地存在着强大的社会政权。因此，当时谁又能想象出来，在大西洋的另一侧矗立着一个新世界，那里分布着诸多富饶的城市，而且距离亚洲有数千里格之远呢？

---

① Peter Martyr d'Anghiera, *Décadas del Nuevo Mundo*, ed. Edmondo O'Gorman, Mexico: José Porrúa e Hijos, 1964–1965, vol. 1, p. 387.

西班牙人即将面对一个与世界没有接触过的社会。在这里,没有穆斯林中间人,没有可资利用的区域地图,没有待发现的清楚的历史记忆,没有便于交流的定居在中美洲的外来移民。后来,这支探险队的老手迪亚兹·德尔·卡斯蒂略回忆说,对于西班牙人来说,他们的航行纯粹是盲目之举,而其发现更是意外地惊奇。"这片土地(指1517年到达的尤卡坦半岛)原来没被发现,且至今不为人所知",但是,现在卡斯提尔人发现自己正面对着美洲的城市文明:"在船上,我们远眺看到一个大的聚集地,离岸约二里格,我们把它看作一个重要的城镇,无论是在古巴岛还是伊斯帕尼奥拉岛,都没见过这种地方,便给它取名大开罗"①。

---

① Bernal Díaz del Castillo, *Historia verdadera de la conquista de la Nueva España*, ed. Joaquín Ramirez Cabañas, Mexico: Porrúa, 1968, vol. 1, p. 45.

第五章 来自另一个世界的书籍和函件

在伊比利亚半岛，因这种新奇事物带来的惊异格外强烈。早在1492年，彼得·马特尔即专门记述哥伦布及其子孙的传记史。他长期描述哥伦布发现之空前意义；还向前后两任教皇阿德里安六世和里奥十世陈述及重复——这些"未知"的土地及其臣民，洋溢着"新鲜和令人无法想见的惊奇"[①]。科尔特斯于1522年3月送往巴利亚多利德（Valladolid）礼物，马特尔对之有过激情洋溢的描述，这种论调后来成为欧洲知识分子观察墨西哥文明的范式。金银盘子、宝石项链、小金铃、宝石头饰、头巾、羽毛饰和羽毛扇等物品，美丽迷人，巧夺天工[②]。无论是西班牙多明我会的拉斯卡萨斯，还是德国画家阿尔布雷特·丢勒（Albrecht Dürer），对之的反应都高度一致。

"他们的书籍与我们的类似"

这些收集品还包括一些珍稀书籍。在马特尔看来，这无疑均为印第安人所撰写。印第安人用来写字的材料，无论是被称为纸张还是羊皮纸，实际上都是采自于一种棕榈树果实的果皮，这种果子可用来食用。

马特尔向教皇详细解释制作方法：拉伸树叶，直至成型。凝固后，上面涂着"胶水或其他类似材料"。并不是将树叶粘到一起，而是像手风琴的皱褶一样排列一起。一旦折叠后，就会形成一块方形物体，并由

[①] Peter Martyr d'Anghiera, *Décadas del Nuevo Mundo*, ed. Edmondo O'Gorman, Mexico: José Porrúa e Hijos, 1964 – 1965, vol. 2, p. 439.

[②] Ibid., vol. 1, pp. 429 – 431.

"耐用且柔韧"的沥青黏合起来。最后压上木质书板,这样"印第安人的书籍看上去就像是装订工亲手制造出来的一样"。

这位意大利人文主义者,对当地的纸张、书籍制作及其装帧,均有着细致入微的观察,还开始思索其字体的意义。美洲印第安的象形文字,由方块、括号、曲线、羽毛扇以及和生活相关的物品形状组成。在他看来,这些文字就像是"埃及文字",因为他在埃及时曾近距离细致观察过该地文字①。对此,他的朋友教廷大使乔凡尼·鲁夫·达·弗尔利(Giovanni Ruffo da Forli)也有过类似的对比:"小方块内的象形和标记,和阿拉伯以及埃及文字的构造一样,可能将之解释为这是他们所使用的字母,但是印第安人对之无法有着完善尽美的解释"②。象形文字和绘画文字的使用,不得不使人们将之与当时欧洲所普遍流行的创新进行对比,重新唤起"当时印刷工人革新长期习惯的方式,嵌入历史的因素从而吸引顾客;甚至书籍有时为了取悦读者,还将之作为故事的主要角色"。

"接触他们之后,会发现他们的书籍与我们的类似"。有人指出,马特尔如此刻意淡化新世界和欧洲的不同,这在今天看来即使不是过于简单化,也有草率之嫌。当然,他也着实对这些丰富内容感到兴奋:"目前看来,他们的著述内容包括法律、祭祀仪式及程序、算法、天文、农耕节令等"③。这一叙述,可能参考了科尔特斯随员,还有弗朗西科斯·德·蒙特霍(Franciso de Montejo)、阿隆索·赫尔南德斯·波托卡雷罗(Alonso Hernandez Portocarrero)等人的解释④。这种论述至关重要,其原因是如果墨西哥人的书籍是关于司法、宗教、天文和农业知识的宝库,那么,这就意味着其地居民得到了建立文明社会的工具,并可以掌握自己的未来。

---

① Peter Martyr d'Anghiera, *Décadas del Nuevo Mundo*, ed. Edmondo O'Gorman, Mexico: José Porrúa e Hijos, 1964 – 1965, vol. 1, p. 425.

② Marcel Bataillon, "Les premiers Mexicains envoyés en Espagne par Cortés", *Journal de la Société des américanistes*, new ser., 48(1959), p. 140.

③ Peter Martyr d'Anghiera, *Décadas del Nuevo Mundo*, vol. 1, pp. 425 – 426.

④ Michael D. Coe, "The Royal Fifth. Earliest Notices of Maya Writing", *Research Reports on Ancient Maya Writing*, 28, Washington, DC: Center for Maya Research, 1989.

事实上，很难想象出墨西哥社会还能够具有如此精彩的面相。然而金无足赤，他们也有阴暗的一面，而且相当严重。这个新发现的社会，竟然实施人祭，且儿童多是受害者。这位人文主义者摘编印第安人的解释文本，尽力予以理解[1]。最终，他还是对从墨西哥带回来的礼物感到欣喜异常，最终为之着迷："我想我们从来没有看到过如此抢眼的东西[2]"。

"中国也有印刷工"

如上所述，1512 年一名中国人被派遣到交趾，后来从这里前往里斯本的王宫。很有可能的是，他随行带了一些会意文字的书籍，或者是到了之后才撰写这些文字。因为，基本在同一时期，塔霍河畔出现了第一部中文书籍《中国地图注解》，其名称是从皇家图书馆的馆藏目录爬梳而来，主要描述天朝中国的地理信息[3]。前文提及，曼努埃尔于 1514 年向教皇里奥十世也呈递了一本书。在罗马，这本书引起了人文学者保罗·乔维奥的注意[4]。可以推见，若干年后，马特尔的研究热情，很可能受到这名著名同行的激励。

乔维奥竭力洞察另外一个世界的各种情形，这种具有象征意义的场景在罗马时期已有先例。已经遗忘的乔维奥，生活在意大利北部，日耳曼人，是当时最著名的知识分子，其思想在他所生活的时代也最为敏捷，不过这一切随着时代的洗涤而消失无存。面对这些中国书籍，乔维奥掩盖不住敬佩之情，最令他印象深刻的是印刷术：在中国，也

---

[1] Peter Martyr d'Anghiera, *Décadas del Nuevo Mundo*, vol. 1, p. 427.

[2] 呈递给王室的这批物品，曾在西班牙展览。1520 年秋在布鲁塞尔展出时，受到阿尔布雷特·丢勒的推崇。

[3] Anselmo Braamcamp Freier, "Inventário da guarda-roopa de D. Manuel I", *Archivo histórico portuguez*, vol. 2, Lisbon, in Francisco Bethencourt and Kirti Chaudhuri, *História da expansão portuguesa*, Lisbon: Círculo de Leitores, 1998, vol. 2, p. 535.

[4] T. C. Price Zimmerman, *Paolo Giovio: The Historian and the Crisis of Sixteenth-Century Italy*, Princeton, NJ: Princeton University Press, 1995; Laura Maffei, Franco Minonzio and Carla Sodini, *Sperimentalismo e dimensione europea della cultura di Paolo Giovio*, Como: Società Storica Comense, 2007.

有印刷工按照我们的印刷方式，将大块头纸张向内折叠方形的页面，上面印着神圣的故事或者是宗教礼仪。他还说，里奥教皇非常友好地展示了所收到的礼物——一本这样的书，还有曼努埃尔所赠送的大号画纸。因此，很容易确信在葡萄牙渗透印度之前，通过斯基泰人（Scythian）和莫斯科人（Muscovites）里奥教皇就已经能够得到此类物品，从而对当时的文学施以宝贵的援助[1]。后来，乔维奥广泛宣传一个观点，即印刷术是由中国商人传播而来，不是德国古登堡拼凑出来的发明[2]。明显，这是针对为马丁·路德及其追随者提供庇护的德国，打击其国家荣誉之举动。

印刷术源自中国，是个有待进一步商榷的问题。16世纪，果阿医师加西亚·德·奥尔塔（Garcia de Orta）、葡萄牙历史学家赫罗尼莫·奥索里（Jerónimo Osorio）、意大利耶稣会士詹姆帕罗·马菲（Giampetro Maffei）也持有乔维奥的论调。实际上，这并不是一个无所谓的讨论。中国不仅有著述活动，且掌握了印刷术，而欧洲也将从中受益。墨西哥的著述陌生奇异，如同古埃及一样乃是时人回忆中的遥远存在；中国则赋予基督宗教信仰国家以技能，一种人文主义者不可能觉得无关紧要的技能：印刷术的发明。无论如何忽略其存在，中国通过印刷术和珍贵物品的贸易，早就渗透进了欧洲各王室。

美洲主义和东方主义

葡萄牙本来有机遇将中国和墨西哥的书籍进行对比。1521年，葡王曼努埃尔收到查理五世发来的一份古籍，名《墨西哥抄本》（Codex Vindobonensis Mexicanus）。该抄本起初由科尔特斯呈送，后来辗转来到

---

[1] Paolo Giovio, *Historiarum sui temporis tomus primus*, Paris: Michaelis Vascosani, 1553, fol. 161r; Joseph Needham, *Science and Civilization in China*, vol. 5: *Chemistry and Chemical Technology*, Part 1, Paper and Printed by Tsin Tsuen-hsuin, Cambridge: Cambridge University Press, 1985. 一般认为，中国在发明木版印刷术上早于西方600年，在活字印刷术上早于400年。但是，在16世纪，也有一个大胆的推论，认为欧洲的印刷技术实际上是科尔特斯从墨西哥—特诺奇蒂特兰引入的（见Gilbert Génébrard, *Chronographie*, 1580）。

[2] Prosper Marchand, *Histoire de L'origine et des premiers progrès de l'imprimerie*, The Hague: 1740, p. 64.

克莱门特八世（Clement Ⅷ）手中①。摆在国王面前的，实际上不是一部墨西哥书籍，而是一部米斯特克绘画，可能是在韦拉克鲁斯海岸献给征服者的礼物。科尔特斯一定没有看到《抄本》提到的羽蛇神的故事，实际上后来翻阅该书的伊比利亚君主也没有注意到这一点。在曼努埃尔去世之前，他本来有机会观察卡斯提尔的邻居们这一发现，也会像他已辞世的驸马爷查理亲眼发现中国并留下深刻印象一样。

在受过良好教育的意大利人看来，无论是墨西哥人还是中国人，其书籍都源自作者所生活的时代，且显著突出积极的景象。欧洲向来重视文字和收集古老手稿，中国书籍和墨西哥抄本对之来说都是文明的明确体现，对了解还未为人所知的社会至关重要。他们还认为，文字及其附属品，对于记忆和历史延续来说，都是必不可少之载体。乔维奥特别重视这些中国书籍中的故事，而马特尔关注墨西哥书籍所记录的"各个君王先祖的事迹"②。对当时很多人来说，他们所处的时代多将奥斯曼帝国与野蛮民族、希腊及古代文化破坏者的形象联系起来，因此中国和墨西哥两国能获得认可还是极富意义的③。

这些著述，其存活周期却截然不同。中国的文字和艺术，历史久远，前途光明。相反，当时还没有人意识到墨西哥古抄本这种艺术表现会走向末途，其技术也将注定消失或没落。当马特尔看到这些古抄本时，死亡之阴影还没投射到大西洋的一侧。但是，米兰人文主义者的敬佩之情，阻挡不住其政府的复仇，因此，有人为那些以后发生的事情而唱赞歌，现在看来却是相当让人不安。此外，马特尔简述在征服和毁灭之前，欧洲发现墨西哥时期两地之间的简短关系。他指出，葡萄牙人、意大利人和卡斯提尔人，都伪装成收藏家的身份出现在这里。墨西哥的新奇事物，因精致、奇异和独特而被视若珍宝。对待中文书籍也同样如

---

① Robert Wauchope (ed.), *Guide to Ethnohistorical Sources: Handbook of Middle American Indians*, vol. 14, part 3, Austin, TX: University of Texas Press, 1975, pp. 235 – 236; Otto Adelhofer (ed.), *Codex Vindobonensis Mexicanus I*, Graz: Akademische Druck-u. Verlagsanstalt, 1963; Jill Leslie Furse (ed.), *Codex Vindobonensis Mexicanus I: A Commentary*, New York: Institute for Mesoamerican Studies, 1978.

② Peter Martyr d'Anghiera, *Décadas del Nuevo Mundo*, vol. 1, p. 426.

③ Nancy Bisaha, *Creating East and West: Renaissance Humanists and the Ottoman Turks*, Philadelphia, PA: University of Pennsylvania Press, 2006.

此，因为其具有较高的知识价值和技术工艺。对卡斯提尔人来说，战争、战利品和破坏，很快取代了收藏。而在里斯本，商贸关系的元素日渐显现：从中国运来的货物，是上等和首要的贵重商品，具有高附加值。后来观之，马特尔所看到的这些墨西哥书籍，就像是送给查理五世的宝物，因为这种瞬时性的文明注定即将遭到毁灭，且在接下来很长的时间内，墨西哥的形象都要通过皮毛和金字塔来进行表述。另一方面，同中国的贸易，继续为西方提供着造价昂贵的奢侈品。

当时，不管是马特尔还是研究奥斯曼世界最伟大的学者乔维奥，在欧洲思想史中均创建了一些占据重要地位的原则，即美洲主义和东方主义。这两位人文主义者，在欧洲率先"科学地"观察、描述和阐释源自于中国和美洲的事物[①]，借助于葡西两国开拓的全球信息网络，最终将之汇集到罗马。在他们之前，也有意大利人创造和散播其他世界的信息：最近的就是卢多维克·迪·瓦特玛（Ludovico di Varthema）的相关成果，此人前往印度和东南亚的游记曾在1510年出版[②]；还有阿美利哥·韦斯普奇（Amerigo Vespucci），此人的相关作品于1503年出版，当然到底是真迹还是伪作有待考证。

马特尔和乔维奥都不满足于仅仅收集新信息。作为人文学者，他们开始对之进行解释。他们对于这一遥远世界的事物进行思索，其科班出身不仅保证了研究的权威性，也为其提供了研究手段，如马特尔勾连基督宗教世界同埃及马穆鲁克王朝及新世界的关系，乔维奥探索中国和奥斯曼帝国之间的关系，甚至比较亚洲和美洲的异同。不管是乔维奥的航行志和藏品，还是马特尔的信件，都勾勒出一个文学王国的大致情形，接下来的任务就是揭示出这个人类居住区的新事实。结果就是，马特尔与意大利君主、教长和罗马教廷之间的通函，在学术上建立了新旧世界的第一次的联系。除了葡萄牙和西班牙两国政府传播新世界的信息之外，意大利的网络体系也在通过外交和教廷渠道以及印刷品，在全欧洲

[①] 保罗·乔维奥（1483—1552）是第一批收集新大陆物品的人。关于他的藏品，见 Laura Michelacci, *Giovio in Parnasso：tra collezione di forme e storia universale*, Bologna：Il Mulino, 2004.

[②] 卢多维克·瓦特玛是文艺复兴时期的游历家，但是他并不能归类于人文学者的范畴。参见 Joan Paul Rubiés, *Travel and Ethnology in the Renaissance：South India through European Eyes, 1250 – 1625*, Cambridge：Cambridge University Press, 2000, pp. 14 and passim.

对之传播①。

上述网络并不是同期传播中、墨情形。欧洲传播中国的知识仅始于16世纪中期，之所以如此，不是因为葡萄牙人着意更加审慎，而是因为较之印第安墨西哥，中国更为棘手。因此，在墨西哥研究上，马特尔的信件和其 1530 年出版《新世界十年记》（Decades of the New World），1522 年连续出版的科尔特斯的《征服墨西哥的信函》（Cartas de la relacion de la conquista de Mexico），费尔南德斯·德·奥维耶多（Fernandez de Oviedo）1535 年出版的《美洲编年史：新世界的新历史》（Chronicle of America: A New History for A New World），以及洛佩斯·戈马拉（Lópezde Gómara）1552 年出版的美洲编年史，成就卓越，开始引用已得到广泛传播的认识。

中文的艰涩难懂，并不能完全解释这个问题。长期以来，佛罗伦萨人和葡萄牙人所收集的关于中国的材料，主要以手稿形式保存。据笔者目力所及，只有佛罗伦萨人安德里亚·科沙利的信件付梓，从时间上看其出版程序是：该信件 1516 年 1 月自交趾发出，10 月抵达佛罗伦萨，当年 12 月付印在斯蒂芬诺·卡洛·帕维亚（Stephano Carlo da Pavia）的出版物上②。事实上，即使没有刊行，杜阿尔特·巴博萨的《东方纪事》（Livro da Cousas）在 1524 年也被一名热那亚的外交官员和一个名叫迪奥格·里韦罗（Diogo Ribeiro）的葡萄牙制图家翻译成卡斯提尔语，接着于 1530 年翻译成德语，1539 年还有一份缩略版出现在萨尔瓦多刚果③。麦哲伦还保留有一份葡萄牙语的版本。关于中国的信息，依然不为多见；即使有，也是一些能够阅读葡萄牙语的专家才能理解，并对之有着并不适宜的解读，目的是唤醒文艺复兴时期受过教育的公众的热情。

---

① 编年史家费尔南德斯·奥维耶多与其威尼斯人朋友的通函，是对彼得·马特尔所研究的主题的延续，参见 Antonello Gerbi, La natura delle Indie nove: Da Cristoforo Colombo a Gonzalo Fernández de Oviedo, Milan: Riccardo Ricciardi, 1975.

② Francisco Manuel de Paula Nogueira Roque de Oliveira, "A construção do conhecimento europeu sobre a China", 地理学科博士论文，西班牙巴塞罗那自治大学 2003 年，第 398 页。

③ 当前，还保存下来 4 本葡萄牙语手抄本以及 6 本西班牙语副本，见 Ibid., p. 40; O livro de Duarte Barbosa by Maria Augusta da Veiga e Sousa, Lisbon: Ministério da Ciência e da Tecnologia, 1996.

时至16世纪下半叶，情形突变。中国开始成为公众关注的中心，而墨西哥已然耗尽了羡慕与好奇。早期的一些著述，如乔凡尼·恩波利的信函，皮莱资的《东方诸国记》，还有巴博萨《东方纪事》的缩略版，到了1550年时，由乔凡尼·巴蒂斯塔·拉姆西奥（Giovanni Battista Ramusio）汇集到其《航海志及旅行记》（Navigationi et Viaggi）第一分册出版①。此后，多个意大利语版本见刊：《东方诸国记》于1554年、1563年、1587年至1588年、1606年和1613年出版；《东方纪事》于1554年、1563年、1587年至1588年、1603年和1613年出版②。同时，在葡萄牙，若奥·德·巴罗斯（João de Barros）于1563年出版其关于亚洲的第三个十年记，传递了16世纪20年代中国沿海区域一大批事件的信息。不管如何，此阶段完全以中国为对象的著述，引起了欧洲文化圈的注意。

来自中墨的信函

欧洲与中国和墨西哥之间的初步联系，虽然同期发生，但"媒体炒作"的热度不同。西班牙征服者们的宏伟壮举和阿兹特克帝国的悲惨结局，继续保持着吸引力，然而对朱明王朝的发现和皮莱资的铩羽而归，从来没有激起人们的想象。实际上，这些事件一直影响到我们所生活的当代世界。马可·波罗没有征服中国的需求，也没有从印刷术中受益，但给我们留下了一部鸿篇大作，其《马可·波罗游记》注定要经历数世纪的传阅。看起来，用成功或失败来解释这几种不同的结果，还远远不够。掌握墨西哥未来命运的人，也不是技能超群的作家；在科尔特斯征服墨西哥之时，他摇身变成恺撒，被永远地定格在胜利的画面上。本来，葡萄牙人能够借助皮莱资的写作技能，其《东方诸国记》表明他同样有能力展现所经之地的奇异。同科尔特斯一样，皮莱资的目光敏

---

① Francisco Manuel de Paula Nogueira Roque de Oliveira, "A construcão do conhecimento europeu sobre a China", pp. 394, 402. 该信函的现代版本，见 Marco Spallanzani, *Giovani da Empoli: mercante navigatore fiorentino*, pp. 131–185.

② Francisco Manuel de Paula Nogueira Roque de Oliveira, "A construcão do conhecimento europeu sobre a China", p. 402.

锐，这样更使得其著述缺失是为憾事。皮莱资没有从中国活着返回，据闻他曾经设法从广州牢狱私自送出过手稿，但最终没有留存于世。不过，他的同样处于不幸的同伙，却写下了一些信函。

因此，就是这批信函，能够使我们洞察早期接触的进程。科尔特斯的信函，得以复制、讨论、出版和翻译，逐渐声名远扬，成为西方文学关于美洲大陆的第一批代表作。相反，那些无名葡萄牙人士从广州寄来的信件，即便时至今时，葡语世界之外仍鲜有人知。

科尔特斯向查理五世总共呈送了5批《征服墨西哥的信函》，其时间分别是1519年7月、1520年10月、1522年5月、1524年10月和1526年9月①。这些关于墨西哥事件的信件，不仅在宫廷里流传，而且幸运地得到了欧洲出版商的注意。1522年11月，雅克布·科姆博格（Jacobo Cromberger）出版了第一批信函，仅在信函写成的3年之后。翌年，来自西班牙萨拉戈萨的德国人乔治·柯西（Jorge Coci）出版第二批信函，辅以蒂特里夫（Tite-Live）之十年记的版画作为说明，并起了一个冗长且耸人听闻的标题，在文中褒奖城市之规模、贸易之财富、特诺奇蒂特兰城之辉煌及蒙特祖玛之权力②。1523年3月，雅克布·科姆博格在塞维利亚出版了第三批信函。1524年，得益于皮得罗·萨沃拉尼（Pietro Savorgniani），第二批和第三批信函的拉丁文译本在纽伦堡出版，而且萨沃拉尼还将科尔特斯比喻为亚历山大和汉尼拔。译文中包含一份至关重要的文件：墨西哥—特诺奇蒂特兰城的城市规划，可能基于16世纪20年代早期科尔特斯发来的概略图。这张图片很受欢迎，同年再版于威尼斯，并辅以意大利语的说明文字。在这个时期，德国通过已见刊的三批信函以及阿尔布雷特·丢勒的日记，也开始追踪发生在墨西哥的事件，特别是阿尔布雷特·丢勒本人曾赴布鲁塞尔（Brussels），参观科尔特斯所寄回宝物的展会。1525年，雅克布·科姆博格在塞利维亚出版第四批信函，正值该信件

---

① Hernan Cortés, *Cartas y documentos*, ed. Mario Hernández SánchezBarba, Mexico: Porrúa, 1963; Hernán Cortés, *Letters from Mexico*, ed. Anthony Pagden, New Haven, CT/London: Yale University Press, 1986.

② Benjamin Keen, *The Aztec Image in Western Thought*, New Brunswick, NJ: Rutgers University Press, 1971, p. 67.

在墨西哥写成一年之后。其他的版本和译本，在接下来的几个世纪中反复出现。

关于墨西哥的首部印刷书籍，乃由人文主义者马特尔撰写，名为《新近发现的岛屿》（*De nuper sub D. Carolo repertis insulis*），1521年在瑞士巴塞尔出版。在西班牙受到欢迎的墨西哥物品，以及一批印第安人的到来，这种蓄意安排的场景不可避免地引起一些外务官员的注意。其中，就有人文主义者加斯帕·干达利尼（Gaspar Contarini）。在加斯帕的信件中，他始终向威尼斯参议院禀告征服墨西哥事宜。1528年，正是在威尼斯，得益于贝奈戴托·波多内（Benedetto Bordone）之世界地图，西方世界首次了解到特诺奇蒂特兰和日本一样都是世界最负盛名的岛屿①。受纽伦堡版画业的启迪，特诺奇蒂特兰的城市形象有着多方面修正，目的是强调其与威尼斯的相似之处②。威尼斯人的想象力根深蒂固，他们认为墨西哥有湖也有运河，对于圣马可城的人文主义者们来说，这简直就是管理潟湖水域的模板③。在接下来的几十年里，信息如同野火燎原，最终传至欧洲的中心，并为1554年出版的捷克语《世界志》（*Kosmografie česká*）提供了材料，该书第一次在捷克语中提到了伟大的城市特诺奇蒂特兰。

因此，科尔特斯的证言，乃是欧洲人建构和重建征服美洲之叙事基础，其原因是科尔特斯不仅是一名杰出的故事讲述者和无与伦比的事务管理者，还是一个著名帝国的征服者。他的证言不仅提供了直接的史料，而且还成为出版业的宠儿。有时候，即使科尔特斯本人无法理解，他还是不断地提出一些解释，其影响还是受到足够的重视。他总是及时地向查理五世呈递信函，虽然说在他所处的时刻与后来在信件中的阐释

---

① *Isolario di Benedetto Bordone. Nel quale si ragiona di tutte l'isole del mondo, con li lor nomi antichi & moderni, historie, fauole, & modi del loro vivere, & in qual parte del mare stanno, & in qual parallelo & clima giaciono. Ricoretto, & di nuouo ristampato. Con la gionta del Monte del Oro nouamente ritrouato*, Venice：1547.

② Frank Lestringant, "Fortunes de la singularité à la renaissance：Le genre de l'Isolari", *Studi Francesi*, 28, 3（1984）, pp. 415 – 446；*Le Livre des Îles：Atlas et récits insulaires de la Genèse à Jules Verne*, Geneva：Droz, 2002.

③ Manfredo Tafuri, *Venice and the Renaissance*, Cambridge, MA：MIT Press, 1989, pp. 152 – 153.

之间存在时间上的滞后性，然而与后来关于征服的其他专论，如大概在1560年出版的弗雷·弗朗西斯科·德·阿基里尔（Fray Francisco de Aguilar）的《征服新西班牙简史》（Relación breve de la conquista de nueva España）及1568年出版的迪亚兹·德尔·卡斯蒂略的《征服新西班牙信史》（Historia verdadera de la conquista de la Nueva España）等相比，其时效性要很好多。这些历史著述，都是在事件发生几十年后所写，主要是重新解读征服史，使用的信息基本来自于新西班牙政府后来为卡斯提尔的统治和被征服社会的落败提供合理性证明所收集的资料。阿基里尔和卡斯蒂略所讲述的，只是他们早就知道的结果和不同的剧情，相反，科尔特斯早在其第一封信中，就还在黑暗中摸索。对于历史学家来说，这种差异尤为关键，其原因是，它使得我们了解在其演变为现代社会第一次征服，且带来不可避免的结果之前，这项事业的最初目的到底是什么。基于此，我们就会发现皮莱资和科尔特斯的冒险事业，具有诸多的共同之处。

如前所述，从葡萄牙方面来看，我们目前还是缺乏其事业领头人的证言，或者是类似于科尔特斯密友等人士的著述。皮莱资本人不仅没有留下与中国有关的大部头作品，而且，他从南京写给乔治·波特略（Jorge Botellho）和迪奥格·卡尔弗（Diogo Calvo）的信件也大都遗失，这样一来我们就无法获得他与明正德帝会面时那些独一无二的第一手资料了①。

还有几封葡萄牙语信函侥幸存世，大概写于1524年前后②。其作者分别是葡萄牙外交使团成员克里斯托瓦·维埃拉（Cristovao Vieira）

---

① T'ien-tse Chang, "Malacca and the Failure of the first Portuguese Embassy to Peking", *Journal of Southeast Asian History*, 3, 2 (1962), p. 54.

② Raffaella D'Intino, *Enformação das cousas da China: Textos do século XVI*, Lisbon: Imprensa nacional, Casa da Moeda, 1989, p. 5. 此日期存疑，但有人说绝无可能日期为十年之后，详见：Donald Ferguson, *Letters from Portuguese Captives in Canton, written in 1534 and 1536*, Bombay: Education Society's Steam Press, 1902; Ernst Arthur Voretzsch, "Documentos acerca da primeira embaixada portuguesa à China", *Boletim sa Sociedade Luso-Japonesa*, 1, Tokyo, 1926, pp. 30 – 69. 也可见朝鲜文史料《李朝实录》相关记载，参见金国平、吴志良相关研究："Uma embaixada com dois embaixadores. Novos dados orientais sobre Tomé Pires e Hoja Yasan", *Administração*, 60, 16 (2003 – 2), pp. 685 – 687.

和巴斯科·卡尔弗（Vasco Calvo），后者可能是商人，只在1521年抵达过中国沿海。和墨西哥征服者一样，两名观察者的眼光同样锐利，也具有类似的野心，这一点下文将进行详述。可惜，这些信件并没有进入历史学者的法眼，直到20世纪初才在巴黎的国家图书馆中发掘出其副本①。通常，中西关系史往往会忽略葡萄牙人在中外直接交往之前的接触历史，并无视这些直接史料②。这两位葡萄牙人在文学天赋上可能不如科尔特斯，但是，他们对其所处场景之描述所显示出的世界观点与敏锐细节、整体观念与个人体验，均揭示出其所具备的洞察力之天赋也是独一无二的。和科尔特斯一样，他们迅速做出的反应，给原本彼此忽略的两个世界所发生的碰撞提供了史实线索；如果要深入了解16世纪初期全球化的起步，我们就能够领会到这个关键时刻的意义所在。

就葡萄牙和卡斯提尔来说，我们得到了葡萄牙扩张编年史所传扬的事件发生之后的记述。若奥·德·巴罗斯的《亚洲十年记》，费尔南·洛佩兹·德·卡斯坦赫达（Fernão Lopez de Castanhede）的《葡萄牙对印度的发现与征服史》，加斯帕尔·达·克鲁斯（Gaspar da Cruz）的《中国志》，费尔南·门德斯·平托（Fernão Mendes Pinto）的《远游记》，以及葡萄牙人其他类似的著述，都和他们的卡斯提尔同行一样，所提供的信息均是事件发生之后的记述，虽然其价值珍贵，但是写作的立场与上述葡萄牙外交使团成员卡尔弗和维埃拉不同，特别是在放弃征服和殖民中国领土的计划之后的史事方面。③

---

① Ibid.

② 有一些葡萄牙学者对之有过关注，特别是瑞·曼努埃尔·洛雷罗（Rui Manuel Loureiro）的研究，见"A China na cultura portuguesa do século XVI. Noticias, imagens, vivências"，里斯本大学文学部博士论文，上下卷，1995年；Nas partes da China, Lisbon：Centro Ciéntifico e Cultural de Macau, 2009.

③ João de Barros, *III^a Décadas da Asia*, part2, books 6, 7, Lisbon：1563; Fernão Lopez de Castanheda, *Hestória dos descobrimentos e da conquista da India pelos Portuguese*, Coimbra：1552 - 1561; Gaspar da Cruz, *Tractado em que se contem por extenso as cousa da China*, Evora：1569; Fernão Mendes Pinto, *Peregrinação*, Lisbon：1614. 关于这些著作，见 Raffaella D'Intino, *Enfomação das cousas da China*, pp. XXX - XXXI.

他者的视野

科尔特斯和葡萄牙人的信件,只是给我们留下了欧洲人观察这些事件的版本。在信件中,他们还报告了对手们的反应,亦即印第安人和中国人的反应。不过,他们所告诉我们的,只是他们的所见、担忧,还有一种伊比利亚人的自信——一种并不令人觉得惊奇的偏见。

那么,"他者"是否保持沉默,或是因震惊或诧异而惊呆呢?事实上,在这场大剧变被激发之后,只是远征的卡斯提尔人,而不是中国人和墨西哥人,对之留有深刻的印象。直到 19 世纪,除了西班牙史料之外,当地的著述才开始发出声音,最终建构出米格尔·波尔蒂亚斯所说的"战败者的视角",这一后来颇为流行的表述①。这些经常充满酸楚的文本,后来助益于人们重燃对于征服墨西哥历史的兴趣,并推动重建当地民众话语的研究的开展,这一点在 20 世纪下半叶尤为如是。

对于墨西哥,我们能够爬梳出印第安人或梅斯蒂索人撰述的大量文本,还有最为重要的 16 世纪中期那瓦人留下的征服历史图说,因此,其内容描述的不仅仅局限于征服之后一代人的那段历史②。后来,方济各会传教士伯纳狄诺·德·萨哈冈(Bernardino de Sahagún)重新修撰新西班牙通史时,将这些史料收录其中③。

笔者在这里所使用的中文材料,主要参照各朝正史、各省编年史志还有重要人物的个人传记。④ 实话说,解读其文本内容实在困难,即使

---

① Miguel León-Portilla, *Visión de los vencidos: crónicas indígenas*, Madrid: Historia 16, 1985.

② 参见: Bernardino de Sahagún, *Historia general de las cosas de Nueva España*, Mexico: Porrúa, 1997, vol. 4, trans. Angel Mariá Garibay;英译本: James Lockhart, *We People Here: Nahuatl Accounts of the Conquest of Mexico*, Los Angeles, CA: University of California Press, 1993.

③ 土著人文本与萨哈冈著述在内容上有很大差别。中国人的记述不依赖于葡萄牙人,相反,墨西哥人的描述只是复述了征服、基督宗教化和西方化之后所撰写的历史。

④ 本书主要利用了伯希和所列之文献资料,见 Paul Pelliot, "Le Hoja et Le Sayyid Husain de l'histoire des Ming", *T'oung Pao*, 2nd series, vol. 38, 2-5 (1948), pp. 81-292.《明史》自 1645 年开局修撰,历经多次修改,终在 1739 年定稿(见伯希和文第 198 页);另《正德实录》多处提到葡萄牙使臣。其他所利用的史料有:《南海县志》《皇明献征录》《殊域周咨录》《月山丛谈》等。

对于著名汉学家伯希和（Paul Pelliot）而言也同样如此。从伯希和精致入微的研究中，我们所能够了解的内容仍有待质疑，事实上其观察之处多艰涩难懂。关于此事件的中文材料，最能反映出北京和广州当局的真实态度。这就是有时候他们与葡萄牙人的主张无法统一的原因。然而，大约10年之后的一批新材料，其内容互相抵牾，这更使得我们深陷困惑。看起来，随着时间的流逝和记忆的淡化，中文史料所载的葡萄牙大使皮莱资还有一个名为火者亚三（Khôjja Asan）的穆斯林随员，均多有抵牾。这两人都与马六甲有联系，但是前者来自于葡萄牙人所征服的这座城市，而根据伯希和的描述，后者则于征服之前在前政府担任使臣。

更让人困惑的是，《明史》中提到了神秘的火者亚三，此人可能是指皮莱资，或是葡萄牙使团的中文通事，抑或是一个与葡萄牙使团同行的穆斯林人。无论怎样，1521年在北京被处死的不可能是皮莱资，因为根据中文史料所载，他是几年后才逝世的。又据中文史料《月山丛谈》，可知火者亚三懂中文和蛮邦语言，大致可推测他可能是来自马来的穆斯林[1]。其他资料表明，火者亚三曾于1529年在广州被处死，且这些资料将亚三和葡使皮莱资联系起来。有可能经过严刑拷问，此人坦诚自己冒充使者，或者承认自己是一名为葡萄牙服务的中国人[2]。几十年后，情形更加混乱，有人指出所谓的"亚三"其实就是葡萄牙使臣，与深受朝廷信赖的穆斯林使臣写亦虎仙（Sayyid Husain）沆瀣一气，为非作歹[3]。

那么怎么来解释这种混淆的身份呢？其中的部分原因是，中国人实际上并不知晓关于葡萄牙人的任何情形。假如他们将火者亚三当成葡萄牙使臣，或者是服务于葡萄牙人的中国人，那么有可能是由于他们相信马六甲的新君主，来自于亚洲或者是大洋西南的某个伊斯兰国家，大抵

---

[1] Paul Pelliot, "Le Hoja et Le Sayyid Husain de l'histoire des Ming", *T'oung Pao*, p. 11. 由其中文名"火者"可以推断出来自阿拉伯语"Khôjja"，故而其本名可能是"Khôjja Asan"。

[2] Paul Pelliot, "Le Hoja et Le Sayyid Husain de l'histoire des Ming", *T'oung Pao*, pp. 196-197.

[3] 伯希和指出，火者亚三本来有个穆斯林名字，四夷馆主客主事梁焯所写日记中提及过该人。穆斯林人来自中亚，写亦虎仙有个女婿，也名叫火者。但是新近的研究揭示出火者亚三实则为中国人，见金国平、吴志良相关研究："Uma embaixada com dois embaixadores. Novos dados orientais sobre Tomé Pires e Hoja Yasan", p. 690, n. 32.

位于爪哇南部或者苏门答腊岛西南一带①。看来，中国人从来没有抓住这批来访者的主要特点。古代墨西哥人也是如此，他们将其新来的主人当作来自神秘城邦的居民，认为卡斯提尔这个陌生的王权国家与他们自己的城邦类似。

假象的重溯

上述事例所援引的资料，不仅欠于完备，而且有失偏颇。而且，还要克服新的障碍，即所谓的"目的论历史"。目前，存在着曲解1517年之后伊比利亚人与中国和墨西哥之间历史的倾向，即根据已知的结果来裁剪史实，在观照这段历史时期时，利用中国人和葡萄牙人、西班牙人和墨西哥人在事件发生之后迅速做出的解释乃至失声，来让过往的历史得到理解且被人接受，然而实际上这种论调问题重重，因为这段历史里面蕴藏着太多的无法预料，太多的不期而至，太多的无法承受。重建原始的历史事实几无可能，至多将之还原为纯粹的文化接触或者是所谓的起源故事。不管如何，至少从欧洲人这一边，我们在重塑历史时，可以利用这些外人抵达中国和墨西哥时，累积起来的一些明确的史实，还有所谓的陈词滥调，以及无法进行自我诉说的物品。

还有进一步的风险存在。这种风险在于对故事的不同历史叙事之取代，在于将真相强加在任何材料上——其论证总是言简意赅，且有待考证。在这种情况下，全球史不再是西方历史的一种新解释。包括笔者在内的当代学人所相信的是，这不是采用另外一种观点的事情，也不是带来新启发的事情，我们所制造出来的也不是供当今质疑的历史。历史学家往往孜孜不倦于收集一些难溯源头的材料，不管是中世纪还是文艺复兴时期，不管是新世界的发现还是其他物品，其一成不变的还是那些在事件发生之后的早期构述和后期重写，并且这种工作总是在反复进行。

之所以对比墨西哥海岸和中国海域，其原因是为了减轻我们根深蒂

---

① "Uma embaixada com dois embaixadores. Novos dados orientais sobre Tomé Pires e Hoja Yasan", p. 164. 关于这段历史，参见台湾"中研院"编：《明实录》（世宗卷），1963年，转引自 Jorge dos Santos Alves, Um porto entre dois impérios: *Estudos sobre Macau e as relações luso-chinês*, Macao: Instituto Português do Oriente, 1999, p. 19, n. 7.

固的欧洲中心主义,并能衍生出一些新问题。正是这种联系的重新建构,才能打破民族历史学之禁锢,并将系列元素重新联系起来,从而变成彼此联系而不仅是欧洲单一元素的整体史观。我们要利用这些遥远过往的"失败者的视角"①,不能仅局限在颠覆已有观点上,而是要将焦点转移,唯有如此才能重构出对当今时代还富有意义的历史。未雨绸缪,谋定后动,接下来让我们看看伊比利亚人的造访所彰显出来的他们对世界的解读。

---

① 参见:León-Portilla, *Vision de los vedcidos*; Nathan Wachtel, *La Vision des vaincus: Les Indiens du Pérou devant la conquête espagnole*, Paris: Gallimard, 1971; 英译本见 Siân Reynolds, *The Vision of the Vanquished: the Spanish Conquest of Peru through Indian Eyes, 1530–1570*, Hassocks: Harvester Press, 1977.

第六章　通使还是征服？

  发现墨西哥的，并不是科尔特斯。在科尔特斯远征之前，已有从古巴出发的两次单独接触，虽然都是无心之举。在马六甲陷入葡萄牙人之手的1511年，西班牙征服了古巴岛，将之打造为安的列斯群岛的基地，并以此为基础开展劫掠活动，当然还有侦察探险。事后来看，这些都是入侵墨西哥的前奏。与之相反，作为东南亚主要贸易枢纽的马六甲，在葡萄牙人还没到来之前，就已成为进入中国的门户。在这个居民人数超过10万人的城市里，葡萄牙人发现这里有各种各样的亚洲贸易商贾，有活跃的中国侨民，还有关于这个世界的大量商业和政治信息[1]。葡萄牙人自知这是通往马鲁古群岛和中国的门户，同时，他们的军事武装的出现——暴力占领马六甲，已然改变了这片区域的游戏主角。

  而古巴的情况，完全不同于马六甲。在古巴，西班牙人我行我素，很快遇到了麻烦。1512年，古巴土著首领哈土依（Huatey）被火烧死，印第安人的反抗对西班牙人来说不再构成威胁。不过这群殖民者很快发现，他们人口数量过多，即使过度开发岛屿也难以糊口。他们必须为更多的人筹谋出切实可行的出路[2]。逃离的想法很快弥漫了整个岛屿，并点燃了登上大陆的希望；他们清楚地知道，其他西班牙人也在往南行进，为卡斯提尔探索黄金。

---

[1] Xavier de Castro et al., *Le Voyage de Magellan (1519-1522)*: *La relation d' Antonio de Pigafetta & autres témoignages*, Paris: Chandeigne, 2007, vol. 1, p. 45.

[2] Pierre Chaunu, *Conquête et exploitation des Nouveaux Mondes*, XVIᵉ siècle, Paris: PUF, 1969, p. 137.

临时之计与陷入泥淖

1517年2月,在一支由几百名殖民者组成的团伙发起下,西班牙首支远征队驶离古巴,目的是看看能不能找到其他门路,从而取代对周边岛屿的远征掠夺。他们的想法是"去寻找新的岛屿"①。这次远征由弗朗西斯科·费尔南德兹·德·科尔多瓦(Francisco Fernández de Córdoba)领导。该远征队由3艘船,还有3名舵手组成:其中一名舵手是安东·德·阿拉米诺斯(Antón de Alaminos),一名舵手是位牧师——莫非此人能够掌握未来的去向?还有一名巡官,负责为国王收集可能发现的"金银珠宝"。曾经的预感,很快就要变成了现实。他们装备并不精良:"我们的船队中都是些穷人",没有足够的缆绳用作帆具,也没有足够的水桶用来储藏足够的淡水。

这支小船队出发了,任由风的摆布,"向西前行,不知道哪里有浅滩,也不知道该纬度的风向和洋流"。与葡萄牙人不同的是,西班牙航海家得不到诸如熟悉印度洋和中国南海等海域情况的当地舵手的援助,他们驶入的是一片未知的海域,其风险之大不可预估。在首次航行中,他们的成功之处就是发现了尤卡坦半岛,并首次接触了过着群居生活、穿着得体的印第安人(其他岛屿的人们都是赤身裸体),此外,还抓获了两名当地人并将之当作通译——"他们都眯着眼睛"。遇到的不利情况是西班牙遭遇了严重的混乱(在波通钱一地大概有50人丧生,约占团队一半人数)②,使船上的人产生了恐惧和匆忙撤退的想法:"我们历经辛苦从这些人手中活着逃脱,乃是天主的旨意"。

临时决定远征,劫掠时准备不足,西班牙可以说是全线溃败;对于一场试航来说,这应是名副其实的灾难。这几乎是一场噩梦,长期认为墨西哥印第安人对造访者的奇异和其武器而无动于衷的印象,看来在这时遇到了矛盾。事实上,他们之所以竭力顽强抵抗,是要向海

---

① Bernal Díaz del Castillo, *Historia verdadera de la conquista de la Nueva España*, ed. Joaquín Ramirez Cabañas, Mexico: Porrúa, 1968, vol. 1, p. 43.

② Ibid., pp. 51, 57.

岸沿线传播消息和发出警报。因此，西班牙人在到达第二站坎佩切（Campeche）时，当地人高呼"卡斯提尔人！卡斯提尔人！"①，好像他们早已名闻四方，实际上并不是事出偶然。总之，该事件绝对不是一次精心策划的发现和征服。它更像是西方白种人的一次败局，而不要说是欧洲吞并了美洲。

意识到危险所在，古巴总督开始自己打理各项事务，并在1518年派出一支新的远征军，由4艘船组成，其实力更为强大。司令官胡安·德·格里哈尔瓦（Juan de Grijalva），带领由240人组成的团队，受命"尽其所能获得黄金和白银"，而且还要"摆平"出现的所有情况。沿着海岸一直到达后来成立的韦拉克鲁斯镇，格里哈尔瓦大肆宣扬说要在此地定居，也就是要将该地区进行殖民化②。那么，他得到国王的授权了吗？这一点目前尚不清楚。总之，格里哈尔瓦不急于返回古巴。这次远征，已经成功了一半。印第安人或主动避免与他们接触，或是被殖民者用剑、鹰炮和马车击退。最后，当双方取得接触时，易货贸易令人失望：里约塔巴斯科（Rio Tabasco）的原住民并没有向西班牙提出明确的要求。"他们有一个酋长，我们到达后对他们也一无所知，想着对他们实施武力。但是，在决定对他们宣战之前，我们最好三思而后行"——这是卡斯提尔人从充满敌意的印第安人背后所打探到的讯息。

一年过后，双方沟通有所改善，但是印第安人说话喋喋不休，没人知道他们的表达用意。印第安人每次都指着落日的方向大声呼喊"库卢阿，库卢阿（Colúa）"和"墨西哥"，声音一次比一次响亮。很明显，这时并没有征服这个宏伟国家的计划，因为新起步的殖民者对之毫无了解。特别是，殖民者未能了解到的是，自其第一次远征以来，蒙特祖玛就审谨地关注着他们前进的步伐，指示沿海地区的酋长去和这些新来的定居者洽谈，以便了解其人及其意图③。

---

① Bernal Díaz del Castillo, *Historia verdadera de la conquista de la Nueva España*, ed. Joaquín Ramirez Cabañas, Mexico: Porrúa, 1968, vol. 1, pp. 52, 48.

② Ibid., pp. 60, 73. 还有说古巴总督曾禁止格里哈尔瓦前去"定居"，见 Bartolomé de las Casas, *Historia de las Indias*, Mexico: FCE, 1986, vol. 3, p. 204.

③ Bernal Díaz del Castillo, *Historia verdadera de la conquista de la Nueva España*, pp. 67, 70.

第二次远征留下的形象更具震撼力,如印第安人在里奥·德·班德拉斯(Rio de Banderas)的河岸边挥舞着几十条大白旗来吸引这些"访客"的目光,大声呼喊,而且用龟甲制成的盾牌在沙滩阳光的照耀下闪闪发光,致使殖民者的士兵们误以为是黄金。后来,另外一件事情也颇让他们失望,当时他们将600多把斧头也带回古巴,以为是黄金制品,实际上它们是由便宜的黄铜制造而成。这次远征开始演变为一场闹剧。

缺乏足够的设备和人手,这批征服者被迫动身返回古巴。现在坎佩切州的钱波通,深受上年大胜之鼓舞,印第安人"骄傲自大……带着自身特色的精良装备",前去攻击西班牙人。最终,攻击者不得不撤退,但是他们拒绝与入侵者进行任何博弈。编年史家迪亚兹·德尔·卡斯蒂略把这种恶意,归咎于两个印第安通译:"他们肯定没有将双方之间的原话传达出来,而是完全相反的意思"[1]。之后,葡萄牙人在中国也遇到了同样的问题,这在相当程度上暗示出伊比利亚人实际上受中间人的摆布。

里斯本的宏伟计划与加勒比海的阴谋

从一开始,葡萄牙的事业就完全彰显出与卡斯提尔人的不同。至少其起源不同:葡萄牙人渗透中国,乃是其国最高领导层所构思的行动。当时印度的新总督罗伯·索阿瑞斯·德·阿尔贝加利亚(Lopo Soares de Albergaria),1515年9月到达交趾。与他同行的费尔南·佩雷斯·德·安德拉德(Fernão Peres de Andrade),后来被国王曼努埃尔授命为舰队指挥官,履行"发现中国"的使命[2]。当时,葡国还寄望于安德拉德能够从随行人员中挑出一个特使,与中国政府进行官方接触。

但是,在"幸运儿"曼努埃尔心中,应该不只有外交行动吧?葡王之所以对这个世界深感兴趣,有着深刻的经济和战略动因。他打算建立

---

[1] Bernal Díaz del Castillo, *Historia verdadera de la conquista de la Nueva España*, pp. 63–64.
[2] Armando Cortesão (ed.), *The Suma oriental of Tomé Pires and the Book of Francisco Rodrigues*, London: Hakluyt Society, 1944, p. XXVII.

一种商业贸易，并攫取马鲁古群岛、苏门答腊和天朝之间的香料贸易控制权①。他还需要装备武装，以应对卡斯提尔的介入。另外，国王曼努埃尔的梦想，应该还有夺取耶路撒冷，承担起帝国对整个世界的责任②。"（曼努埃尔国王）指望……将来可以占据亚洲大多数国家并成为其宗主国"③。正是上述原因，曼努埃尔国王将其外交政策一直延伸到了基督宗教国家埃塞俄比亚，这为反对埃及摩尔人安置了一个珍贵的盟友，并加强了他所希望发动的针对穆斯林世界的巨大攻势。在印度尼西亚东部之特尔纳特（Ternate）、非洲海岸沿线之基尔瓦（Kilwa）、印度之乔阿（Chaul）等遥远的地方，当地民众最后都被迫向葡萄牙国王俯首称臣。

在葡王曼努埃尔的认知中，葡萄牙宗主权应远伸至中国，中国也是葡萄牙王权的一部分。与这个宏伟计划同步产生的一个想法就是，和这个世界的贸易利润将有助于巩固新生的印度政厅（Estado da India）之政权，还能为经由好望角的航线提供资金支持。建立统一政权的梦想——瓦伦蒂姆·费尔南德斯在他翻译的《马可·波罗游记》中已有所披露、有所记载，其中可能并不涉及武装侵略亚洲，但并不排除为建立海上帝国奠定基础，同时，总督阿方索·德·阿尔布克尔克（Afonso de Albuquerque）先后拿下科特拉岛（1506年）、霍尔木兹海峡（1507年）、果阿（1510年）和马六甲（1511年）等行动就是其中例证。但事实上，即使是在葡萄牙国内，帝国扩张政策也受到了部分贵族和全体商人的反对，因为他们对国王的介入怀有敌意。

在果阿和马六甲，前往中国的远征组织得很好。探险队的头领，也是舰队指挥官的安德拉德，年仅26岁，不得已选择一名大使，于是皮莱资成了最终人选。当时，能够找到精通远东事务的专家还是相当困

---

① João Paulo Oliveira e Costa, "A coroa portuguesa e a China（1508 – 1531）: do sonho manuelino ao realismo joanino", in António Vasconce los Saldanha and Jorge Manuel dos Santos Alves（eds）, *Estudos de História relacionamento luso-chinês*, séculos XVI – XIX, Macao: Instituto Português do Oriente, 1996, p. 21. 1591 年，里斯本考虑与印度通商，准备建立科钦—广州—科钦的航线，这样取代先前马六甲与中国的贸易往来，见前引书第 25 页。

② Luís Filipe F. R. Thomaz, *De Centa a Timor*, Algés: DIFEL, 1994, p. 196.

③ Sanjay Subrahmanyam, *L'Empire portugais d'Asie, 1500 – 1700: Une histoire économique et politique*, Paris: Maisonneuve & Larose, 1999, p. 103.

难。皮莱资大概生于 1468 年，他父亲是国王约翰二世（Jean II）的御用药剂师，他本人也在王室做药剂师。1511 年 4 月，皮莱资从葡萄牙出发，前往印度，打着寻找药材的旗号，实际上是为统治者采购香料①。当年 9 月登陆印度，八九个月之后，他被派往马六甲，负责整理王室的账目工作，并于 1512 年 7 月到达。也就是在这里，由于王室代理人突然死亡，他凭借个人能力获得了一份工作——以药物官的身份选购和管理药材"②。在其居留期间，皮莱资于 1513 年长途跋涉去了爪哇，并带回总重 1200 公担的丁香。尽管他的许多差事因严重的发烧中断数月之久，但他仍然费尽心思去搜集葡属亚洲的稀缺信息。1515 年底，他离开马六甲时，才基本完成他一生中最伟大的著述《东方诸国记》，在接下来的一个多世纪里，这本书都是关于该地区经济地理不可或缺之概述。

然而，我们不应该忽略这本书的商业内容，里面满是对地缘政治和人种学的观察，尽显皮莱资眼光的敏锐。他总是留意当地的习俗。在留居交趾、坎纳诺尔和马六甲时，皮莱资与各种亚洲商人接触，并惊人地熟悉了他们的语言、风俗信仰和文化。当时，他是亚洲问题上最权威的专家，这也说明葡属印度的地方官员并没有看错人。他的好奇心、精明，对该区域和香料的了解，以及对经济学的精通，使他成为带领曼努埃尔所委派外交人员前往中国的理想人选。在中国，他会遇到一个危机四伏的社会给欧洲人所造成的各种困难和障碍。

事实上，皮莱资回到印度时，本来计划带着积累起来的大量财富，返回里斯本。然而，由于他的名声及与安德拉德的良好关系，新任总督洛波·苏亚雷斯·德·阿尔贝加利亚（Lopo Soares de Albergaria）为之倾服，还是将他和舰队指挥官安德拉德一并派到马六甲。葡萄牙倾尽所有手段和知识，没有比这次准备得更充分的事业了。航程是在里斯本构画出来的，不过委托给了知道如何寻找并利用当地人力资源的信人。然

---

① Armando Cortesão (ed.), *The Suma oriental of Tomé Pires and the Book of Francisco Rodrigues*, p. XXIII.
② João Paulo Oliveira e Costa, "A coroa portuguesa e a China (1508 – 1531)", pp. 20 – 21; Armando Cortesão (ed.), *The Suma oriental of Tomé Pires and the Book of Francisco Rodrigues*, p. XXV.

而，事无完事。行动开展时遇到了各种意外情况。首先，从出发之始就开始失利：1516年2月，在苏门答腊，安德拉德和皮莱资的船队与意大利商人乔凡尼·恩波利的船队汇合，满载辣椒前往中国，但是这些宝贵的随船货物因火灾而损失殆尽。远征队返回马六甲，于1516年8月再度出发。尽管季风已然到来，并且舰队指挥官安德拉德也给出反对意见，但远征队最终还是率舰出发。不过，正如指挥官所预言的那样，恶劣的天气最终迫使他们返回港口。虽然遭遇了这些挫折，这支伟大的葡萄牙远征队，于1517年6月又一次出发前往中国，并最终在8月15日抵达中国。

皮莱资出身寒微。他的家族与王室有些关系，但说到底并不重要。这里使我们想起来自小镇麦德林（Medellin）的西班牙下层贵族科尔特斯，根据监护征赋制，他乃是古巴印第安人的领主。这两人都怀揣着大发横财的希望，离开了伊比利亚半岛。他们两人在行动上并不是没有孤身一人。科尔特斯乃是古巴总督迭戈·贝拉斯克斯（Diego Velazquez）的随从，并因与卡塔利娜·苏亚雷斯（Catalina Suarez）的婚姻关系而颇受恩惠；皮莱资常以与指挥官安德拉德的"故交"而自诩。

但两者的相似之处，仅限于此。皮莱资，已有52岁，是一名商贸代办，是亚洲事务专家和葡王特使；科尔特斯，年方32岁，上学时学的法学，懂得一些法律知识，并结交了几个有钱的朋友，但没有经验也几乎没有钱去投资，他与政府的关系，至多是说政府委派他去寻找"富饶之国"[1]，但这种关系也极不稳定。不过，相似的是，他们对人生都没有什么长远的规划。科尔特斯似乎并没有对墨西哥的前两次远征（分别在1517年和1518年）表现出兴趣；而皮莱资被派往中国时，他才刚刚回到欧洲[2]。

欧洲的扩张，连同伊比利亚的全球化运动，是关乎个人命运的大事件，也是个宏大的政治计划；其政策不仅已经开展，而且还运转良好并目标清晰。

---

[1] Bernal Díaz del Castillo, *Historia verdadera de la conquista de la Nueva España*, vol. 1, p. 82.
[2] Hernán Cortés, *Letters from Mexico*, ed. Anthony Pagden, New Haven, CT/London: Yale University Press, 1986, p. LI.

香料亚洲，但不是新大陆

正当葡王曼努埃尔梦想着开展十字军东侵并到达亚洲时（他似乎已经痴迷于占领麦加并实现耶路撒冷的复兴），卡斯提尔的统治者在1517年也忙得不可开交[①]。1516年，天主教君王斐迪南二世逝世。年轻的查理也就是后来的查理五世继位，以其母"疯女"胡安娜之名摄政。1517年9月，年方17岁的查理五世登陆阿斯图里亚斯（Asturias）并占据其国。1520年5月，他抛下国内矛盾几近爆发的西班牙，远赴德国，在亚琛加冕神圣罗马帝国皇帝。直到1522年7月，他才回到卡斯提尔[②]。因此，海外领地不是他最关心的事务。事实上，1521年科尔特斯征服墨西哥之时，查理五世正全心应对欧洲北部盛行起来的路德教派。如果查理五世还惦记起托尔德西里亚斯，不是因为在这里所签署的条约赋予了其瓜分世界的名义，而是因为这里坐落着囚禁其母亲"疯女"胡安娜的城堡，只要胡安娜还活着，她就应该享有王位。当然，如果他也能想起葡萄牙，那是因为他已经决定将他20岁的姐姐，来自奥地利的莱奥诺拉（Leonora），嫁给他的远方表叔葡王曼努埃尔。

难道这个未来的皇帝对海外领地没有兴趣吗？并不完全是这样。查理五世不是一个通过征服敛聚财富的人，这种想法对他来讲相当陌生。这位勃艮第（Burgundy）公爵的继承人、卡斯提尔和阿拉贡的年轻国王、日耳曼神圣罗马帝国未来的国王，在勃艮第领地事件中，占据这些遗产，并向其敌手宣告了其权益。查理五世的帝国主义逻辑，基本上还是承袭祖制：他的帝国"不是对外征服的帝国，而是基于完全和平的基础以及家庭的权利"[③]。在这里，我们不应该忘记其"内部的"困难——卡斯提尔人对年轻的王子追随佛莱芒人的憎恶，以及马丁·路德

[①] 1521年6月出版的一封信函（*Carta das novas*）曾预言了两座城市的陷落。见Luís Filipe F. R. Thomaz, *De Centa a Timor*, p. 200.

[②] Piere Chaunu and Michèle Escamilla, *Charles Quint*, Paris: Fayard, 2000, p. 143.

[③] Karl Brandi, *The Emperor Charles V: The Growth and Destiny of a Man and of a World*, London: Jonathan Cape, 1939, p. 134, quoted in Piere Chaunu and Michèle Escamilla, *Charles Quint*, p. 179.

等教士在德国的反叛，还有欧洲的一些主要问题，如与法国的战争及米兰问题等。以至于几年过后，大一统的帝国梦想也未曾实现。

然而，《托尔德西拉斯条约》下的瓜分权益，查理五世并没有完全忘却。我们应该记得的是，1518年2月下旬或3月初，他召见麦哲伦——4月格里哈尔瓦就带领团队开始第二次远征，前往墨西哥，或者说他认同了通过向西寻找路线或循着葡萄牙的路线经好望角去寻找"岛屿、大陆和珍贵的香料"。无视里斯本使臣的指责，查理五世全力为远征队提供援助，这支远征军终在1519年9月出发[1]。事实上，他们事前没有任何征服的想法。他们得到的授命，就是与当地人建立友好关系，最重要的是不要挑起战事。

对于查理五世而言，麦哲伦是亚洲事务最重要的首席专家，他不仅是有着丰富经验的航海家，也是类似于皮莱资的权威。在1511年至1512年期间，麦哲伦一直待在马六甲：曾参与占领马六甲的战事，此后只是在1513年的1月11日离开这里[2]。在这里，他可能与皮莱资有过会面，而皮莱资自上年7月就一直居住在这里。总之，他都从一位朋友，可能也是他的表亲弗朗西斯科·撒瑞奥（Francisco Serrão）所收集的信息中获益匪浅。撒瑞奥是第一个到达马鲁古群岛的葡萄牙人，并决心在这里居住，后来成为特尔纳特岛（Ternate）苏丹的谋士。他与麦哲伦有过书信往来，并告知他所了解到的关于马鲁古群岛的所有情形；不可避免地，后来这也成为皮莱资及其著作《东方诸国记》的信息来源。事实上，撒瑞奥与麦哲伦之间通函往来，其实就是从世界的一端（特尔纳特岛）向另外一端（卡斯提尔）传递信息；可能会有人质疑，他的这位故交就如同葡萄牙所声称的那样，为何屈从于卡斯提尔人的"塞壬"（Sirens）。两位老友相隔数千公里，却为两位欧洲君主寻觅另一个世界的航线，负责同样的工作。麦哲伦、撒瑞奥和皮莱资这最初结成的

---

[1] 麦哲伦得到克里斯托巴尔·德·哈罗（Cristobal de Haro）的支持，该人是安德卫普人，拥有一艘船只。在葡萄牙，麦哲伦在被葡王驱逐之前，富格尔（Fugger）在财政上支持他进行秘密航行。后来，麦哲伦与布尔戈斯主教胡安·罗德里格斯·德·丰塞卡达成协议，后者则把其规划呈送给查理五世。详见 Nancy Smiler Levinson, *Magellan and the First Voyage around the World*, New York: Clarion Books, 2001.

[2] Xavier de Castro et al., *Le Voyage de Magellan (1519–1522)*, vol. 1, p. 49.

网络揭示出一个事实，即伊比利亚人的全球化此时尚未注意时间和空间。

通过这位葡萄牙的叛逃者，查理五世得以始终关注遥远的马鲁古群岛和香料这座金矿。亚洲取代了新大陆：在西班牙，查理五世和远征投资人，翘首期盼远征消息的到来，而在同一时间，对墨西哥的征服即将开始。1521年4月，麦哲伦在菲律宾宿雾岛（Cebu）离开人世，而科尔特斯正准备围攻墨西哥城。8月，墨西哥城陷落，3个月之后，麦哲伦探险队中的幸存者抵达香料群岛和蒂多雷岛。

皮莱资的事业十分官方和正式，相反，科尔特斯的远征不是年轻的王子和其大臣们的关注所在，更不是他们关心的重点，显然，他们更不可能将之视为帝国关于新大陆的计划。1519年，第三波远征队启程，即将掌控局面的主帅科尔特斯，不再是古巴总督的心腹，而是忠实追随布尔戈斯（Burgos）主教胡安·罗德里格斯·德·丰塞卡（Juan Rodriguez de Fonseca），该人当时已70岁，他在卡斯提尔幕后控制安的列斯群岛。然而，尽管人们向来不会认为墨西哥的这段情节与中国事件有任何的关联，但恰恰相反的是，拥有香料的亚洲，尤其是中国而不是墨西哥，才是伊比利亚的野心家们长期憧憬的目标。新大陆的发现和征服，吸引了人们全部的注意力，以至于我们忘记了伊比利亚政府本来竭尽所能朝向世界另外一个完全不同的地域。

大西洋两岸的历史书籍，以及欧洲、墨西哥和拉丁美洲的史学撰述，几乎无一例外地将科尔特斯的探险描述成对阿兹特克帝国有计划的征服，认为其镌刻着西班牙探险家乃至现代欧洲的基因。诸如此类的回溯想象很多，历史学者在书写或传播时多是沿着这条路径。实际上这场匆忙的冒险，是一步步走向成功并超出人们的预期的，且首先在其同伙、后来在编年史家的襄助之下，才显示出科尔特斯自己所赋予该事件的意义。同时，一场灾难告结了皮莱资事件，并将之降低为一场外交失误或是虚无之事。

在这两起事件中，伊比利亚人对亚洲和安的列斯群岛的认识不断加深，在接下来20年中对亚洲和加勒比海地区施以侵略扩张；然而，与在海陆两地奉行对抗策略的亚洲穆斯林不同，美洲印第安人事实上并不是一个强硬的对手。不止卡斯提尔人对外征服，曾带领使团前往广州的葡萄牙人安德拉德，也曾参与攻击基卢瓦之战（Kilwa，1505 年）[1]，取得了卡利卡特的胜利（Calicut，1506 年），还参与了北大年（Patane，1507 年）和第乌（Diu，1509 年）两场战事[2]。这些史实片段提醒我们葡萄牙人在这片世界的扩张，并产生了强烈的侵略性和军事影响，最终他们还于 1511 年占领了马六甲。当时，印度总督阿尔布克尔克派遣 18 艘船舰和 1200 人占领了这座马来人的城池。

若是将在亚洲所取得的进展与对加勒比的探索和占有进行对比，那么很显然是葡萄牙在掌控着征服的旗帜。西班牙也清楚这一点，因此，他们或是探听葡人的事迹，或是借助于菲格罗阿 1512 年在萨拉曼卡出版的著述。当谈及征服印度时，菲格罗阿不得不把目光转向东方，因为他所著之书的标题就是"从波斯手中征服印度群岛"。在这里，卡斯提尔的读者了解到曼努埃尔的兵士"发现和征服了 4000 个地方"，"其船队也通过激烈的战斗赢得了不少著名的战役"[3]。

葡萄牙人登陆中国沿海

时至 1517 年 6 月，曼努埃尔的使团离开马六甲，前往中国。根据中文史料，大概是在正德十二年（1517 年）或十三年（1518 年）葡国遣使请封[4]。几个星期后，安德拉德于 1517 年 8 月 15 日登陆屯门（da Veniaga），葡萄牙语则为"Tamao"，该岛位于珠江和西江河的交汇口[5]。一般来看，该岛常用作来华外国商船的补给之所。第一个抵达这里的葡萄牙人欧维治，1513 年行停屯门岛贸易，刻石立碑，以示葡萄

---

[1] 该岛屿位于坦桑尼亚东部。

[2] João Paulo Oliveira e Costa, "A coroa portuguesa e a China (1508 – 1531): do sonho manuelino ao realismo joanino", p. 133.

[3] Martín Fernández de Figueroa, *Conquista de las Indias de Persia e Arabia que fizo la armada del rey don Manuel de Portugal*, ed. Luis Gil, Valladolid: University of Valladolid, 1999, p. 46.

[4] Paul Pelliot, "Le Hoja et Le Sayyid Husain de l'histoire des Ming", *T'oung Pao*, 2nd series, vol. 38, 2 – 5 (1948), p. 87, n. 9; T'ien-tse Chang, *Sino-Portuguese Trade from 1514 – 1644: A Synthesis of Portuguese and Chinese Sources*, Leiden: E. J. Brill, 1934; New York: AMS Press, 1973.

[5] Raffaella D'Intino, *Enformação das cousas da China: Textos do século XVI*, Lisbon: Imprensa nacional, Casa da Moeda, 1989, p. XXVI, n. 61.

牙人占领。

在这里，新来的定居者建屋盖房，修筑工事，以期长久安居。急于抵临广州，一伙人决定用武力强迫中国沿海当局，因为后者曾告之要等候批复之后方可前往珠江。这伙人员不听差使，自行启程前往广州。初抵达广州城，便鸣放礼炮以示到来，结果当地老百姓不熟悉这种噪音和过激的演示，从而受到惊吓。根据中国人的说法，他们此前从来没有见到外国船只驶进内河中心。这支船队抛锚停留，驻在专门用于接待外人的怀远驿①。该驿站位于蚬子步，在广州城外西南方向，紧邻珠江岸边。葡萄牙人虽受到一定的限制，但并没有完全被禁闭，因此在1518年2月24日，趁着元宵节会的热闹场面，爬上城墙欣赏灯会②。他们活动自由，好奇心得到了满足，并收集相关军事信息，也就是从事间谍活动。

葡萄牙人还被教授学习礼仪规矩，这样才有可能得到总督陈西轩的接见。另据中文史料，陈西轩一方面指令葡人到光孝寺学习礼俗，另一方面上奏皇帝，请旨如何处置这些外人。光孝寺是广州的一座清真寺，历史悠久，建于公元7世纪，这表明中国官府将这批访客当成了穆斯林："其长身高鼻，猫眼鹰嘴，与穆斯林无异。"③ 还有史料言称，葡萄牙人进驻的是广州大佛寺，那样的话，这群欧洲人一定不是被视作一神论者，而是被当成了佛教信徒或是其他偶像的敬奉者。还有资料披露说，葡萄牙人喜欢阅读佛经。在等候批复的时候，使节们学习如何行跪拜礼，下跪时头部要触地。与此同时，官府还将他们带来的物品列成清单：珊瑚枝、婆罗洲的樟脑、镀金胸甲、红色粗布、玻璃棱镜、三棱剑和一把灵巧犀利的铁质短刀。

该使团由24人组成：除皮莱资之外，还有6名葡萄牙人，其中3

---

① 关于中国人的接待可参见中文史料顾应祥之《静虚斋》，载万明：《中葡早期关系史》，社会科学文献出版社2001年，第29—30页。

② Paul Pelliot, "Le Hoja et Le Sayyid Husain de l'histoire des Ming", *T'oung Pao*, 2nd series, vol. 38, 2-5 (1948), p. 97, n. 19；编年史家若奥·德·巴罗斯曾说这是"庄严的节日，到处悬挂大灯"。

③ Ibid., p. 113, n. 47. Jin Guoping and Wu Zhiliang, "Uma embaixada com dois embaixadores. Novos dados orientais sobre Tomé Pires e Hoja Yasan", *Administração*, 60, 16 (2003-2), p. 692.

人是国内带来的仆人，12 名印度仆役，5 名通事——当时称之为"jurabacas"，该词来源于马来语。北京的批复迟迟未到，葡萄牙使团只好等待。最终，终于等来了朝廷的批复。批复好像以圣旨形式下发，命令地方对使团带来的土特产按价付款之后，将其遣送回国①。然而，使团成员并没有因这种直白的拒绝而心生退意。

然而，与此同时，留守屯门的葡人，或生活在陆上棚屋内，或栖居于锚定之船中，因其生活习惯及礼俗而产生闲言碎语，甚至还有人说他们贩卖人口。在周边地区的农民和渔夫中间，各种谣言四起。外人被谴责说掠买儿童炙食，"潜出买十余岁小儿食之。每一儿予金钱百。广少恶之，掠小儿竟趋之"②。这一控诉，笔者再行文展开论述。

欧洲人的定居之所以引发朝廷担忧，还有其他缘由。曼努埃尔国王希望消除亚洲竞争，以独占中国市场。为此，里斯本当局计划开辟的首条航线是从交趾到广州，然后再开辟帕泽姆（Pazem）到中国港口的航线。这两种情况，都需要在中国沿海区域建立堡垒。因为只有在帝国的门户建立定居点，才能保证葡萄牙人在该地区的生存。当然，所有这一切，一定不能征询中国政府之意见，而且在中国土地上还要照搬葡萄牙在亚洲和非洲的经验。他们计划建立一个军事基地，由参与过系列战役（摩洛哥阿萨莫尔、霍尔木兹、果阿、马六甲）且富有经验的葡萄牙老兵来驻扎，这些人使用当地制造的船舰去征服并发现。与此遥相呼应的是，大约在同一时期，卡斯提尔人在向安的列斯群岛和墨西哥湾推进。

西班牙人登陆墨西哥海岸

在墨西哥海岸，科尔特斯也需要基地。他选择了圣胡安·德·乌卢阿（San Juan de Ulria），该地距离后来成为港口的韦拉克鲁斯不远；而他用"Fortaleza"（堡垒）一词来形容这块基地③。墨西哥海湾对外臭名

---

① Paul Pelliot, "Le Hoja et Le Sayyid Husain de l'histoire des Ming", *T'oung Pao*, 2nd series, vol. 38, 2-5 (1948), p. 92, n. 12.

② Ibid., p. 93, n. 14.

③ Hernán Cortés, *Letters from Mexico*, p. 50.

昭著。在第二次远征时，西班牙人发现了一个岛屿，将之命名为"牺牲岛"，因为这里曾经杀戮活人。"两个男孩胸膛大开，心脏和鲜血好像是用来祭奠令人憎恶的神灵"。场面令人痛心："这两个少年已经死了，看到这样的惨况，我们悲痛万分"。与之相反，葡萄牙人登陆珠江河口的屯门岛，在这里的生活舒适惬意，并且该岛屿名为"Veniaga"，在马来语中是"贸易"之意，说明该岛作为港口由来已久。中国人和墨西哥人与远洋的关系截然不同。但是，如果西班牙能够明白那些牺牲的背后含意，那么这有可能使他们对墨西卡人的权势有所了解：根据他们在岛上所遇到的一位教士的说法，这是内心忠诚于墨西哥—特诺奇蒂特兰城的乔卢拉民众祭奠神灵的奉物，迪亚兹·德尔·卡斯蒂略后来得知这位神祇就是泰兹卡特里波卡（Tezcatlipoca）。西班牙人能够理解"乌卢阿"（Ulua）之意，但当时还不了解"Colúa"这个本名，因此给这个岛屿起了邪恶的名字，这就是圣胡安·德·乌卢阿名称之由来。

在这个岛的对面，西班牙人安营扎寨。不过，我们还是需要回溯下科尔特斯是如何来到这里的。1518年，古巴总督迭戈·贝拉斯克斯接到胡安·德·格里哈尔瓦报告，心生诱惑，且喜出望外，于是任命一个没有军事经验的定居者去统帅第三支远征队。后来，总督失去了耐心。此时，他尚未从国王查理五世手中获得"殖民"的授权，用当时的话说，就是"物贸，征服和定居"，科尔特斯因此只能奉命从事"物贸"而不是定居，虽然古巴总督对之阳奉阴违，但他毕竟是经过王室允可，才获得尤卡坦总督这个夸张的称号①。因此，总督赋予西班牙人的权限，只是探索周边地区，尽量带走一切物品，而不是建立一个永久的定居地。科尔特斯和他的朋友们却另有打算，他们于11月18日急匆匆离开古巴圣地亚哥，结果使得贝拉斯克斯大为光火。科尔特斯一行驶往尤卡坦半岛，并在塔瓦斯科海岸登陆，路上找到两个宝贵的翻译加入队伍，一人名赫罗尼莫·德·阿吉拉尔（Jerónimo de Aguilar），另一

---

① Bernal Díaz del Castillo, *Historia verdadera de la conquista de la Nueva España*, vol. 1, pp. 72, 73, 78, 82. "征服和定居"的授权，发自于萨拉戈萨，对象为各地总督，时间为1518年11月13日，古巴总督贝拉斯克斯·德奎略斯于1519年春才接到授权命令。科尔特斯出发时带领的是格里哈尔瓦手下的两百人马。见 Hernán Cortés, *Letters from Mexico*, ed. Anthony Pagden, New Haven, CT/London: Yale University Press, 1986, p. LIV.

人叫拉·玛琳齐（La Malinche）。

短短几个月后，科尔特斯一行返回圣胡安·德·乌卢阿，该地就在臭名昭著的牺牲岛对面。1519年4月22日，远征军完全没有按照古巴总督的指示行进——当然这也算不上阴谋诡计，它的结果已为我们所知。与此同时，皮莱资与其随从仍然滞留广州，等待来自北京的讯息。

科尔特斯船队抵达后，印第安人询问其帆船的来源。科尔特斯还与当地酋长取得联系，并准备了一些欧洲服饰作为礼物：两件衬衣，两件马甲，还有一些帽子和马裤①。双方互换礼物。据科尔特斯的说法，当地首领十分高兴："他很开心满足"。由于处于泻湖地区加之天气高温，5月的热带地区闷热异常，使人身心极不健康，但这些新来的定居者似乎还能欣然接受。这片国土的原住民，起初来自高原一带，受特诺奇提特兰的指派而来到这里。这个国家最初是被来自高原、特诺奇蒂特兰城的主人派人占领的。因此，在该地区，纳瓦特尔语同墨西哥人一样占据着主导地位。在这里，甚至还有一个由墨西哥—特诺奇蒂特兰城任命的税吏，叫作卡尔皮斯克（calpixqui），他居住在特拉科塔尔潘（Tlacotalplan）的帕帕洛阿潘（Papaloapan）河口附近②。当然，西班牙人仍然对此一无所知，但是他们对找到黄金和受到印第安人的款待感到高兴。

于此之际，远征军公然改变路线。在科尔特斯的操纵下，船长们决定定居下来，建立城镇，设立议会，还声称"权力直接来自于国王查理五世"。接着，他们要求科尔特斯采取秘密政治手段任命镇长和地方官员（议员）"即刻"管理城镇，甚至若是被科尔特斯拒绝，还会对之施以威胁。科尔特斯做出了让步，建立一个叫作比利亚·里卡·德·拉·韦拉·克鲁斯（Villa Rica de la Vera Cruz）的城镇。次日市政当局成立，宣布科尔特斯作为总督贝拉斯克斯的权力代表已然失效，并匆忙任命新的"能够赢得大家尊重的大法官、队长和统帅"。

卡斯提尔人在这里表现轻松自如，如同葡萄牙人在屯门一样。他们选择了一个足够平坦的地方，留出空间，准备将来建造广场、教堂和兵

---

① Hernán Cortés, *Letters from Mexico*, p. 23.
② Peter Gerhard, *A Guide to the Historical Geography of New Spain*, Cambridge：Cambridge University Press, 1972, p. 360.

工厂。包括科尔特斯在内的每个人,都参与了要塞的建设,挖地基,制作瓦片和砖块,运输用水和食物。他们还建立了城垛和碉楼。不久,这伙人就在广场镇外竖起枷锁和绞刑架,其目的是让大家感受到自由与安全,保障公平的有效、真正运行。在这里,迪亚兹·德尔·卡斯蒂略的论述有助于我们想象葡萄牙人在屯门岛的活动,以及伊比利亚人在此类情况下表现出的多变性格这种重要品质。不久之后,房屋、教堂和城堡从地平线上拔地而起。

将这两段历史联结到一起,显示出另外一片段就是这两个国家的所作所为,好像它们已经征服了脚下的这片领土。在中国和墨西哥海岸,这些新来者都流露出对已建立政权的蔑视态度。葡萄牙人在屯门岛被控粗暴对待广东当局派出的税吏;而科尔特斯则逮捕并粗暴对待蒙特祖玛所遣来征收贡品的官员。为使其行为具备正义性,科尔特斯解释说,他这是希望制止墨西卡人的野蛮要求;这也是打动当地居民的有效方法。在中国的这些行动,淋漓尽致地展现了侵略者的掠夺本性,他们时刻掠夺当地财富且没有任何责任感。当墨西哥的西班牙征服者侵占当地贡赋时,伏笔就已经埋下了。类似的是,在广州的葡萄牙人也有意如此行之,若非中国朝廷与墨西哥政权有所不同,恐怕他们早就已经肆意妄为了。总之,无论是在北京的朝廷,还是在墨西哥的帝国,入侵者发起的进攻引发了愤怒和报复①。

这样,科尔特斯与总督贝拉斯克斯背向而驰。即使科尔特斯本人表现得十分圆融,但其行为才是决定性因素。总督贝拉斯克斯已成历史过往。科尔特斯略施小计,便导致一场小规模政变。这位布尔戈斯的门生和心腹,不再是一个不顾生死的篡位者和叛徒了;更何况,后来成为征服者的这批西班牙人了解到,总督贝拉斯克斯于7月1日终于如愿收到来自卡斯提尔的授权。如果说古巴总督没有单独组织过征服行动,那么,很难相信在这种情况下,科尔特斯这一叛变者能够筹划出征服一个强大帝国的计划②。充其量,他不过是有一个在沿海建立自己政权的打

---

① Bernal Díaz del Castillo, *Historia verdadera de la conquista de la Nueva España*, vol.1, pp.151, 139, 149, 152.

② José Luis Martínez, *Hernan Cortés*, Mexico: FCE, 2003, p.179.

算。在漫长的夜晚,科尔特斯付诸笔述,竭力寻找答案。他不得不通过两项重大考验:一是使皇帝相信他的良好的本意,二是要为其同伴证明定居点能够长久地存活下去。

科尔特斯偏离航线,葡萄牙人有所规划

因此,科尔特斯派出密使向王室为其事业辩诉。通过中间人,他提出唯一的行动就是统帅去征服这个"庞大且人口稠密的土地",并且可以比之前的征服者做得更好。他在提出这些主张的同时,还向摄政的查理五世赠送礼品。正如西班牙有句俗话所言:"礼物碾得碎岩石"[1]。

这些礼物都有其政治用途:它们均是确凿的证据,能够证明在大洋的另一边确实存在着非凡的文明,且超过了任何岛屿部落和黄金卡斯提尔。科尔特斯的密使向宫廷上奏说,船长们的明显抗命,理应得到朝廷的宽宥。此举得不偿失。实际上在科尔特斯上呈皇帝的函件中,他就已经表明了自己的立场,在信中他以正义之名批判了不正义行为。可是,这封信没有保留下来,是佚失他处还是根本不存在,已经无从稽考[2]。如果是前者,那么任何人都能批判科尔特斯所作出的上述陈述了。但是,没有任何人能够利用到这份秘函,因为它已经消失于历史烟云中,而且,科尔特斯处心积虑写出来的陈述,已然证明了他的背信弃义和诡计多端。

绕过总督贝拉斯克斯的魔掌,密使和礼物于1519年7月26日漂洋过海向西班牙进发,目的是化解僵局,保住科尔特斯及其同伴项上人头。翌年3月,查理五世在托德西利亚斯收到了这批礼物,4月在巴利亚多利德召见密使。离胜利为时尚远,科尔特斯还是忐忑不安。他的密使,不得不面对贝拉斯克斯的朋僚,以及主掌印第安人事务的布尔戈斯万能主教丰塞卡。人文主义者彼得·马特尔在描述当时宫廷弥漫的氛围时,指出他也为皇帝收到的这批礼物而感到热血沸腾,但他也回忆说,

---

[1] José Luis Martínez, *Hernan Cortés*, Mexico: FCE, 2003, p. 180.
[2] Hernán Cortés, *Letters from Mexico*, ed. Anthony Pagden, New Haven, CT/London: Yale University Press, 1986, p. XX.

王室顾问批评了征服者的态度。如果其说可信，那么总督贝拉斯克斯所派的使臣，以及其本人在宫廷里的支持者，都直言不讳地指出："他们是逃匪，罪在冒犯君主"；还要求对这些叛乱分子判处死刑。对墨西哥迫在眉睫的征服，差一点失去主角英雄。具体来看，争议的焦点在于科尔特斯最初创建韦拉克鲁斯城的初衷，要知道该词汇在罗马人的认知中是"殖民地"的意思[①]；纵然礼物和黄金可以激起广泛的向往，但当时还没有人提出征服比西班牙还要大的土地的想法。总之，这至少是马特尔在1520年所持的观点，以及他向教皇利奥十世和罗马教廷上奏的情形描述。

时至此时，征服墨西哥仍然是卑微之人在一片未知土地上发起的口头宣言，而且这片土地尽管富饶但也明显充满敌意。同时，盘踞广州的葡萄牙使团，其打算真的只是局限于外交活动吗？离里斯本千山万水，被禁闭在这里的葡萄牙人使节，到底出于什么意图，或者说有着什么样的想法？其原因无可置疑：不能排除征服的可能性。有过患难之交且是我们直接证人的克里斯托瓦·维埃拉和巴斯科·卡尔弗，在他们的信函中明确提及这一点。来自里斯本的使臣与他们的对头卡斯提尔人不一样，他们不是天生的征服者，但是，在到达一个新发现的土地上时，他们从来没有排除过实施武装探险的想法。对于这群处于无尽等待中的人来说，沿着广东城墙漫步不只是消磨时间的一种方式。使团中的大部分人，一有机会就要担负起窥测情报的任务，比如获取中国的防御情况和军事力量，特别是于广州一地。他们的函件对之有所披露，在呈送给其上级的信件中全是些敏感信息，其要旨均是为干预乃至军事占领做准备。

那么，对于广州及其战略地位的重要性，维埃拉怎么描述的呢？他说，"广州乃是中国国家的贸易之港"。它和后来的香港一样，是为中国的对外港口："较之其他地区，该地更喜与外人交易"。不过，此地也是"全世界最容易征服的地方"。他总结说，一旦曼努埃尔国王全然获悉这一点，便会毫不犹豫地发动征服："这比征服印度更能带

[①] Peter Martyr d'Anghiera, *Décadas del Nuevo Mundo*, ed. Edmondo O'Gorman, Mexico: José Porrúa e Hijos, 1964–1965, vol. 1, pp. 423, 431.

来荣光"。而且，许多因素将有利于武装干预。如由于受到虐待，中国人民更能奋起反抗遭人深恶痛绝的官吏。他们期盼着葡萄牙人登陆："人人向往反抗，希望葡萄牙人到达广州……每个人都在等待着葡萄牙人。"① 他还说，欧洲人的到来，将会推动反抗官吏的行动由乡村迅速发展到广州城，届时将呈星火燎原之势。由于缺乏军事战舰，广州城只能依赖城墙自我防卫。广州城实际上只有两个要塞来拱卫其城：一个在北门，"从这里可以攻占这座城市"，另一个是在衙署驻地。其腔调盛气凌人，语气上刻不容缓。将计划付诸行动，看起来比草拟计划还要急迫。

这一急迫论述，乃是建基于对中华帝国所谓的弱点之分析。维埃拉还说，中国人刚完成国家统一，统治脆弱："到现在为止，他们还没有树立自己的权威；他们之所以能够逐渐吞并邻国土地，并获得辽阔的国土面积，其中的原因在于中国人表里不一，并因之武断、傲慢和残暴；虽然这群怯懦、孱弱的中国人缺乏武器和战争经验，但他们还是能够从邻国获得土地，所依靠的不是武力，而是通过狡诈和虚伪，而且他们做事素有谋略，以免遭受外族戕害。"②

科尔特斯所统帅之卡斯提尔人，乃是伺机开展征服的人，他们只是临时扮演了使臣的角色。皮莱资率领的葡萄牙人，则是希望被当作使臣看待，虽然说其包藏着各类挑衅争斗的动机。进一步言之，当我们系统地比较手头上的史料时，会发现这两个计划开始呈现出与最初面貌完全不同的一面。这种错综复杂的境遇，开始散射出一些珍贵的光芒，即在现代开端之前，世界开始有所联系并接触：其肇始于乡野（古巴）或都会（里斯本）；从一开始可能是出于计划之中（皮莱资），或是完全不可预知和不可控制（科尔特斯）。不明就里的推算使得情形更为复杂，亦造成欧洲殖民者及其君主产生矛盾的行为，结果情况更加新奇，最终只有依靠他们自己去独立发现。若仔细观察，也会发现即将发生的文明的冲突（在中欧或在欧洲与墨西哥之间）类似于猫捉老鼠游戏，

---

① Raffaella D'Intino, *Enformação das cousas da China: Textos do século XVI*, Lisbon: Imprensa nacional, Casa da Moeda, 1989, pp. 27, 31, 38.

② Ibid., pp. 31, 36.

没有人能够分清到底哪个是猫,哪个又是老鼠。

向北京进发(1520 年 1 月至夏季)

　　1519 年 8 月,由西芒·德·安德拉德(Simao de Andrade)统帅的第二支葡萄牙船队登陆广州。其间,该船队与使团取得联系,但在 1520 年夏离开中国,此时距皮莱资前往北京已经 6 个月。在广州的中国官府,曾明确拒绝葡萄牙的要求。使团滞留城中,等待将近一年,才获得前往首都的诏令。事情开始有了转机。根据《明史》记载,葡萄牙人贿赂镇守太监以及广东水师官员①。最终,使团于 1520 年 1 月 23 日出发,并经停南京。在这里,他们好像还有幸谒见皇帝②。在宠信的宦官江彬鼓动之下,正德帝(明武宗)在 1518 年和 1519 年曾前往中国北部和西北部巡游,这时刚刚返回南京。皮莱资抵达之后,为昔英(Tuan Muhammed)也随之到达。为氏受马六甲流亡国王派遣,前来控诉佛郎机人,该人于 1520 年上半年从广州出发,此时也身处南京。

　　1520 年夏时,皮莱资进驻北京,好像待遇优渥。然而,直到 1521 年 1 月,他才有机会作为外交使臣露面。为了推进计划,葡使获得了在朝廷上影响力较大且受皇帝宠幸的佞臣江彬之支持。正是江彬,才使皮莱资、皮雷斯能够一睹天颜③。事情进展缓慢,是因为 1519 年 12 月 15 日至 1521 年 1 月 21 日在北京近地通州驻跸的正德帝,被告之要提防皮莱资使团,加之广州、南京和北京纷有指控上奏,而使其推迟答复。然

---

　　① 根据《顺德县志》所载何鳌传记,见 Paul Pelliot,"Le Hoja et Le Sayyid Husain de l'histoire des Ming", *T'oung Pao*, 2nd series, vol. 38, 2 - 5 (1948), p. 95, n. 15. 也有可能是中国人需求异域货物之强盛,导致省级官员不得不变通章程,在没有得到官方批准的前提下给使团提供方便。见 Jin Guoping and Wu Zhiliang, "Uma embaixada com dois embaixadores. Novos dados orientais sobre Tomé Pires e Hoja Yasan", *Administração*, 60, 16 (2003 - 2), pp. 693 - 695.

　　② Ibid., pp. 179, 97, n. 20.

　　③ 1521 年 7 月 11 日,嘉靖帝下旨处死江彬,见 Paul Pelliot,"Le Hoja et Le Sayyid Husain de l'histoire des Ming", *T'oung Pao*, 2nd series, vol. 38, 2 - 5 (1948), p. 16, n. 95; Jin Guoping and Wu Zhiliang, "Uma embaixada com dois embaixadores. Novos dados orientais sobre Tomé Pires e Hoja Yasan", *Administração*, 60, 16 (2003 - 2), p. 697, n. 67, p. 699.

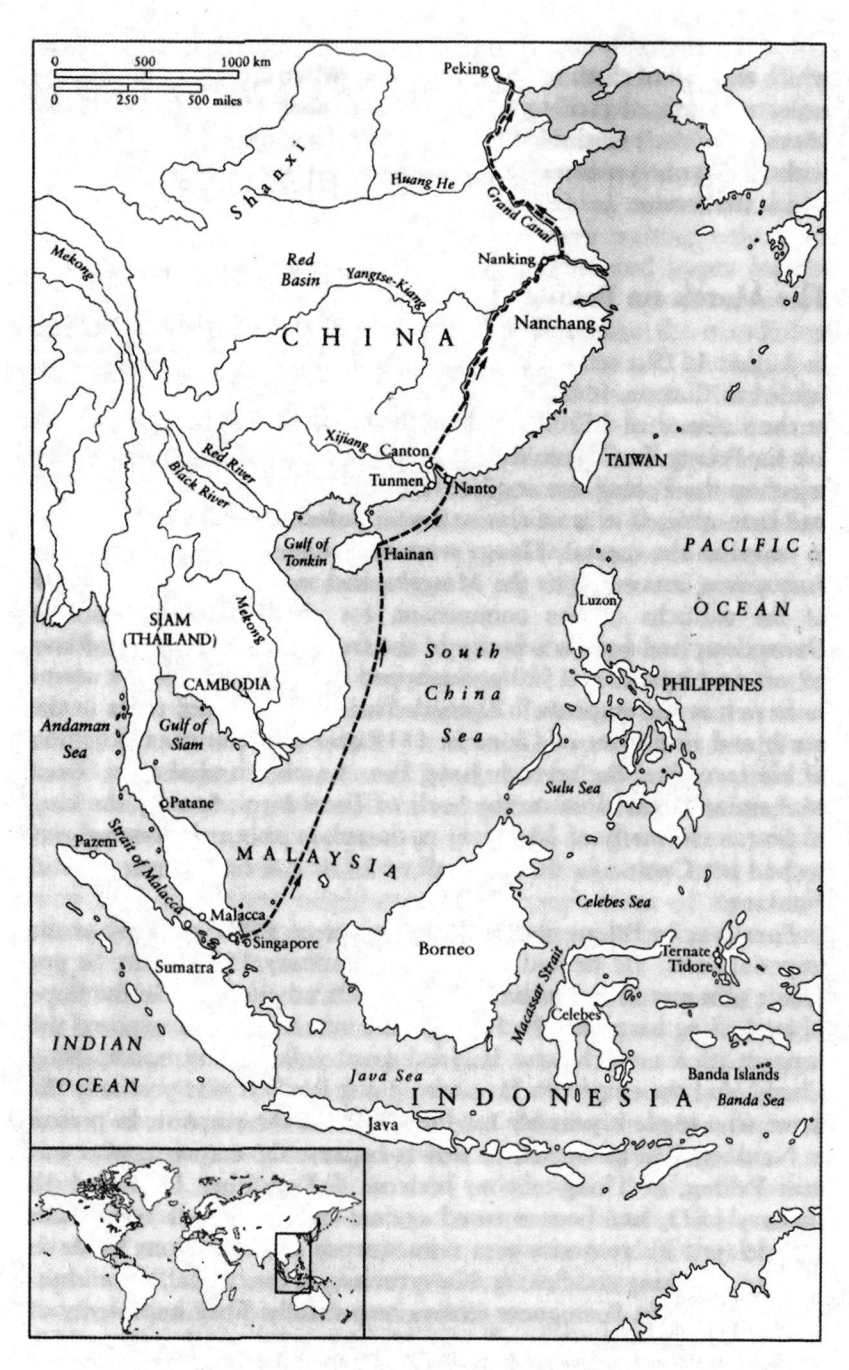

皮莱资行进图：从马尼拉到北京（1517年6月至1520年夏季）

而，在首都，朝廷对葡萄牙使节还是礼遇有加，也有充足的时间熟悉曼努埃尔国王特使乐于演练的礼仪。① 但是皮莱资能否被官方正式接待呢？

挺进墨西哥（1519 年 8 月至 11 月）

皮莱资一行在广东寻欢作乐之时，墨西哥的征服者则在谨慎行事。1519 年复活节之后，科尔特斯在探索平衡权力之道的同时，收集关于特诺奇蒂特兰城的情报渐成为其目标。尤为重要的是，他试图通过谈判从而结成联盟，让当地人接受他们的出现。他们与谢拉（Sierra）地区三十多个印第安人村庄讲和，这些基本是与墨西卡少有感情的托托纳克人（Totonacs）②。在这种情况下，韦拉克鲁斯城得以建立起来。

科尔特斯想亲赴阿兹特克首都，会见蒙特祖玛。科尔特斯效仿第二支远征军统帅格里哈尔瓦之手段，凿船入海，断绝退路，组织了一支远征军，内有 300 名步兵、15 名马兵、400 名托托纳克人和 200 名挑夫，并于 1519 年 8 月 16 日出发③。一切看起来相当顺利。印第安人酋长显然乐于接受西班牙人的统治："他们非常高兴臣服于您，并成为我的朋友"。在塞姆鲍拉（Cempoala）、希科齐马尔科（Xicochimalco）和伊斯塔吉马斯蒂特拉（Iztaquimaxtitla），西班牙人受到热情款待，在这里停留一周。科尔特斯向接待他的主人声称，只是途径其地，希望能觐见蒙特祖玛，"别无其他目的"。假如不是因为有寒冷的雪山，这次行军本来轻而易举。从热带古巴来的印第安人，"身无御寒之物"，结果不少人被活活冻死④。

在这种情况下，很难说按照既定计划推进的征服，会得到殖民地和帝国当局的庇护，还有西班牙驻岛军队的支持。要想让贝拉斯克斯承认自己的失败并不容易。这位古巴总督匆忙集合军队和舰队，前来弹压叛

---

① Paul Pelliot, "Le Hoja et Le Sayyid Husain de l'histoire des Ming", *T'oung Pao*, 2nd series, vol. 38, 2–5 (1948), pp. 178, 182.

② Bernal Díaz del Castillo, *Historia verdadera de la conquista de la Nueva España*, vol. 1, p. 151.

③ José Luis Martínez, *Hernan Cortés*, p. 208; Peter Martyr d'Anghiera, *Décadas del Nuevo Mundo*, vol. 2, p. 442, 这处材料给出的挑夫数量为 1300 人。

④ Hernán Cortés, *Letters from Mexico*, pp. 57–58.

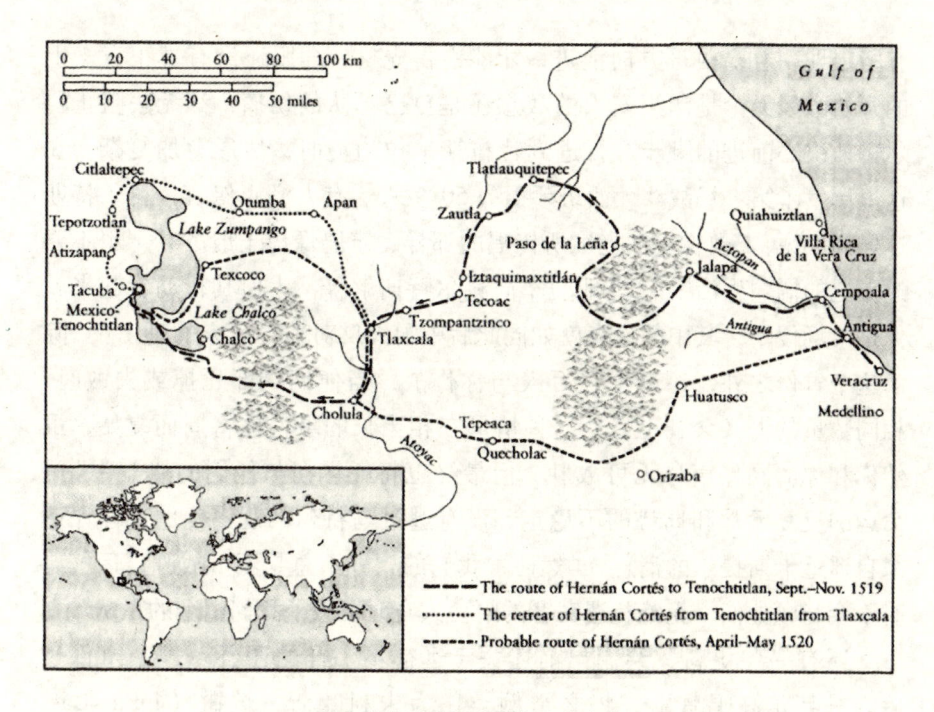

科尔特斯在墨西哥的行进路线

乱。这支两倍于科尔特斯的军事力量，于 1520 年 3 月开拔。按道理，他们消灭叛乱者应毫无困难。那么，科尔特斯就有必要从头开始。从西班牙的角度来看，科尔特斯的前景黯淡。事实上，在卡斯提尔公社动乱（*Comuneros* of Comuneros）爆发后不久，科尔特斯叛乱的消息也传到了卡斯提尔。所谓的"公社动乱"，1520 年 6 月爆发于乡村，近一年后（1521 年 4 月 23 日），在瓦拉多利德省经维拉拉尔（Villalar）一役才走向末途。在这种情况下，科尔特斯发起的倡议让人生疑，看起来并不奇怪。古巴总督的派系，在宫廷上非常活跃，且有很大影响力，很有信心从国王查理五世获得敕令，前去抓捕不仅连君主而且即使是朝中议员也都不明其详的反叛者头目[①]。但是，他们的远程操控，还有派去追随科尔特斯的船队，最后都失败了。

无论是在古巴还是在宫廷，科尔特斯均无法进行个人干涉，因此，只

---

① Peter Martyr d'Anghiera, *Décadas del Nuevo Mundo*, vol. 2, p. 423.

有坚定地朝着墨西哥方向前进,才能占得先机。征服还没有真正意义上的开始,但无论是印第安人的敌意还是自己军队的伤痛,都无法阻止科尔特斯决心前进的脚步。行进到特拉斯卡拉边境时,情形愈加复杂。在这里爆发了第一场战斗,西班牙损失50多人。有人满腹怨言,科尔特斯这样回应说:"要像一曲老歌所传唱的那样,宁愿像勇士般战死,也不要过无冕的懦弱生活"①。当地盟军向科尔特斯解释,为何其行动看起来就像是一场侵略,其中的论点就如同此后中国人反对葡萄牙人的理由:"除了这个省份之外,还有十多万人与你作战,当他们全部死掉或失败时,相同数量的人又会补上来,这种情形在相当长的事件内将周而复始,虽然你和你的同伴声称无可战胜,但最终也将耗尽在与他们的战斗中"②。命运的反复无常和局势的不稳定,没有逃过马特尔的观察,他这样评述来自遥远卡斯提尔的消息:"然而,我们的人并不总是不可战胜;运气有时不会光顾他们,拒绝礼遇宾客的野蛮人有时摧毁了我们整个的军队"。

还有一些史料,绘制出前述关于远征不一样的图景。这一事件过后,马特尔高唱赞歌,将之举例类比为朱利叶斯·恺撒(Julius Caesar)对赫尔维提人和德国的战争,或是特米斯托斯克(Themistocles)和薛西斯一世(Xerxes)之间的希波战事。征服高卢!还有比这更辉煌、更经典和更理性的征服吗?据科尔特斯所述,其行进军队的规模逐渐壮大:十多万特拉斯卡拉人,声称要跟随西班牙人前往乔卢拉和墨西哥!③ 据此来看,这里的科尔特斯完全是另外一个故事的主人公。在远征队员们的思想中,还有一个不太光彩的比喻:他们将科尔特斯比作科尔多瓦(Cordoba)的"勇士佩德罗·卡罗内罗(Pedro Carbonero)"④,这位中世纪的首领,是颇受欢迎的传奇人物,曾带领军队打败了看似不可战胜的摩尔人(Moors)⑤。结果是一场灾难:摩

---

① Bernal Díaz del Castillo, *Historia verdadera de la conquista de la Nueva España*, vol. 1, p. 207.

② José Luis Martínez, *Hernan Cortés*, p. 216; Andrés de Tapia, *Relación sobre la conquista de México*, Mexico: UNAM, 1939, pp. 67–68.

③ Peter Martyr d'Anghiera, *Décadas del Nuevo Mundo*, vol. 2, p. 455; Hernán Cortés, *Letters from Mexico*, p. 72.

④ 西班牙"民族戏剧之父"洛佩·德·维加(Lope de Vega)曾以该主题创作过戏剧。

⑤ Marcel Bataillon, *Varia lección de clásicos españoles*, Madrid: Editorial Gredos, 1964, pp. 314–317、325–328.

尔人中的基督徒无一幸存。看起来，科尔特斯要将他们带入无处可逃的境地①。

科尔特斯不甘平庸的选择

因此，直至现在，这还不是帝国主义高层发动的冷酷征服，而是发自于一个执拗之人及其随从，发自于一个疑似非法且只能仰仗上帝和其自身的队长，而且他们的冒险随时都会毁灭于一场灾难。科尔特斯总是及时报告其同伙的言语，因此被同伙称为傻瓜。但是，这个傻瓜对于自己的行动非常明晰。为了洗刷因与古巴总督内斗而受的指责，并显示他的不可战胜，科尔特斯没有选择，只有抓住蒙特祖玛这块肥肉，且以帝国主义和基督宗教为托词，指出自己的提议在法律上无可指摘②。在此场景之下，征服墨西哥看起来既不是审谨筹划的选择，也不是政治计划的完成：这是一个人的生死问题。事实上，面对一群只想回到海岸的人，面对他们的急切和疲惫，科尔特斯只能以即将开始的战争所带来的财富和荣耀作为召唤。

看起来漫无希望的遭遇，进一步刺激了不甘平庸的选择。科尔特斯总是承诺一切："我们即将赢得……世界上最大的领地和王国"。西班牙人通过战斗，将赢得"更大的荣誉，且超越前辈"③。科尔特斯通过流浪的掠夺者的形象，找到了自己在世界舞台的位置，因此，他独立与命运斗争，在征服的狂热中攻击并打倒地球上伟大的力量。如果说现代性适用于彼得·斯洛特戴克（Peter Sloterdjk）为人耸听的描述，即所谓现代性都要为不管发生与否的犯罪承担完全责任，那么，科尔特斯就是这种现代性的载体④。他的计划是疯狂的，比葡萄牙人在广州的任何计划乃至皮莱资的计划都要疯狂，当时皮莱资在率使团前往中国时曾大胆预言："仅需舰船十艘，已经拿下马六甲的印度总督就能征

---

① Hernán Cortés, *Letters from Mexico*, p. 63.
② Ibid., p. 63, XXVII.
③ Ibid., p. 63.
④ Peter Sloterdijk, *Essai d'intoxication volontaire: Suivi de L'heure du crime et le temps de l'oeuvre d'art*, Paris: Pluriel, 2001.

服整个中国沿海。"①

科尔特斯不甘平庸的计划,也是其信件的第一个接受者即查理五世感到焦虑的来源,毕竟他反对贪婪无度的征服。但是,这个计划最终契合于世界帝国和上帝之国的理念,而且,大臣莫奇瑞奥·加蒂纳拉(Mercurio Gattinara)开始向这位年轻的王子灌输这种想法了②。然而,将重建带有基督宗教使命并与伊斯兰教斗争的世界帝国之宏愿,应用到征服新大陆的计划还为时过早。

科尔特斯必须发挥伟大的想象力,既要避免引起皇帝的任何不悦,同时还要找到妥帖的话语,祈求得到他的宽宏大量。在这里,他的文字创造了奇迹。在第二批函件(1520年10月)中,他描述了一番景象,说目标(墨西哥—特诺奇蒂特兰城)已经实现,他现在对墨西哥的象征意义有着更深刻的了解,实际上这是对真实情况的作伪。这番景象,不仅如史诗一样,而且"政治正确",总之它带来了壮观的视觉效果,在当时可以说是有着现在好莱坞式的感觉。而且,一些贪婪的后来者,也将记下这个哗众取宠的景象。此时,科尔特斯的事业被提到"征服和镇压"的地位。下面一段话语,在这个国家"奇迹般地"不断被人传颂:

> 一个叫作乔卢拉的省份,非常广大,十分富饶,这里有大城市也有恢弘的建筑,商业繁多,财富充盈。在这些城市中,有一个比所有其他城市更加神奇和富有的城市,名叫特诺奇蒂特兰城。借助于超凡的技术,它建立在一个大湖泊之上,一个名叫蒙特祖玛的强势领主统治着这个城市和行省;在这里,可怕的事情降临到队长和西班牙定居者头上③。

他还重点强调了分布于高原地区的印第安人村镇,在描述时逐渐升

---

① Rui Manuel Loureiro (ed.), *O manuscrito de Lisbon da "Suma oriental" de Tomé Pires*, Macao: Instituto Português do Oriente, 1996, p. 197.
② Jean-Michel Sallmann, *Charles Quint: L'empire éphémère*, Paris: Payot, 2000, pp. 94–95.
③ Hernán Cortés, *Letters from Mexico*, p. 47.

华，最后神话般描绘了三邦联盟的大都会墨西哥—特诺奇蒂特兰城①。

科尔特斯的夸大其词，立即产生了影响，且远远超过了他的希望；它迷住了拉丁基督教界，渗透进欧洲人的集体想象，影响波及波希米亚（Bohemia）和波兰，人人传颂带来的这种名声与关于中国的沉寂无声形成了对比。欧洲人是在"看到"墨西哥很久之后，才"看到"北京的。科尔特斯发来的一封信函，提到首都阿兹特克的著名雕刻，后来被无穷无尽地复述和讨论。事实上，维埃拉在记述皮莱资使团之外，还对中国有所描述，其内容同样令人惊讶②。这是第一份由游历该国家内陆的目击者所提供的描述。但是，在当时它差点不为人所知③。

科尔特斯继续展现自己尽可能最好的一面。他在信件中描绘说，他只是一个来访者④，一介到处受欢迎的帮工，一名皇帝查理五世的特使，他一旦完成使命就准备回家。在这种情况之下，他才面见印第安人的贵族们："陛下收到（蒙特祖玛的存在）消息，并且……派我去拜访他，我即将前往，且别无其他'目的'"。看来，土著人民不会使用拼音文字，是多么的重要！他还声称，一切问题都已得到妥善解决，并留有书面文字和文件（"我与当地人签订了会议记录和协议"），可是，这些纸质材料后来佚失于混乱的征服中。从谨慎遵循1513年颁发《西班牙人的命令》（*Requerimtento*）——"我和我带来的通译均认为其均属妥善"⑤，到他本人为抵抗不平等攻击而建立的合法防御，10万名特拉斯卡拉人对阵40个弓弩手、13名骑兵、五六把火绳枪和6把手枪⑥，这种构述均是为了说明他是一位不情愿的征服者，其目的是为自己赢得支持。科尔特斯会让自己成为刀俎下的鱼肉吗？

---

① 对于城市的规模，还有一些吸人眼目的描述：特拉斯卡拉看起来比格兰纳达还要大，其政治集中于类似一些意大利的城市，如威尼斯、热那亚或比萨。见：Hernán Cortés, *Letters from Mexico*, p. 68.

② Raffaella D'Intino, *Enformação das cousas da China*, p. 21.

③ 该函件后于1910年被唐纳德·弗格森（Donald Ferguson）发现，标题为 *Historia dos reis de Bisnaga. Cronica de Bisnaga y relación de la China.*

④ Peter Martyr d'Anghiera, *Décadas del Nuevo Mundo*, vol. 2, p. 452; Hernán Cortés, *Letters from Mexico*, p. 55.

⑤ 该命令要求敌人必须向卡斯提尔国王的代表投降。

⑥ Hernán Cortés, *Letters from Mexico*, p. 50, 49, 81, 59, 62.

壁　垒

科尔特斯声称自己是由遥远且未知神祇派来的使者,墨西哥印第安人在面对他的时候何以将自己奉献出来呢?在他们眼里,西班牙人不再是一帮残暴且高效的雇佣军,可以审谨地从身上获取支持与服务吗?

科尔特斯的行程,总被礼物交换和欢迎仪式打断,对此他都会予以回礼。不过,在关键时刻,蒙特祖玛对于这场远征礼貌且坚定予以拒绝。在这群西班牙来访者和特拉斯卡拉军队产生小规模冲突的期间,墨西哥君主派出的一个"官方"使团也来到这里。"6位地位较高的首领,他们都是蒙特祖玛的随从,前来拜会我,并且随行人数高达200人"。他们言称是代表蒙特祖玛前来告知我,他们想要成为"殿下"的附庸,并且每年都会朝贡,"条件是我不要进入他的土地,原因是这片土地非常贫瘠,缺乏条规,假如我和手下人前往的话,将会给他带来伤害。"①

葡萄牙使团滞留广州,他们遇到了类似的壁垒,其原因近似:这里根本不允许欧洲人接近首都。北京和墨西哥—特诺奇蒂特兰城都不希望外国人涉足自己的内地领土。墨西哥人与天朝政府一样意志坚定。中国的壁垒还将持续几个月;想要移除这个壁垒,只能取决于葡萄牙使团的意志及其谈判能力,这种谈判首先是与当地人,然后再同朝廷,两者打通后才能疏通前往北京的线路。在科尔特斯身上,我们可以看到同样的意志,他们努力说服墨西哥人相信自己的好意,同时巩固他在高原人民心中的地位:他们在其信函中谈及自己的"决心"。不管是征服还是通使,伊比利亚在渗透的第一阶段,毫无疑问地激起了当地势力的敌意。然而,出乎意料,在这两起事例下,侵略者成功克服了所遭遇到的敌对情况,事实上是对其敌手施加了武力。

第一阶段是对话和谈判。在特拉斯卡拉,蒙特祖玛派出的高级使者,多次拜访科尔特斯。他们告诉科尔特斯,其他使节正在乔卢拉候其来临。特使在特拉斯卡拉和墨西哥—特诺奇蒂特兰城两地之间来回穿梭。科尔特斯此时发现自己承受着来自特拉斯卡拉和墨西卡的双重压

---

① Hernán Cortés, *Letters from Mexico*, p. 69.

力，便决意利用两个阵营之间的敌对情绪："当我看到了这两个民族之间的不和与敌意时，我欣喜异常……我决定挑唆起两者之间的争斗"①。到达乔卢拉这个"神庙之城"后，他继续摸索着墨西卡人的意图：难道这是他们布下的陷阱吗？而且，他还威胁："因为（蒙特祖玛）没有兑现承诺，还没有说出真话，我改变了我的计划：原来，我本计划踏上他的土地，去拜会并与之会谈，把他当作一位朋友，还抱着归化他的打算；现在，我准备用战争的手段进入他的国土，我会像一名敌人一样对他百般伤害"②。实际上，蒙特祖玛还给送来奢华礼物，内有"10个金盘，还有1500件衣服"。蒙特祖玛还声称，他并未与乔卢拉勾结起来布下阴谋诡计，而且实际上他本人是个常被人蒙蔽的君主，已经失去了对全盘的掌控。在这里，科尔特斯利用这一点，捏造出一个完全与事实不符的君主形象。

  发展到最后，这仍旧不是一场征服，而是一系列外交攻势的结束。最终，蒙特祖玛接受了科尔特斯将来到墨西哥这一事实："一旦他理解我去拜访他的决心……，他会为在其所居之城接待我"。然而，到达查尔科省（Chalco）后，科尔特斯又面临着新的压力：蒙特祖玛"乞求我……折返回去且不要坚持去他的城市"。在保持礼貌的同时，科尔特斯延续其使团压迫的本性："我回答说，假如我有权力返回，我会这样做来讨好蒙特祖玛"。总之，"一旦见到他后，如果他仍然不希望我与其为伴，那么我就会回来"。在墨西哥邻地阿梅卡梅卡（Amecameca），科尔特斯又见到了一批新的使臣。多亏采取的预防措施，科尔特斯又一次在偷袭中逃脱。这时候，又过来一个使臣，口出威胁，他再一次劝阻科尔特斯停止前进，"因为我会遭受许多困难"，这些贵族"急切和认真坚持"这一点③。结果，科尔特斯不为所动。受够了对抗，蒙特祖玛决定允许西班牙军队前来找他：在伊察帕拉潘（Iztapalapa），他们收到了见面礼、奴隶、衣服和金子。墨西哥—特诺奇蒂特兰城准备迎接科尔特斯。

---

① Hernán Cortés, *Letters from Mexico*, pp. 69 – 70.
② Ibid., pp. 75 – 76.
③ Ibid., pp. 77 – 80.

联想到此后的命运，我们该如何理解蒙特祖玛现在的大转变呢？与中国的事件相比，这揭示出以下几种可能性。一小撮葡萄牙人，在前进中克服遇到的所有障碍，成功让自己在帝国的中心受到欢迎。为什么北京的朝廷和三邦联盟允许这些外人来访？第一反应可能是在路上设置的障碍，认为是在检验这些访客的意图，及其适应未知领土的能力。在这两起事例中，入侵者的身份和他们的动机是同样地麻烦。这两块土地的主人，通过布置障碍给不确定性设定范围，这样的努力也显示出他们的想象力和相当的灵活性。皮莱资和科尔特斯都不是以传统入侵者的样子出现的；他们既不是蒙古人，也不是特拉斯卡拉州人。中国人和墨西哥人必须搞明白他们到来的真实意图。由于理解的不同，当地人的反应也有所变化。无论是从商业上还是从军事上，对这种新来者的重视很自然引出了对比：有人认为广州商人被葡萄牙人的提议所诱惑，有人认为特拉斯卡拉的贵族们实际上乐见这些新来者的到来，因为这增加了其军事力量。在中国和墨西哥，无论是在外围地带还是在核心区域，比如广州与北京，韦拉克鲁斯海岸或特拉斯卡拉和墨西哥—特诺奇蒂特兰城，都始终存在着竞争，其实即使是中央政府本身也为接纳外人创造出了肥沃的土壤，因为这些外人会被看作新的势力而被引入到政治舞台。在这点上，中国史籍也不隐藏正德帝与六部臣工之间的糟糕关系。

蒙特祖玛的臣下有着什么样的反应，三国联盟之间又有何种摩擦，致使国王接受和款待未来的征服者，实际上我们对此并不知晓。对于科尔特斯来说，最重要的是要在西班牙保全面子，因为他前期绘制了一幅让人不敢相信的美好图景。科尔特斯出于利益，描绘出来热烈的欢迎以及与当地多数族群的结盟，其目的是表示当地人自愿臣服于他这个无可争议的权威。在特拉斯卡拉，蒙特祖玛的特使"自发地"提议，西班牙人应向皇帝朝贡[1]。当科尔特斯恳请"蒙特祖玛应对他施以友好"之时，这也足以解释了他在行进过程中为何要呈现出和平且合理的面貌，从而能在敌对环境中取得成功。

---

[1] Hernán Cortés, *Letters from Mexico*, p. 69.

觐见皇帝

在对中国和墨西哥的远征中，其最高光的经历是：觐见皇帝。在中国一边，1520 年春发生在南京。维埃拉记述说："1520 年 1 月 23 日，我们动身前去谒见中国国王；5 月间，我们在南京和国王待在一起；他指令我们前往北京，去那里开展商贸。8 月 2 日，我们往广州发信，告诉他们和国王在一起的情形。"①

与正德帝会面的描述，行文谨慎，让人失望，虽然言称往广州寄送了信函，但现在已不可得。其他葡萄牙人提供的信息，未能满足我们的好奇心②。他们只是告诉我们，葡萄牙人有过一些独特的经历："在南京，我们亲眼见到了国王本人，且在这过得快活，实际上这有悖于这个国家的习俗，这是因为国王通常不会离开住所，而且中国历史久远，国王也不允许任何人违反其国习俗。或许没有陌生人像我这样，告诉你所见到的这般国王模样"。这位使臣，还谈到了只有近距离才能观察到的细节："他对我们非常礼遇，也很高兴召见我们；他和皮莱资一起下棋，有时也在我们面前下棋；他吩咐我们和王公贵族一起吃饭，我们先后三次参加这样的宴会。国王还参观了我们的随行船只。让我们把所有的箱子都拿出来；挑出自己喜欢的衣服，并恩准皮莱资代表我们前去北京，在那里他将会仔细研究我们的事务。"对接触细节如此熟悉，很显然其行文并非捏造。南京的接待非常简单，与科尔特斯在墨西哥所受到的盛大而壮观的接待，形成了鲜明对比。或许，皇帝宠臣江彬收受葡人贿赂，其之后的介入，促使正德帝没有对礼部官员的失职感到任何不悦③。

我们可能永远不会知道皇帝是否和皮莱资下过中国象棋，也不知道

---

① Raffaella D'Intino, *Enformação das cousas da China*, p. 7.

② *Fragmento do Archivo do Torre do Tombo*, maco 24, fol 1 – 4, published by Ernst Arthur Voretzsch, "Documentos acerca da primeira embaixada portuguesa à China", *Boletim sa Sociedade Luso-Japonesa*, 1, Tokyo, 1926, pp. 50 – 69.

③ T'ien-tse Chang, "Malacca and the Failure of the first Portuguese Embassy to Peking", *Journal of Southeast Asian History*, 3, 2 (1962), pp. 52 – 53.

皮莱资是否教皇帝玩伊比利亚半岛上流行的棋盘游戏——跳棋和其他双陆棋的源头①。游戏名称出自葡萄牙语，还有正德帝有时候还很好奇。该游戏需要在木板上进行，在一个圆盘上标记方格数量，这个圆盘被称为牌桌，其材质多由木头、骨头或象牙饰品做成，此外，还需要一个六面骰子②。在这种情况下，很明显，正德帝想要学习的，是一个全新的外国游戏，而不是希望在中国象棋棋盘上与一个新手来捉马厮杀。皮莱资在旅行中携带一些游戏设施，这不足为奇；游戏是消磨时间的很好方式，并能分散高风险的远征过程中的注意力。众所周知，游戏在欧亚大陆之间来回传播，而欧洲象棋和中国象棋可能起源相同——大约公元前500年起源于印度西北部。葡萄牙人到来所带来的变化是，通过马车队或巡回旅行这种古老方式所带来的游戏，经历了无数次适应和改变之后，到这时突然缩短了传播的距离。此前世界之间的联系遥远、间接且零星，而现在却演变成了直接的联系，而且可能是通过游戏而产生。

墨西哥一侧也同样如此。科尔特斯和蒙特祖玛两者臣属之间的日常接触，主要基于礼物和衣服的交换以及对赌博的普遍热爱。有一次，迪亚斯·德尔·卡斯蒂略正在交接换岗，偶然看到科尔特斯与墨西哥君主在玩一个叫托托洛克（totoloque）的游戏："这个名称的游戏，道具是一个特别制作的小金球，抛得很光亮；从远处照准几个金圆盘扔过去，谁得了五分，谁就能赢得金器和珠宝的赌注"③。当看到未来的征服者佩德罗·德·阿尔瓦拉多（Pedro de Alvarado）设法作弊时，人人开怀大笑，尤以蒙特祖玛为甚："他在计分时做了很多'伊索索尔'（作弊之意），每次多记住一分"④。

这里描述的蒙特祖玛，看起来像是一位不拘一格的伟大君主。但

---

① 1283年，卡尔提斯人阿隆索 X（Alfonso X）曾撰写过一本著名的游戏书：*Book of Games*（El libro de ajedrez, dados e tablas）。

② 当时，国际跳棋在西班牙已经存在，不过名字叫作"女子的游戏"，现在国际跳棋已在很多国家和地区流传开来，见 Lorenzo Valls, *Libro del juego de las damas, por otro nombre el marro de punta*, Valencia: 1597；也可参见 Harold Murray, *A History of Chess*, Oxford: Clarendon Press, 1962。

③ Bernal Díaz del Castillo, *Historia verdadera de la conquista de la Nueva España*, vol. 1, p. 301.

④ Xoxolhuia, "lie deliberately": Rémi Siméon, *Diccionario de la lengua nahuatl o Mexicana*, Mexico: Siglo XXI, 1984, p. 781.

是，这位墨西哥君主真的只是从传奇骑士中走出来的国王吗？一般认为，在格外殷勤的背后，当地社会实际上是在用游戏的方式，利用出现的"他者"。对蒙特祖玛来说，不管是什么样的秘密交易，也不管是什么样的对手，命运也只有命运才能决定最终的结果。墨西哥国王格外相信征兆和占卜，想急切地知道在一块无助的土地上，通过什么方式可以让权力继续保持运行。那就让游戏预示和启示结果，这种结果注定会给失败者带来灭顶之灾，而胜利者将会获得彻底胜利[1]。对于墨西卡人来说，实际上并不存在折中之计：在球类比赛中，失败的所有人都要被当作祭品。蒙特祖玛属于这样的世界，在那里，昨天的战士，第二天就有可能被当作牺牲死在祭司的黑曜石刀之下。我们是否可以说，墨西哥人是在与命运和时间"做游戏"，而与之相反，他们更接地气的来访者，却自得其乐，并借机捞钱？总是被人忘却的是，卡斯提尔征服者中还有一名占星师，名博特略（Botello），需要占卜命运时总是毫不犹豫。对于科尔特斯来说，游戏的结果，同样也兆示着他和同伴的未来命运[2]。在南京，人们更有可能相信游戏的胜负取决于点数，其中经验和精明是关键，运气的作用不大。但是，必须谨慎地指出，皮莱资和正德帝与现在的我们，有着很大的不同。

1520年，在南京和墨西哥，默默无闻的欧洲人还从来没有像现在离自己的主权国家如此之远，而且要独自面对"世界的统治者"，普通人基本上无法做到这一点。有一次，他们在九柱游的木柱上玩跳棋。蒙特祖玛和科尔特斯在放松娱乐的时刻，实际上正值双边关系紧张之际，科尔特斯后来声称蒙特祖玛当时已成为其人质。世界并没有一举联系起来，赌博游戏有助于解决意外情况，或是纯粹地消磨时间，并不总是用于刺探对方或给彼此下套。在两起事例中，好奇和欲望在征服和占有中都发挥着同样重要的作用。而且，不仅仅是新来者拥有好奇心。蒙特祖玛和正德帝都是有权势的人，对古老传统和深奥知识无所不知。我们很容易忽视的是，他们却花费时间，陪伴这些来自其他地方且完全不通中

---

[1] Inga Clendinnen, *Aztecs: An Interpretation*, Cambridge: Cambridge University Press, 1991, p. 145; Christian Duverger, *L'Esprit du jeu chez les Aztéques*, Paris: Mouton, 1978.

[2] Erving Goffman, *Interaction Ritual: Essays on Face-to-Face Behavior*, New York: Pantheon Books, 1982.

国和墨西哥基本礼俗规范的奇异之人，究其原因就是这些人拥有其他形式的知识，非常有趣且很迷人。总之，不管是在哪个社会何种文化，日常事务的单调乏味，总被瞬间打断。虽然说，西班牙人对地方习俗愚钝无知，但在夜晚站岗守望期间，除了自慰之外无事可做——这震惊了墨西哥—特诺奇蒂特兰城的国王，他对之当场就抱有怨念①。

墨西哥与中国不同，其政府先前还没有接触过外来侵入的事件。这类事件，往往在发生数周之后，才开始受到格外重视，于是墨西卡人广泛调动资源和人力，西班牙人的记述对之有过恢宏的描述。科尔特斯和蒙特祖玛的会见也是个重要时刻，对此，科尔特斯在其第二批信函中所言极是。在信中，科尔特斯向读者展示美洲威尼斯之辉煌，向皇帝描述蒙特祖玛之投降，看起来他这是希望能够赦免其叛乱行径。这就意味着，要想区分科尔特斯当时的所见所想，与几个月后向欧洲传播的信息，即使有一点可能，但也是相当困难。

对"伟大城市"的发现和描述，以任何一个标准来看，都是西班牙侵略美洲的转折点。叩开它的大门，为科尔特斯提供了最好的理由。在征服了一些"野蛮"岛屿之后（在某种意义上，这是征服加那利群岛这一热带地区的再度上演），在哥伦布到达大汗帝国的希望幻灭之后，西班牙人终于到达了一个值得付出努力的世界，一个我们应称之为"文明"的世界，先是科尔特斯，后来每个人都很快意识到这一点："这些人的生活方式和西班牙人几乎类同，和谐有序，而且，他们是野蛮人，对上帝也没有任何认知，与所有文明国家也相互隔绝，由此观之他们在方方面面所取得的如此成就，实在让人叹服。"蒙特祖玛的领土，不仅"几乎和西班牙一样大"②，而且它还是欧洲和东亚之外具有典型性的世界，这里存在多种社群，与其他世界隔绝，还没有得到过上帝的启示。与其他新发现的土地相比，西班牙定居者要做的工作更多，要去面对一群从来没见过的人类。科尔特斯深知，通过宣扬对有着辉煌历史的"世界上最伟大王国"的征服，可以吹嘘来其远征的全球和历史意义③。这

---

① Bernal Díaz del Castillo, *Historia verdadera de la conquista de la Nueva España*, vol. 1, pp. 301 – 302.
② Hernán Cortés, *Letters from Mexico*, pp. 108 – 109.
③ Ibid., p. 44.

样，他就能够将其岛屿刺头的劣名，摇身换为功德不朽的征服者之名声了。

为向国王、法理学家和神学家证明其行为的正义性，科尔特斯需要蒙特祖玛自愿臣服。只有如此，才能消除对其征服合法性的质疑。这样不仅证明西班牙征服者完美无瑕，其进程无可挑剔也无污点，而且给征服的发起人查理五世带来一个巨大的回报，让其平添一个新的王国，且这个国家的皇帝称号不比在德国加冕的神圣罗马帝国皇帝逊色多少。

科尔特斯如何实现这一点的呢？通过虚张声势；通过强行灌输给蒙特祖玛一个观点，即权力现在要物归原主，以此迫使他自愿臣服。墨西卡人和西班牙一样，都不是这片土地上的原住民。我们不是"（这片土地上）土著人，而是来自很远地方的外国人"①。墨西卡人不是单独来的，而是一位酋长指引他们来到这里，这个人此后就打道回府了（"他回到自己的土地"）。因此，很自然的，这位酋长的后裔——卡斯提尔人应该早晚会回来，并索回自己的所得。因此，蒙特祖玛放弃了权力，就像日本裕仁天皇在1946年1月所做的那样，放弃了他的神性："要明白你我都是血肉之骨，既是凡人，也有躯体"。经历了巨大的变化，或者深受历史的影响，蒙特祖玛迅速迎接一个世俗世界的到来，甚至比他的臣民还要快。

接下来发生的事情，一般认为更确定了墨西哥君主对侵略者的友好感情。看起来，就像是迫不及待地抓住了向恺撒投降的机会：他们觉得"蒙特祖玛本人和上述地区的所有当地人，都抱有良好的意愿和喜悦的心情，似乎从一开始就已经知道殿下将是他们的国王和合适的主人"②。千里之外的临时之计、妥协、失策乃至大量错误，最后都被刻画为西班牙进入墨西哥土地，并在墨西哥城安定下来的画面，③ 科尔特斯勾画出一个万事都按照计划进展的方案。未来的征服者用手中之笔，向其君主描述一个既定事实，从而酿造出西方扩张的成功典范。

阅读科尔特斯的文字，我们会发现这种渗透看起来很有道理，其人

---

① Hernán Cortés, *Letters from Mexico*, pp. 48, 85 – 86.
② Ibid., p. 113.
③ Ibid., p. 66.

侵符合人们的"预期",结果有益,贯穿着正确的信念,改变了历史,并最后使人相信事情不可能以其他的方式发生。印第安人和西班牙人,对之早就清楚:"很长一段时间内(印第安人)都知道"。至于查理五世皇帝:"他也早就知道……"这些遥远臣民的存在,好像皇帝一直知道阿兹特克人的存在!对于印第安人不需战争也不要击溃,他们早就自缚手脚等待访客的到来,这些访客甚至不用冠之征服者的名谓:蒙特祖玛这样说道,"你只要张口,我们就随时把我们的一切奉还于您"①。

这简直就是一部教材,既说明如何实施《西班牙的命令》在加勒比地区的实践方法,也是向所经之地的臣民提出自愿要求臣服的呼吁和请求;只是这一次不是应用到岛屿部落,而是在一个大陆强国乃至其整个文明。背后有着伎俩操纵,科尔特斯对之并不讳言。他这样说,必须稳步地让这些人相信"陛下"正是他们所等之人。假如现实中的皇帝太糟糕,那么,印第安人等待的则是"救世主"!墨西哥城,是科尔特斯为查理五世精心准备的剧集中很重要的一个事件,可以算得上是光明正大的谎言!一个人怎么会不折服于"特诺奇蒂特兰这座大都会的宏伟、奇特和壮观"②呢?

---

① Hernán Cortés, *Letters from Mexico*, pp. 85 – 86.
② Ibid., p. 101.

第七章 文明的冲突

满剌加朝贡诏封之国,而佛郎机并之,且啖我以利,邀求封赏,于义决不可听。请却其贡献,明示顺逆,使归还满剌加疆土之后,方许朝贡。脱或执迷不悛,虽外夷不烦兵力,亦必檄召诸夷,声罪致讨,庶几大义以明。

监察御史丘道隆奏疏(1520年下半年)①

在墨西哥和南京,时局刚开始时都很太平。此时,还没有爆发文明的冲突。伊比利亚人的不期而至,捅下一连串娄子:非法定居,葡萄牙人在屯门岛、西班牙人在韦拉克鲁斯的非法定居;不听希望将他们拒之于门外的地方政府之指令;甚至发生了一些暴力事件,其中,暹罗人、阿兹特克的卡尔皮斯科或国库官员都是主要受害者。西班牙人和葡萄牙人,发现自己完全处于茫然不知所措之中:他们在加勒比海,印度海岸或在马六甲的经验在这里派不上用场,他们的对手——无论是印第安美洲还是中华帝国的反应,仍然不可预测。

尴尬的境遇

皮莱资大概在1520年1月1日抵达北京。据克里斯托瓦·维埃拉所言,他们被关进几座有大号围栏的房屋内。接下来,要等待官方接见。为了符合中国外交礼仪,皮莱资向礼部尚书呈递了曼努埃尔国王的

---

① 转引自: T'ien-tse Chang, "Malacca and the Failure of the first Portuguese Embassy to Peking", *Journal of Southeast Asian History*, 3, 2 (1962), p. 57.

国书。事实上，他还向中国当局递交了好几封函件。其中的一份函件，还被密封，到了北京后才能打开。还有一份函件，用中文书写，写信人是征队舰队指挥官费尔南·佩雷斯·德·安德拉德，由在马六甲招募的通事担任翻译①。实际上，这些通译在将葡萄牙语翻译成中文时不太称职，而且还将信函的格式，变成北京朝廷易于接受的形式。结果，在信中，葡萄牙人发现他们向天子表露了忠心。皮莱资意识到通事的这种做法之后，立即表示抗议，但也迅速地将他推进一个尴尬的境遇。这是因为，如果曼努埃尔的这名特使没有表现出臣服的举动，那么，中国人就会认为，信件所翻译的内容均为捏造，使者是骗子，出使根本就是闹剧。所以，这封介绍信未被朝廷接受。皮莱资不得不等待皇帝回京，做出事关未来的最终决断。

葡萄牙人如果意识到了自己处境的困难，那么，也是因为感受到了高级官员对他们的敌意。种种事实表明，欧洲外交使团从广州到南京2000多公里的艰难行程中，这些官员布下了重重障碍。杨廷和与毛纪两位大学士，在皇帝御驾回京之前，尚在通州驻跸之时，就上书施加压力②。此时，礼部官员尚在等待马六甲被逐国王所遣特使为昔英的到来，然而，该使者在1521年1月后才到达朝廷。为昔英向北京朝廷控诉，说来到中国的葡人实际上是间谍；还说他们是十足的强盗，所到之处必先立碑建屋，在马六甲的所作所为即是如此。然而，正德帝似乎正准备接纳这些陌生人，而这些人既犯下大错，似乎还不谙中国习俗。

看来，皮莱资必须保持耐心。在南京得到皇帝私自召见之后，他从其他外国使臣那里学会了礼仪的细节，这样到北京后可以派上用场。若昂·德·巴罗斯（João de Barros）和维埃拉两人，在向皇帝行礼表示效忠时，并没有感到任何不安。然而，最终皮莱资从来没有得到准可进入皇宫，并向一面墙跪拜三次，据说皇帝就居住在墙里面③。1521年4月20日，正德帝驾崩，意味着他们在南京建立的关系，已经毫无价值。

---

① Raffaella D'Intino, *Enformação das cousas da China: Textos do século* XVI, Lisbon: Imprensa nacional, Casa da Moeda, 1989, p. 7.

② Paul Pelliot, "Le Hoja et Le Sayyid Husain de l'histoire des Ming", *T'oung Pao*, 2nd series, vol. 38, 2-5 (1948), p. 101.

③ Ibid., pp. 12-183.

在北京的使团所有成员都被遣返,皮莱资也不得不回到广州。

墨西哥的境遇也不乐观,科尔特斯意识到了这座临湖的首都,实际上陷阱重重。造访者最多 500 人,仅以食宿这个角度而言,就要受到居住在城里的 20 万到 30 万墨西卡人的摆布。供给迟迟未到,人马将会死于饥渴。由于担心引发混乱局面导致自己一行人成为第一批受害者,先发制人拿住蒙特祖玛势在必行。尽管如此,科尔特斯在他的第二批信函中所说的却与此相反。如果说可以将墨西哥人视为反叛查理国王的子民,那么,应当予以自卫的反击,这里科尔特斯还发明一个"投降"的故事,而且为使这一投降的故事更加完善,蒙特祖玛不得不成为这批造访者的人质[1]。吊诡的是,从当年 11 月到来年 5 月,科尔特斯认为向查理五世禀告这次本应该开展的俘获,还不是适宜之举。最根本的矛盾在于,有史料指出蒙特祖玛反而成了一个受到严加看管的囚犯和受简单约束的君主,这大大降低了科尔特斯描述的可信度[2]。

从墨西哥一端来说,其君主长期以来想避免与入侵者的冲突:在墨西哥发生战事,虽然墨西哥人重创欧洲人,但会出现放松墨西卡人在三邦联盟中的控制力的风险。将自己暴露在一场激烈冲突面前,这样会给西班牙人带来机会,从而展示这些人令人生畏的"效率"。因此,在谷地其他城邦面前,墨西哥君主有必要不惜一切代价,免得丢掉面子。西班牙人和其联盟特拉斯卡拉人之间的复仇联盟,也导致城里事端不稳,可能会引发动乱,破坏他的权力。还有其他原因,使得墨西哥君主顺应时势,倾向于等待前来造访的使者,而且雨季当时尚未结束。这一切都影响到他对这些不合时宜的造访者的公然反对。

在这种情况下,墨西哥的统治者不再是被动的旁观者。处于高度戒备状态中的蒙特祖玛,派遣间谍监视入侵者的路线。他有卡斯提尔人的

---

[1] 按照科尔特斯的说法,蒙特祖玛在演说中有未必真实的内容(交出权力),以及征服者当时还听不懂的内容(墨西卡的外国起源)。蒙特祖玛公开宣称他的仁慈,可以被理解为一种迂回、文雅、歉恭的方式,目的是让入侵者知道,他本人并没有将这些人当作神。见 Hernan Cortés, *Cartas y documentos*, ed. Mario Hernández SánchezBarba, Mexico: Porrúa, 1963; Hernán Cortés, *Letters from Mexico*, ed. Anthony Pagden, New York: Grossman Publishers, 1971, p. 86.

[2] Francis Brooks, "Motecuzoma Xoyocotl, Herman Cortés and Bernal Díaz del Castillo: The Construction of an Arrest", *The Hispanic American Historical Review*, 75 (1995), pp. 164 - 165.

画样，其目的是尽量搞清楚这些人的长相和携带的武器，这说明他很早就采取了预防措施。人们留下的印象是，蒙特祖玛从头到尾都在召开名副其实的"内阁危机会议"，通过呈送上来的报告，掌握新来者的每日动向①。编年史家迭戈·杜兰（Diego Duran）在塑造史事上素来欧洲化，如果其言真确，那么这位墨西哥君主指令臣子检梳档案，寻找是否有过先例，以来确定这批新来者的身份。当然，这还不是全部损失，因为不管羽蛇神（Quetzalcoatl）是否最终回归，"重回故土"这一假说最终都渗透进了印第安人的思想中。在墨西哥，科尔特斯军队进入其城之始，窥测、试探随之而来。所有情形均表明，蒙特祖玛实际上意识到了即将发生的事情；甚至在西班牙人到来和在墨西哥相遇时，他就很了解来者的要求和意图了。

西班牙人需要时间：需要时间改善与他们的土著盟友的关系；需要时间反思如何使用马匹，马匹虽然效率颇佳，但却易于遭到印第安人射击；需要时间设计解除墨西哥湖上的海军武装力量；需要时间建立联系，确保永久的海上供应增援；需要时间使敌手的残酷干预力量陷入瘫痪。② 所有这些优势组合到一起，可能最终会促使印第安人站到他们这边。目前，入侵者很乐意熟悉他们周围的环境，并探索征服的可能性。

两位皇帝的死亡

1520年5月初，科尔特斯了解到西班牙舰队已然驶离古巴，打算前来逮捕他，这时候他离开墨西哥，但留下大部分属下。风险是双重的：一方面，他有可能落入古巴总督贝拉斯克斯的兵马手中；另一方面，他的手下可能会任由墨西卡人的摆布。

来自古巴的威胁，很快得以解决。然而，由于科尔特斯的缺席，墨西哥发生了反叛。他一回来，陷阱慢慢向他紧逼。在此，他感到了气馁："我们将要失去世界上新发现的最伟大和尊贵的城市，本来我们唾

---

① 这些描述，可参见《佛罗伦萨手抄本》，载 Bernardino de Sahagún, *Historia general de las cosas de Nueva España*, Mexico: Porrúa, 1997, vol. 4, p. 85 and passim.

② 前期受到特拉斯卡拉人攻击后，西班牙人开始闪电突袭附近村落，放火、残杀妇女、儿童和捕获奴隶等。

手可得"①。看来,就是在这种情况之下,蒙特祖玛才成为人质和卡斯提尔人的囚犯。之后,其宫殿成为西班牙人的避难之所,这里已经变成了一个堡垒,还驻扎着 3000 名西班牙盟友特拉斯卡拉人。墨西哥人试图利用饥饿,迫使他们屈服。各类抛射物像雨点一样落到欧洲人身上。在攻击的第一天,包括科尔特斯在内的 80 人受伤。实际上,在征服开始之前,冲突已经在城市中爆发了。科尔特斯试图利用蒙特祖玛,来说服印第安人放下武器,但他很快失去了这个最好的武器:根据欧洲相关史料,这位墨西卡君主被石头击中头部而受重伤,3 天后一命呜呼;而阿兹特克人却说,正是西班牙人最后将其处死。

墨西卡人的头领,强硬要求科尔特斯立即离开其国。墨西卡人在数量上具有绝对优势,这种情况看起来让人绝望。白天的撤退,结果就是灾难,遇到一场自杀式反击:"他们这样估算,我们每个死一人,他们都要付出两万五千人的代价,即使这样,他们最终还将打败我们,因为他们人多,而我们人少"②。入侵者能够做的,就是在疯狂肆虐、暴雨倾盆的夜晚逃去,结果也损失惨重:数百西班牙人,45 匹马、2000 名印第安"朋友"丧生。这一灾难性的事件,被后人称为"悲恸之夜"(Noche Triste)。

受墨西卡君主死亡之刺激,墨西哥—特诺奇蒂特兰城随之反叛,这乃是一个具有决定意义的转折点。支持战争的一派取得胜利,决意要不惜一切代价除掉外人。直到现在,这些造访者才被迫卷入残酷的战争③。目前来说,这还不是一场征服战争;相反,这是仓皇的逃跑,证明西班牙的行事仓促和军事劣势。这些侥幸逃脱的幸存者,根本称不上征服者。战争的胜利天平,开始倾向于印第安人。

在中国,皇帝的死亡,也改变了造访者的境遇,但原因却有所不同。正德帝于 1521 年 4 月 20 日死于肺炎的后遗症。此后,朝廷立即行动起来。作为先皇之宠臣的江彬,与其四个儿子,一道被下狱问斩。所

---

① Hernán Cortés, *Letters from Mexico*, p. 128.
② Ibid., p. 135.
③ 虽然最终还是取得了胜利,然而在墨西哥海岸北部韦拉克鲁斯开展的类似行动,却以悲剧收场。见:Pierre Chaunu, *Conquête et exploitation des Nouveaux Mondes*, XVIe siècle, Paris: PUF, 1969, p. 142.

有外国使臣，也遭到驱逐。《明实录》记说，"进贡夷人，俱给赏，令还国"①。5月27日，嘉靖在北京继位之时，皮莱资未在现场，因为他被迫在4月2日至5月21日之间离开京城。皇权更迭，朝政也随之改变，这时对先皇积累的不满，被充分地释放出来。以这位年轻继承人为中心的派系——新帝只有13岁，清洗了先皇的随从，抹去他们在统治中的一切痕迹。正德帝最喜欢的"豹房"，现在被关闭了，外国使臣在这里所享受到的恩宠也如同落花流水。然而，与其他使臣不同的是，只有皮莱资在离开之时，既没有还予礼物，也没有受封任何名号。

葡萄牙使臣到现在还不知道广州前景不妙。1521年春，就在皮莱资即将南下之时，在迪奥戈·卡尔弗（Diogo Calvo）的率领下，数艘载有胡椒和苏木的葡萄牙船舰驶入屯门岛，在卸载货物时好像平安无事。2月，礼部尚书曾采取报复措施，禁止外国商舶停靠中国水域，但此时广州尚未执行。这样，夏初时，葡萄牙船舶继续频繁在屯门岛出没。中国舰队对之实行封锁。滞留在广东的葡萄牙人，诸如巴斯科·卡尔弗（Vasco Calvo）等人被一一逮捕。6月，杜阿尔特·科埃略（Duarte Coelho）带领一艘装备有强大武装的帆船和一艘从马六甲商人那里租来的船舰，武力封锁屯门岛。海道副使汪鋐决定发动攻击，但终因葡人火炮猛烈而败阵。

这场战斗拉扯了前后40天，后来另有两艘葡船前来增援，他们从中国人手中逃脱并返回了屯门岛。1521年9月7日，葡萄牙人下令逃离。利用天黑之际，葡萄牙人离开了他们的泊地。短短数小时之后，中国人追上他们，战斗随之开始。不料，一场风暴来袭，葡萄牙人得幸逃脱。这是他们的第一次"悲恸之夜"。最终，他们想尽一切办法终于到达了远海，从而逃离中国，和卡斯提尔人去年从墨西哥逃离时并无二致。10月底，葡萄牙人逃回马六甲。不久之后，皮莱资使团到达广州，他立即被投入监牢。

自1521年8月以来，在广州的中国人担心新来者可能是皮莱资及其团伙的帮手。于此之际，广东官府上奏报告说："海洋船有称佛郎机

---

① Paul Pelliot, "Le Hoja et Le Sayyid Husain de l'histoire des Ming", *T'oung Pao*, 2nd series, vol. 38, 2-5 (1948), p. 148, n. 136; p. 189.

国接济使臣衣粮者,请以所赍番物如例抽分。"

礼部接到奏报后,如是答复:

> 佛郎机非朝贡之国,又侵夺邻封,犷悍违法,挟货通市,假以救济为名,且夷情叵测,屯驻日久,疑有窥伺,宜敕镇巡等官亟逐之,毋令入境。自今海外诸番,及其入贡者抽分入例,或不赍勘合及非期而以货物至者,皆绝之。①

此外,礼部还请兵部商议马六甲求援一事,但中国认为应指令"暹罗诸国王以救灾恤邻之义"来帮助马六甲收复国土,因此最终也没有派遣中国船舰。

因此,皮莱资在1521年9月底(或8月下旬)到达广州时,发现了当时极为紧张的局势。还有史料显示,这段时期虽然被强制停止活动,但在一些妇女的帮助之下,还是颇有生机。这时,皮莱资是广东地方官府手中很有分量的人质。针对皮莱资,中国人决定开展外交讹诈:他们指令皮莱资发起谈判,将马六甲归还给合法的回教国王。正在北京出使的马六甲使臣,这时也被差回广州。这些马六甲人手持呈送给葡萄牙国王的国书,准备交给皮莱资,还备有副本交给马六甲总督。1522年10月,这份国书送到了皮莱资手中,其内容要求把马六甲国土重新归还给本来的国主。其中,大明礼部尚书的威胁、语气以及反应,使得入侵者感受到他的极端不信任,其大意是说"佛郎机乃一岛国,面积狭小,前此未通中国"②。大明王朝不仅局限于闭关锁国,还希望破坏屯门岛上的堡垒,逐离马六甲的葡萄牙人。他们还要清楚地掌握在马六甲、交趾和锡兰葡萄牙人的具体数量。为更好地了解敌人的能力,并获取技术或军事优势,大明甚至还指令葡萄牙人铸造"铳炮",生产火药和大炮③。皮莱资没得到授权,所以拒绝开展谈判。

---

① Paul Pelliot, "Le Hoja et Le Sayyid Husain de l'histoire des Ming", *T'oung Pao*, 2nd series, vol. 38, 2–5 (1948), p. 99, nn. 26, 27.
② Raffaella D'Intino, *Enformação das cousas da China*, p. 17.
③ 事实上,葡萄牙人的造船技术,需要耗费大量的木料,所以不大受欢迎,在广州也只是制造了两艘小船。

葡萄牙人的第二次灾难

与此同时，阿隆索·梅勒·科迪尼奥（Afonso de Melo Coutinho）领导一支葡萄牙人的新舰队，从马六甲驶向中国，内有5艘船舶，还有1艘在马六甲招募的中国帆船。1522年8月，舰队抵达屯门。然而，他们却被禁止贸易，还不能与皮莱资沟通。科迪尼奥尝试强力攻占海道署驻地南头。一场无关紧要的战役，就此拉开了帷幕。葡萄牙起初还能抵挡住明朝战船的攻击，但最终还是因数量悬殊而败北。14天后，葡萄牙人溃败，在人力和船队上都遭受重大损失[1]。这就是中葡之间的"西草湾之战"：

> 嘉靖二年遂寇新会之西草湾，指挥柯荣、百户王应恩御之。转战至稍州，向化人潘丁苟先登，众齐进，生擒别都卢、疏世利等四十二人，斩首三十五级，获其二舟。余贼复率三舟接战。应恩阵亡，贼亦败遁。官军得其炮，即名为"佛郎机"，副使汪鋐进之朝。[2]

另外一份中文史料记载[3]：

> 檄海道副使汪鋐帅兵往逐，其舶人辄鼓众逆战，数发铳击败官军。寻有献计者，请乘其骄，募善水人潜凿其底，遂沉溺，有奋出者悉擒斩之，余皆遁去，遗其铳械。[4]

---

[1] João Paulo Oliveira e Costa, "A coroa portuguesa e a China（1508 – 1531）: do sonho manuelino ao realismo joanino", in António Vasconce los Saldanha and Jorge Manuel dos Santos Alves（eds）, *Estudos de História relacionamento luso-chinês*, séculos XVI – XIX, Macao: Instituto Português do Oriente, 1996, p. 46.

[2] Paul Pelliot, "Le Hoja et Le Sayyid Husain de l'histoire des Ming", *T'oung Pao*, 2nd series, vol. 38, 2 – 5（1948）, pp. 103 – 104.

[3] 参见《月山丛谈》。

[4] 后来，汪鋐被朝廷授予太子太保吏部尚书兼兵部尚书。

很明显，在采取这种策略之前，明朝水师遭到不止一次的挫败①。

在葡萄牙方面，维埃拉这样评价了第二次灾难：一艘船舰被炸，一艘船舰被毁，另有迪奥戈·德梅隆（Diogo de Melo）和佩德罗·霍姆（Pedro Homem）所率两艘船舰被俘，计有40名葡萄牙人落入明军手中②。遭到生擒的伤员，被押上中国船舰，当场斩首："因为这些人受伤，加上脚镣捆绑，使得他们哀号不止，于是明军在中国帆船上将之斩首③。中文史料称还抓获一个名为"别都卢"的佛郎机人，即是佩德罗·霍姆，他在这次海战中实际上并没有丧生，后来侥幸逃脱了。看来，明军故意将一个葡萄牙人当作使臣，其目的是放大胜利的光环④。

对于维埃拉和他不幸的同伴来说，1522年8月14日，迪奥戈·德梅隆与所率战舰的到来，将其远征变成了噩梦。在广州的葡萄牙使团成员，皆被下狱，遭受中国官府、胥吏、兵勇和太监的报复，忍受着各种精神上和身体上的折磨："胳膊肿胀，双腿被镣锁擦破。维埃拉记下所受的磨难，并记录死者的数量。后来，许多囚犯死于饥寒⑤。随远征军而来的妇女，也被卖身为奴。

1522年12月，广州地方官府做出判决，说佛郎机人乃江洋大盗，攻城略地，杀戮抢劫。意思是说这些入侵者就是强盗，其商品就是被盗物品，即"赃物"。第二年春，下发告示，明示这批囚犯的问斩日期。9月23日，判决执行。葡萄牙人被游街示众，穿过主要城区街道，然后官府用弩箭行刑。"这23名囚犯被大卸八块：脑袋、手臂、双腿、生殖器被塞进嘴里，从腹部将躯干切成两块"。在其信函中，维埃拉逐一列出被中国人杀害的葡萄牙人、非洲人和印度人的名录；愤慨地描述所遭刑罚的种类、死亡的人数，以及所受到的暴虐，然而这一做法实在讽刺——假如人们还记得伊比利亚人在征服或游历的领土上所表现出来的

---

① Paul Pelliot, "Le Hoja et Le Sayyid Husain de l'histoire des Ming", *T'oung Pao*, 2nd series, vol. 38, 2–5 (1948), p. 106, n. 41.

② Raffaella D'Intino, *Enformação das cousas da China*, p. XXVIII.

③ Ibid., p. 15.

④ Paul Pelliot, "Le Hoja et Le Sayyid Husain de l'histoire des Ming", *T'oung Pao*, 2nd series, vol. 38, 2–5 (1948), p. 104, n. 37.

⑤ Ibid., p. 15.

野蛮。和葡人合作的中国及其他亚洲人,也遭受了类似的命运,其中包括把葡人运到广州的中国船队:"许多人或溺水而亡,或在监狱中死于酷刑和饥饿"。一些暹罗人被斩首,尸体被刺穿,罪名是他们带领葡萄牙囚犯进入中国。①

中国官府还希望扩大行刑的场面,一是给围观百姓留下深刻印象,二是劝阻他们莫与外人进行任何合作:

> 这样一来,不仅是在广州城还是乡下的老百姓都会看到受刑的囚犯,目的是使他们明白,切莫与葡萄牙人进行交易。这样人人就以谈葡萄牙人为怯……囚犯的脑袋和生殖器,都被切掉,而且由葡萄牙人带到广州官府面前,并在舞蹈和狂欢中展示,囚犯尸身被挂在街上,然后被当作垃圾扔掉。如此,人人达成共识,在这个国家不会再接纳葡萄牙人,甚至包括其他任何外人。

或是为了向广州及周边的百姓灌输这一想法,即葡萄牙人来自小国的肮脏团伙,或是会挑起人群的仇外心理,在受教育的中国士林眼中,每个外人都是"番人"②。结果,几十个葡萄牙人冒险到达中国海岸时,面临的却是殴打和处决。1523年或1524年的5月,皮莱资也有可能遭到处决,因为中文史料有处死"首犯火者亚三"的相关记载③。即使时至今时,皮莱资的最终命运依旧待考,有人说他免于死刑,被流放至中国北部,后来死在那里。

虽然遭受这番痛苦,在广州的葡萄牙人仍然谨慎地区别看待击溃他们的明军、广州地方官府和中央朝廷:

> 多亏这五艘帆船所载之货物,地方官一下子变得爆发起来;按照官场规矩,这些强盗此后不在广州供职,将会调任到其他省份,

---

① Raffaella D'Intino, *Enformação das cousas da China*, pp. 13–16.
② Ibid., pp. 16, 17, 36.
③ T'ien-tse Chang, "Malacca and the Failure of the first Portuguese Embassy to Peking", *Journal of Southeast Asian History*, 3, 2 (1962), p. 63.

一些人已经得到擢升，位居显位。①

受害者依然谴责当地人的阴谋手腕，指出这是对正义可耻的否定："这不是正义，这是属于三个强盗地方官的'正义'"②。这番言辞乃是一种外交手段，目的是弱化对葡萄牙国王的侮辱，同时，还显示出他们对北京朝廷实施的圆滑伎俩，以及不认可中国极端的回应。

1521年，约翰三世（John III）继承葡萄牙王位，不知何故失去了兴趣。新国王放弃他父皇在全球的野心，也没有采取报复的举措。他将精力主要集中在马六甲东部，加强葡萄牙在马鲁古的存在。1524年，他敕令在巽他群岛建造堡垒，以应对新生的危险："卡斯提尔人可能会占领这片领土，因为他们已经知悉该地盛产胡椒"③。

卡斯提尔人的复仇

"悲恸之夜"过后，科尔特斯的远征并没有画上句号。与中国人不同的是，墨西卡人并不满足于将敌人赶尽杀绝。科尔特斯虽然没有遭受像在广州那样的灾难，但侥幸逃脱之后也丧失了不少人手，而且，此后还带来了"悲恸之夜"的羞辱，当时征服者在泥淖和血泊中可以说是抱头鼠窜。中国和墨西哥事件之间的对比，可能并没有那么大，将中国的清醒和机智与墨西哥的无知和天真做反比，将中国官府坚定的决心和墨西卡首领的回避和推搪做反比，都是错误的做法。中国人和墨西卡人的反应，与预期的多少有些不同。这两起事例，均情形复杂，并伴有暴力发生。印第安人的暴力——在同伴的眼前，杀戮肉体、牺牲人祭、吞食人身，也类似地发生在被大卸八块的广州囚犯身上。就像皮莱资及其手下还有两艘葡萄牙战舰上的逃兵一样，西班牙人差一点被墨西卡人屠杀，也从历史中消失。然而，墨西哥和中国的反应，不是都发挥了效

---

① Raffaella D'Intino, *Enformação das cousas da China*, p. 14.
② Ibid., p. 37.
③ João Paulo Oliveira e Costa, "A coroa portuguesa e a China（1508 – 1531）", p. 51, 转引自 Fernão Lopez de Castanheda, *Hestória dos descobrimentos e da conquista da India pelos Portuguese*［1552 –1561］, Porto: Lello & Irmão, 1979, vol. 2, pp. 377 – 378.

果，后人记住的只是西班牙人在报复中的残忍。

离开墨西哥之后，受伤的科尔特斯与他的人马可以说是精疲力竭。印第安人还趁火打劫了这些受伤的战士，结果使得后者"认为自己死期将至"①。令人称奇的是，盟友特拉斯卡拉人没有剥夺西班牙残军"重获自由"的权利。相反，这些土著百姓仍然忠实于这些西班牙新盟友。也就是在这个时候，科尔特斯决定开始征服墨西哥——这个他称为"和平之邦"的国家，而不是蜷缩在海岸边坐等救援，而且，他还提出一个新计划，就是去收复大都会特诺奇蒂特兰及其附属城邦。

科尔特斯看起来就是一个从战场溃败的逃兵，因此，他不得不去惩罚印第安人"没有正当理由"的反抗。在他看来，这场战争具有三重正义性：合法自卫——"保护我们的生命"；收复失去的东西；向野蛮与偶像崇拜开战。引入信仰传播和向野蛮宣战的概念，其立论妥善，而且还能与殖民帝国主义实现完全的结合。如果还不够完善，那么，科尔特斯还增设了报复和算旧账的概念：敌人不是一个被侵略的无辜者，而是不守信用的叛贼。秉持存在即合理以及在权术主义的驱使之下，到达墨西哥的性质更加清晰地显现出来：蒙特祖玛因"背叛"而导致关系破裂，他必须将国土交给外人。②

和原来一样，科尔特斯依然没有分寸：在特拉斯卡拉的战斗中，面对成千上万的印第安人，他只有40名骑手和550名步兵，还有80名弓弩手和火枪兵带着"八九条火绳枪和少量火药"③。除了自身的武器、士兵和马匹之外，就是几名印第安部落首领的支持了，如此科尔特斯才占据点优势。高原地区讲究"讲和"调停，使得他的军队适应了印第安人的战争，甚至还能从敌人阵营争取来新的帮手。谈判和军队的作用一样重要，使得科尔特斯能够返回并且围攻墨西哥。

经过精心的计划和准备的行动，他还得到一些意想不到的援手：西班牙人从墨西哥—特诺奇蒂特兰城被驱逐（1520年6月）之后，天花带来的瘟疫肆虐。这可能不是其胜利的决定因素，因为征服者的土著

---

① Hernán Cortés, *Letters from Mexico*, p. 142.
② Ibid., pp. 166–167.
③ Ibid., p. 166.

"朋友"也受到感染，但它对墨西卡人造成了巨大影响却是不争的事实①。而且，双桅帆船舰队的建立，也堪称妙举。这种船舰，使得西班牙炮兵可以大范围移动。实际上，葡萄牙人在拿下珠江河口的时候，就意识到此乃对抗中国人的一大利器。

1521年8月，墨西哥—特诺奇蒂特兰城陷落，此际皮莱资已被逐出京城，正在被遣返回广州的遥远路途中。中美洲世界的政治分裂，才赋予了西班牙人所拥有的相对优势，并决定这片世界的命运。而且，中美洲自身脆弱的免疫力，对来自欧亚地区的天花病毒没有任何抵抗力，这也是其中的一个原因。一个疲弱的帝国，又缺乏对病菌的免疫力，墨西哥人永远不能成功地驱逐出造访者。

文明的冲突

现在来看墨西哥的陷落和印第安社会的解体乃是显而易见的事实，但第一次遭遇的失利，却遭到西班牙人的遗忘。编年史家迪亚兹·德尔·卡斯蒂略对1517年的探险有着糟糕的回忆："天哪，在这些新发现的土地上备受痛苦，特别是他们对我们以牙还牙。除非你有这些可怕的经历，否则不可能理解这一点。②"科尔特斯带领500名士兵和几十匹马，还有100名水手③，要面对墨西哥大约两千万的印第安人口。其人口数量，虽然比明代中国的1.5亿人口要少很多，但仍然数量庞大。在一个"势力均衡"的世界里，墨西哥是主宰者，皮埃尔·查努（Pierre Chaunu）曾指出，中部美洲的人口基本和中国华北相当，加上高原全部地区、安的列斯一带和中美洲"帝国"，他们的人口总量也大概等同于中国④。在这里，本书中常用的"不甘平庸"这个概念，可以用这个巨大差异性来进行解释。该概念是这段历史的整体特点，也为观察世界之

---

① Ibid., pp. 164 – 165; Bernardino de Sahagún, *Historia general de las cosas de Nueva España*, p. 58.

② Bernal Díaz del Castillo, *Historia verdadera de la conquista de la Nueva España*, ed. Joaquín Ramirez Cabañas, Mexico: Porrúa, 1968, vol. 1, p. 53.

③ Ibid., vol. 1, p. 96.

④ Pierre Chaunu, *Conquête et exploitation des Nouveaux Mondes*, pp. 136, 138.

碰撞，提供了最恢宏壮丽、最富戏剧性事例的视角，而且欧洲人在碰撞中最终取得了明显优势。

对于这场文明的冲突，西方人主要记住的是它的残忍：人数上远处于劣势的西班牙人，疯狂攻击那些还没见过骑兵、没闻过火药味、没听过火炮声的印第安人。"黑色"传奇的流传，更加重了卡斯提尔人残酷之印象，而这通常忽视了许多地方社会抵抗征服者时所表现出的凶残。西方人往往夸大征服之速度，却常常忽略了其缓慢之开始、权宜之性质和失败之结果。1521年8月墨西哥城陷落，既没有敲响前西班牙世界的丧钟，更没有催生新西班牙的降临。数代之后，这个国家才被西班牙化和西方化。定居者必须要面对重重阻碍和诸多困难。此外，异族通婚频频，也产生了意想不到和难以预知的结果，就是既避免了当地社会被人遗忘，又让其成为卡斯提尔人定居者传衍子孙之母体。

然而，夺取墨西卡人之都城，仅仅是占领美洲大陆漫长过程的开始，这片世界在接下来的数世纪都成为伊比利亚、欧洲和西方的附庸。这一事实，说明了这是一起关于欧洲大陆的事件。但更重要的是：征服墨西哥，乃是伊比利亚全球化的一个关键阶段；它开始将美洲大陆社会融合进西班牙这个势力遍及全球的帝国。同样地，在中国和亚洲展开的香料竞争，这一事实也具有全球性意义。

印第安社会的崩塌，背后有多种原因：科尔特斯的外交手腕，科尔特斯熟练地利用敌人还有自己人的内部分裂；科尔特斯的实用主义；西班牙武器的优越性；最重要的还是欧洲人首次引入的传染疾病。在传教士和仍处于动荡之中的基督宗教致力于摧毁一切古代偶像崇拜，并建立新的偶像崇拜之前，铁器就已经打败了铜具。上述都是充分的原因，在随后的几十年中，我们可以看到在美洲大陆的其他地方，这些原因依然在发挥着作用。

与征服墨西哥的辉煌相比，皮莱资的出使似乎是一桩憾事，甚至不值一提。这段历史事实，常为全球历史学家所忽略，仅仅是在研究亚洲的葡萄牙历史学家这个小圈子中才耳熟能详。这次出使，不仅是一场惨败，而且似乎还没带来任何成果。它没有对中国进行有效的渗透，没有实现征服和殖民化，更没有实现基督宗教化，较之伊比利亚全球化所带来的巨大影响，实在没有任何可比性。也许，西方只会记得成功的冲突，美洲的冲突就是其中一例。

除上述所提及的原因之外，我们如何解释这种截然相反的命运？一般认为，这是个人和国家形象之差异的缘故。皮莱资乃是王室属臣、商人和商业世界的敏锐观察者，相反，科尔特斯则胸怀动荡的精神，是一位好战的战士和圆滑的政治家。除此之外，卡斯提尔人在传统上就拥有征服的本性，而葡萄牙人则常被视为商人。然而，这两个国家还是拥有更多的共同点：热爱发现和渴求财富，卓越的海洋掌控力，克服人数劣势的能力，有效的武器，（古巴以及马六甲）堡垒的支持，当然还有一批出色的战士。有人将征服果阿、马六甲和霍尔木兹的阿尔伯克基比作古时伟大的领袖，科尔特斯实际上也与阿氏难分伯仲[①]。此外，还有一个令人惊讶的共同点：维埃拉和卡尔弗的信件表明，葡萄牙人也有征服和殖民中国的意图，不过他们最终却身陷囹圄。

葡萄牙人试图接近中国，但中国的反击使之化为乌有。如果我们要解释这种与西班牙人截然相反的命运，还需要寻找两者面对的对手和所处土地的差异。葡萄牙人起初无法正常活动、接着寂静无声，最后遭到毁灭。自始至终，他们无法通过登陆来把控局势，而一般的印象是，中美洲世界的矛盾则强力推进征服者站在美洲历史的潮头。

[①] 关于阿方索·德·阿尔伯克基，参见 T. F. Earle and John Villiers（eds），*Afonso de Albuquerque*：*O Cesar do Oriente*，Lisbon：Fronteira do Caos，2006.

第八章 给他者命名

抵达中国的这些造访者来自哪里？中国士林据其武器判断他们来自亚洲某藩国。《月山丛谈》如是记说：

> 佛郎机国在爪哇南。佛郎机与爪哇国用铳，形制俱同。但佛郎机铳大，爪哇铳小耳。国人用之甚精，小可击雀。中国人用之，稍不戒则击去数指，或断一掌一臂。铳制须长，若短则去不远。孔须圆滑，若有歪斜涩碍，则弹发不正。惟东莞人造之与番制同，余造之往往短而无用。①

令人费解的遗忘

若从爪哇语中爬梳佛郎机的来源，我们肯定是茫然不知所措。不仅有马可·波罗，在13世纪到15世纪初都曾有欧洲人到访中国。14世纪，教皇还派遣使团，从法国阿维尼翁启程，出使元朝。使团由约翰·德·孟德高维诺（Giovanni de Marignalli）率领，1342年5月或6月抵达中国。中国史书记说有佛郎国人进贡马匹。《元史》在记载孟德高维诺使团时说："拂郎国贡异马"。在15世纪初年，《明史·外国列传》记载古里国（Calicut，卡利卡特）时②，也提及"拂郎双刃刀"。尽管存在着上述文献史据，但在16世纪初期时却难觅这些直接和间接的联

---

① Paul Pelliot, "Le Hoja et Le Sayyid Husain de l'histoire des Ming", *T'oung Pao*, 2nd series, vol. 38, 2–5 (1948), p. 93, n. 14.

② Ibid., p. 163, n. 180.

系了。明代官史对佛郎机或早期朝贡之事迹只字未提。对于曾到达非洲东海岸的钦差总兵太监郑和（1371—1433），我们在其奏报中也未见佛郎机国之踪迹。中国当局感到困惑，看来不足为怪。

因此，中国当局所称的佛郎机铳，就是沿袭其国之名。事实上，中国在命名的时候，没有认识到其起源于阿拉伯语和波斯语，而熟悉这两种语系的葡萄牙人，则将之转录为"Franges"或"Frangues"①。当然，这不能表明中国史籍无关紧要。中国人对佛郎机这个神秘国度的位置，进行了详细的猜测：佛郎机国可能位于大洋西南，距马六甲不远，进而又推测出该国可能位于爪哇之南？或是苏门答腊之西北部喃勃利国之新名？抑或浡泥国之新名称？② 还是说佛郎机来自于食人族所居住的岛屿。中国并没有沿袭传统的"拂郎"这一称谓来对译"Farangi"或"Frangi"，而逐渐使用"佛郎"且日益流行开来。这可能是音译过来的，致使"拂郎"变成了"佛郎"。当然，这也产生了一些影响，因为"佛"即是佛陀之意，这样"佛郎"可以被理解为"佛陀之子"。由于佛陀最初起源于印度，这种解释很明显适用于来自西方的人。"佛郎"的不同含义，使得情形更加模糊，并衍生出一些新的理解：有人理解为"佛陀之子"，但也有人理解为"佛陀之狼"——特别适合因凶猛作战而扬名立万之人。

然而，北京却清楚地知道葡萄牙在东南亚的存在，特别是他们最近在马六甲的暴力手段。中国侨民对此普遍有所关注，其中，还有一人在很早的时候就曾起航驶往里斯本。经常出入东南亚各港口并远至印度港口的中国帆船，不只是携带货物。有时，他们还转述穆斯林水手从印度洋传播到东南亚的各类消息和传闻。经常在这里穿梭的伊斯兰教信徒，自然有充足的理由去散布其基督徒对手之邪恶的形象，从而警示其中国伙伴，要知道很久以前也有中国人曾归化过伊斯兰教。

关于佛郎机更多的可靠性文献，我们需要参考1535年《广东通志》和1537年黄衷之《海语》卷之《满剌加》条。后来，《明史》简要记

---

① Luís Fellipe Thomaz, "Frangues", in *Dicionário de história dos descobrimentos portugueses*, ed. Luís de Albuquerque, Lisbon: Círculo de Leitores, 1994, vol. 1, p. 435.

② Paul Pelliot, "Le Hoja et Le Sayyid Husain de l'histoire des Ming", *T'oung Pao*, 2nd series, vol. 38, 2 – 5 (1948), p. 93, n. 164.

录如下:

> 佛郎机,近满剌加。正德中,据满剌加地,逐其王。十三年,遣使臣加必丹末等贡方物,请封,始知其名。诏给方物之直,遣还。其人久留不去,剽劫行旅,至掠小儿为食①。

这些外人的外貌和体格,是很多史传描述的主题。有中文史料将葡萄牙人描述为"身长七尺,高鼻白皙,莺嘴猫睛"②,或"猫眼鹰嘴,拳发赤须"。还有朝鲜文史料将葡人与其近邻日本进行比较:"其状貌有类倭人,而衣服之制,饮食之节,不似人道。"③ 这类描述是极为模糊的。葡萄牙人或最早在1534年,或至迟在1565年,就开始强调使用"Portugal"和"Portuguese"这两个词汇,当时他们自称来自"蒲丽都家"国,但并没有什么用④。他们仍然被称作佛郎机,中国士林阶层看来对这个名字的来源没有太多兴趣。

卡斯提尔人!卡斯提尔人!

中美洲各社群与中国周边的商业和外交网络实在无法相提并论,相关史料极为匮乏。总之,直到1517年,也就是第一次相遇之时,伊比利亚人被大声称呼为"卡斯提尔人!卡斯提尔人!",这是尤卡坦的玛雅人接待欧洲人时,问他们是不是从日出处走过来的⑤。

从一开始,当地人就知晓这些入侵者是何方人士、其姓其名,而且

---

① Paul Pelliot, "Le Hoja et Le Sayyid Husain de l'histoire des Ming", *T'oung Pao*, 2nd series, vol. 38, 2 - 5 (1948), pp. 86 - 92.

② 引自《皇明献征录》。伯希和援引的中文史料还有:严从简之《殊域周咨录》(24卷,1574年成书),当时严从简在行人司供职(参见伯希和书119页注67);《南海县志》所载梁焯传。

③ Jin Guoping and Wu Zhiliang, "Uma embaixada com dois embaixadores. Novos dados orientais sobre Tomé Pires e Hoja Yasan", *Administração*, 60, 16 (2003 - 2), pp. 706 - 707.

④ "蒲丽都家"名始见于《明实录》;也可参见 Raffaella D'Intino, *Enformação das cousas da China. Textos do século XVI*, Lisbon: Imprensa nacional, Casa da Moeda, 1989, p. 8, n. 7.

⑤ Bernal Díaz del Castillo, *Historia verdadera de la conquista de la Nueva España*, ed. Joaquín Ramirez Cabañas, Mexico: Porrúa, 1968, vol. 1, p. 48.

这一次果真是其名字"卡斯提尔人"。原来，征服者不断说到这个名字，印第安人多次听到后，这就成为其所学到的第一个西班牙词语，能记住也是理所当然。印第安人眼观六路，给方济各会编年史家莫托里尼亚（Motolinia）留下深刻印象："那里的人密切注意，悉心观察"①。在那瓦特尔语中，"Castellano"逐渐演化为"Caxtillan"，被系统地指代西班牙人所引入的一切外国动物和所有物品；马被称为"Caxtillan mazatl"（卡斯提尔鹿）；欧洲船舰被称为"Caxtillan acalli"（卡斯提尔船）；同样的还有纸张，被称为"Caxtillan amatl"（卡斯提尔白纸）②。这并不意味着，印第安人对他们所听到的这个国家已有所了解：卡斯提尔人对他们来讲，就像中国人和马六甲人眼中的"法兰克"（Frank）一样模糊。中美洲世界没有国家和大陆的概念，只有城邦国家的认知，特拉斯卡拉和墨西哥—特诺奇蒂特兰城就是其中的例证③。因此，卡斯提尔只是假想中的一个地方，其人以其地为名。事实上，这一设想对于伊比利亚人来说并不陌生，这是因为，伊比利亚人经常以自己的起源地来称谓自我，如科尔特斯首先还是把自己称作"麦德林人"。不过，卡斯提尔人这个名字也与东方有关，因为太阳是从东方冉冉升起。这可能暗含着他们的起源。在中国游历的葡萄牙人被认为是西来人士（佛教子民），而途经墨西哥的西班牙人则被认为是东方人的后代，这鲜明证明了伊比利亚半岛在分割世界时所展开的钳形运动。

发现墨西哥之际，欧洲人已经在加勒比地区出现了大约二十年。西班牙人曾在墨西哥海岸招募往返于牙买加的印度安人充当通译，由此可以看出他们与墨西哥、中美洲及安的列斯群岛之间可能已经有了零星的接触。还有传言四处流播，说加勒比岛上来了一些不知其详的造访者，

---

① Toribio de Benavente, *Memoriales o libro de las cosas de la Nueva Españ y naturales de ella*, ed. Edmundo O' Gorman, Mexico: UNAM, 1971, p. 171.

② James Lockhart, *The Nahuas after the Conquest*, Stanford, CA: Stanford University Press, 1992, pp. 270 – 271, 276. 卡斯提尔的居民被称为"caxtiltecatl"（第 277 页）。"Castilan"这个单词的尾字母"n"，被印第安人用来表示方位，而不是西班牙语中"Castellano"中"no"的缩写。

③ James Lockhart, "Sightings: Initial Nahua Reactions to Spanish Culture", in Stuart Schwartz (ed.), *Implicit Understanding: Observing, Reporting and Reflecting on the Encounter between Europeans and other Peoples in the Early Modern Era*, Cambridge: Cambridge University Press, 1994, p. 238.

随行船只巨大,且有劫掠之习。1502 年,哥伦布在洪都拉斯沿海遇到了一艘船,大概和单层甲板的大帆船一样长,船上满载了货物和印第安人,特别是印第安人像"格兰纳达的摩尔人"似地遮掩着身体和面孔[①]。这次相遇给哥伦布留下了深刻的印象,但玛雅人船上的乘客似乎留下的印象更深。这样,我们就能理解司舵阿拉米诺斯(Alarninos)的直觉,他曾对拉斯卡萨斯的朋友科尔多瓦·埃尔南德斯(Hernandez of Cordaba)透露说:"这片西边的海域,就在古巴岛的下方,我有一种直觉,那边肯定有富饶之国。"此外,一些西班牙人在海上失事后,被冲到了尤卡坦海滩上,在那里沦为奴隶,因此,我们不能排除他们将其同胞的情形告之其主人的可能。反过来,抓住他们的玛雅人,也有足够的时间来观察没被当作人祭的西班牙人,到底有什么样的优势和劣势。存活下来的欧洲人,多少已经被印第安化了,以至于一些在失事船只生存下来的西班牙人,更愿意待在土著人生活的沿海区域,而且还运用他的知识与入侵者作战[②]。

然而,信息不只是沿着墨西哥湾和尤卡坦半岛沿岸流通。很有可能的是,在 16 世纪初,墨西哥—特诺奇蒂特兰城人就已听说来自东海岸的传闻。政治和商业的联系,意味着货物、人员和信息从面对墨西哥湾、加勒比海的属邦和动荡地区层层向内地渗透。无所不能的那瓦商人"波切特卡斯"开展长途贸易,使得他们开始与玛雅人和热带沿海区域产生联系。众所周知,这些商人利用此优势替三邦联盟刺探情报,这样才能贴近权力中心。当何塞·玛丽亚·纳尔瓦埃兹(José Maria Narváez)的舰队到达时,蒙特祖玛就已获悉沿海发生的诸事件,其速度之快亦可证明三邦联盟信息网的效率。

由于土著人没有留下文献著述,印第安人和殖民者在重构历史时,想象认为西班牙的入侵使得当地社群猝不及防,结果使其走向崩溃,并受到了意想不到且不可预测的双重冲击。当然,这有助于解释当地社群莫名其妙的失败,也弱化了他们与征服者打交道时所犯下的错误。

---

① Bartolomé de las Casas, *Historia de las Indias*, Mexico: FCE, 1986, vol. 2, p. 274 – 275.
② 具体事例见贡萨洛·格雷罗(Gomzalo Guerrero),见 Bernal Díaz del Castillo, *Historia verdadera de la conquista de la Nueva España*, vol. 1, p. 166.

最后一点，即使在墨西哥海岸没有遇险的船员，科尔特斯的远征也不会是什么意外事件。接下来，在 1517 年至 1518 年就有了两次早期的尝试，这为印第安人提供了时机和手段，来察知悬挂在他们头上的危险，并有所准备。科尔特斯的士兵登上墨西哥的土地时，也并不是突然凭空出现，而且他们还受到了款待。

蛮夷还是海盗？

中国和墨西哥将这些来自其他地方的"他者"即外国人，命名为"佛郎机人"和"卡斯提尔人"，实际上就是伊比利亚人。然而，这些称谓只是指代其人其地，都远远偏离了事实，因为只是撷取了这些人复杂身份认同过程中的某一要素和某一阶段，从而在表述时格外晦涩。中国和墨西哥，在应对时没有表现出同样的紧迫感。对于中国人来说，"佛郎机"只是类属于粗野庸俗的造访者，相反，墨西哥的印第安人却表现出要迫切了解这些侵略者，而这些侵略者曾入侵他们，还将进一步击溃他们并改造他们。事实上，也许可以说中美洲社会似乎总是为"他者"预留位置，这就解释了为什么与天朝相比，他们更难团结一致从而保护自己。

对中国人和墨西哥人来说，葡萄牙人和西班牙人乃是未知和神秘的化身。关于他们的本性还有到来的意义，可以说歧见迭出。虽然解释众多，但一致的认识是这些外人的突然造访，定是不祥之兆，会带来极其危险的事端。在墨西卡人看来，西班牙人可能是一个流放王子的后裔，这次回来是要收复故土[①]。对于中国人来说，来历不明的外人的到来，必须提防起来防止遭受入侵，因为这有可能摧毁他们的国家。

还有其他的一些反应，实质上也出自于其国固有的信念和经验。在中国，当时没有人知道葡萄牙人到底从哪里来，也没有人记得几个世纪以前欧洲人曾在本朝之前的元朝到访过中国。直至过了几十年后，才揭下佛郎机神秘起源的面纱。不过，与入侵者直接接触并熟悉之后，中国人也逐渐获得了其他知识。正如克里斯托瓦·维埃拉和巴斯科·卡尔弗

---

① Hernán Cortés, *Letters from Mexico*, pp. 85–86.

所说，在中国人看来，葡萄牙人应该归类于外人；因此，葡萄牙人也是番夷。这两位葡萄牙人尽力解释说，所谓的"番夷"不拥有"上帝之地"，这些人既"不知道上帝也不拥有土地"[1]。"番夷"这个词也会指代有着亵渎、侵犯和违背等行径的"罪犯""流氓"和"肇事者"。葡萄牙人虽然和中国人一样都是人类，然而却是身份劣等和声名狼藉的物种，就如希腊人口中的蛮族——被指责做法残忍，特别是吃食人类胎儿[2]。残暴、凶猛和智力低下，一连串的形容词用来诋毁和贬低外人，从而加强了他们天生的优越感。

荒谬的是，对于这样的态度，葡萄牙人实际上并不感到陌生。他们和中国人一样，对于生活在自己世界之外，无论是基督徒还是儒家文化圈的人，都感到深深的不信任；只不过这次被视为野蛮人的是伊比利亚人，他们被别人认为是来自于低等世界的种族。他们经常遇到可以与其相媲美的社会群体，而且与其相比还不一定占据权势和能力的优势。里斯本的水手们向游人分享了其奔波的命运，在任何地方他们都是卑微的过客，特别是在与穆斯林对头的竞争中，往往处于困难的境地和不利的位置。

因此，葡萄牙人是野蛮人，只不过有些资产而已。中国人虽然认为葡萄牙人未经开化，但也认为这些人海船的速度很快，且装配了大规模火力，因此在军事领域具有复杂的技术能力。那么，这些葡萄牙人是否无可救药？在广州，这些到访者在怀远驿学习礼仪，而且，皇帝还宽容地看待他们的违法之举。然而，中国人对他们了解越多，他们在中国人眼中的形象就越差。

登陆中国之前，里斯本水手的狼藉声誉就已经传到了中国。先是广东地方官府，后到北京朝廷，获知葡人在1511年占领马六甲，而且在中国沿海为非作歹。即使是在北京，葡萄牙人也恃宠骄横，狂妄自大，令人难以忍受："至京者桀骜争长"[3]。在北京朝廷的马六甲使臣为昔

---

[1] Hernán Cortés, *Letters from Mexico*, pp. 36, 53.

[2] Anthony Pagden, *The Fall of Natural Man: The American Indian and the Origins of Comparative Ethnology*, Cambridge: Cambridge University Press, 1982, p. 17.

[3] Paul Pelliot, "Le Hoja et Le Sayyid Husain de l'Histoire des Ming", *T'oung Pao*, 2nd series, vol. 38, 2-5 (1948), p. 161; T'ien-tse Chang, "Malacca and the Failure of the First Portuguese Embassy to Peking", *Journal of Southeast Asian History*, 3, 2 (1962), pp. 57-58.

英，在其呈递的国书中毫无保留地陈诉："佛郎机乃江洋大盗，率众闯入满剌加，攻城略地，杀戮抢劫，侵吞满剌加疆土。"① 中国要求葡人归还非法占领的马六甲领土，并指出马六甲乃中国藩属之国。

不止马六甲人发泄不满。广东道监察御史在向礼部奏报时，也多有怨词。入侵者遭到接二连三的责难②。有人说这些番人在广州城外的屯门岛进行贸易时没有照章上税；有人说这些番人禁止暹罗客商上税，并禁止他们参与贸易；有人说这些番人劫掠商船，侵吞货物；还有人说这些番人拥有人马和火药，甚至还当众擅自处决他人。葡萄牙人的表现令人震惊："修筑炮台，装备炮铳，图谋自卫"。感到来自于陌生人的威胁，这些新来者没能骗过任何人。他们是定居在别国土地上的间谍，正如流传的一句俗语所说，"里斯本水手在所经之处，都会竖立界石"。中国当局的判断具有毁灭性："他们是大盗和凶犯"。根据中国当局1522年12月对他们的处决，佛郎机人不仅是番夷，还是海盗和间谍③。皮莱资所受到的刑罚及其命运下场，可以说是对葡萄牙人的最大侮辱。然而，责难到这时并没有结束。

事实上，不管这些指控是否合理，对于想要借助于商业新伙伴获取财富的中国人来说，番夷是有用且必要的对话者，他们只有仰仗这些人才能开展生意买卖。一方面是官方话语，士林阶层之所以恪守己见，并进行排外宣传，是为了证明闭关锁国的合理性；另一方面，众多以此牟利的商旅团体和下层民众，还要依赖与外人的贸易才能养家糊口。

神　使

在墨西哥，情况也是一样。想要操控西班人的介入并从中渔利的一些部落，并不像墨西卡人那样急于摆脱这些外人。当地人有着什么样的第一反应，现在很难获悉。突然出现在沿海的西班牙人，到底是谁？他

---

① Raffaella D'Intino, *Enformação das cousas da China*, p. 16.
② 特别是丘道隆和何鳌之奏章，见 Raffaella D'Intino, *Enformação das cousas da China*, p. 9, n. 6; Paul Pelliot, "Le Hoja et Le Sayyid Husain de l'histoire des Ming", *T'oung Pao*, 2nd series, vol. 38, 2–5 (1948), p. 126.
③ Raffaella D'Intino, *Enformação das cousas da China*, pp. 9, 10, 15.

们是和印第安人一样的人？还是其他平民？又或者是有着高贵血统的贵族？还是说他们拥有全能的力量，看起来就像战神维齐洛波奇特利（Huitzilopochtli）或风神伊厄科特尔（Ehecatl）的人，当然在这种情况下，他们也是人。① 当然能有另外一个词就会更好，这样能将这群新来者与印第安人拉开显著的差距。安的列斯群岛的土著人曾经把水手们当成从天上下来的人，而之前秘鲁人更是把他们当作维拉科查神（Viracocha），类似的是，古代墨西卡人将这些带来不便的造访者当作神使。

根据欧洲和印第安的相关史料，我们可以发现西班牙人被当作了"神"（teteo），亦即卡斯提尔语的"teules"。印第安人将他们比作超自然的创造物，来自于超自然的空间，因此，对于"地球表面的居民"的当地土著人来说，这些来自于另外一个世界且有潜在威胁的造访者，基本上无法得到控制。墨西卡人纵然使用巫术也难以奏效。在格外注重虔诚仪式的社会，神灵的指示往往能解决新情况带来的认知不清诸问题：多次举行的"众神至"（teotlteteo）节，实际上就是用一种优雅的方式，来表达因不属于当地社会而无法归类于任何阶层的创造物。如果不能把这些创造物当作"自然的"贵族，那么，称呼他们为"神"之外，还应该如何称呼他们？合乎逻辑的是，神圣的西班牙人应当被安置在圣殿，也即印第安人所谓的"teocalli"（上帝的住所）或"teopan"（上帝之处）②。

"Teotl"系指美洲印第安人关于神的概念，我们话语中的"上帝"和"神灵"大概与其意相近。某些西班牙人很早就意识到，"teotl"可能有"神"和"恶魔"的双重含义。因为，该词也用来指代令人不安的权势，他们的行为是不可预测且不受控制的，甚至还用来指代用于仪式和典礼之祭品的人类。编年史家迪亚兹·德尔·卡斯蒂略讲述了一个故事，说明征服者学会了如何利用该词所隐含的双重含义。为了震吓印第安人，科尔特斯命令长相吓人的埃雷迪亚（Heredia）——相貌丑陋、长着络腮胡、走路瘸脚的比斯开人，在山谷里鸣放火枪。他这样解释说："我之所以这样做，是为了让他们会相信我们是神，因为你长相很凶，他们就会相信你就是神灵，只有这样我们才对得起这个

---

① http://sites.estvideo.net/malinal/tl/nahuatlTLACATL.html.
② James Lockhart, *The Nahuas after the Conquest*, pp. 536–537.

名字及其声誉"①。另外,"Teotl"也是人祭牺牲的备选人,一个"神化"的受害者,随时准备被吃掉。能够幸运抓获西班牙人的印第安人,对此当然耳熟能详。

对墨西哥人来说,外国入侵真的发生了。相反,在中国人看来,入侵不过是一个幻想,一个流产的企图。在墨西哥,这些造访者长期在这里定居,还无法遭到驱逐或彻底消灭。因此,不得不说他们是在印第安土地所寻找的"神";甚至到最后墨西哥人还认为他们的入侵,不仅能够预测,而且不可避免,其目的是为错误之先后顺序、失误之判断、优柔寡断之决定,这些导致失败的自身原因寻找借口。1519 年 11 月,科尔特斯向蒙特祖玛吐露说,在完成使命之后,他想要辞职和退位,其态度和言辞之突兀,使人难以相信;尽管如此,双方都预想了墨西哥的沦陷和新西班牙的占领之理由,基本上既为入侵提供了意义,也为失败提供了辩解②。

一旦成为胜利者和国家的主宰,入侵者逐渐从"神"走向贵族类型的人。实际上,有时这违背了他们的意志,有传教士回忆说:"一些愚蠢的西班牙人被激怒了,抱怨我们且情绪激愤,说我们罢免了其称号……这些可怜人没有意识到,他们篡夺了这个只属于神的名号。"③直到这时,西班牙人对别人给的名称感到很满意,还自认为理所当然,并且把这些词汇给西班牙化,称之为"神"(teules)。后来,这个词继续沿用多年,直到墨西哥人把入侵者赶跑之后才停止使用。

"他者"即地狱

欧洲人认为新大陆的印第安人乃是野蛮人,在这点上,与中国人对

---

① Bernal Díaz del Castillo, *Historia verdadera de la conquista de la Nueva España*, vol. 1, pp. 154 – 155.

② 墨西卡君主可能在很早的时期,就开始探索这批造访者的来源,找出驱逐他们的办法。很不确定的是,当他与科尔特斯相遇之时,就开始谋划并最终决定无条件投降。在第一次接触时,蒙特祖玛在陌生人身上显示出的"友善",导致其近邻也是宿敌的特拉斯卡拉人穷尽一切办法手段甚至是狡猾的计谋,前去攻击这些入侵者。

③ Toribio de Benavente, *Memoriales o libro de las cosas de la Nueva España y naturales de ella*, p. 171.

葡萄牙人的看法一样直截了当。葡萄牙人没有使用"野蛮人"或中文中的"番夷"这些词语，但西班牙人随意用之来描述美洲印第安人，其目的是证明建立奴役美洲印第安人之政权的合理性。

自古以来，希腊人、罗马人、基督徒、欧洲人，然后是西方人，一直习惯称呼他者为"野蛮人"。对希腊人来说，操持其他语言和生活方式的人都是野蛮人；对于基督徒来说，异教徒是野蛮人；对于文艺复兴和启蒙运动时期的欧洲人来说，处于技术、军事和文化劣势的则是野蛮人。"野蛮人"变成了一个万能的词，甚至可以用来形容欧洲人，如马基雅维利谴责外国侵入其故土时就是如此表述。

16世纪期间，随着伊比利亚半岛的全球化进程，欧洲人发现自己面对着地球上大多数的伟大文明，还有长期以来被称为原始人的无数民族。在新世界中，西班牙人和葡萄牙人均滥用"野蛮人"一词（而他们一般称自己为"基督徒"），带来的这种差异不仅是一种文化活动，而且还影响了殖民者和殖民地之间的关系[①]。

在西班牙方面，整个16世纪上半叶都争论不休，法学家如胡安·洛佩斯·德·帕拉西奥斯·卢比奥斯（Juan López de Palacios Rubios）、神学家如弗朗西斯科·德·维多利亚（Francisco de Vitoria）、人文主义者如希内斯·德·塞普尔维达（Ginés de Sepulveda）等，均声援多明我会的重要人物拉斯卡萨斯神父。加勒比地区的印第安人，是否因为是野蛮人而天生遭到奴役？墨西哥和秘鲁的印第安人的城镇、贸易、手工艺和宗教彰显了这么多的文明标志，但他们还是有着诸多不光彩的做法——人祭、食人、甚至同性恋，到底是什么将之置于野蛮的境地？还是因为这些美洲印第安人还不够成熟，因此需要更多的教育？或者说他们就是亚人，这些低能人注定要遭受文明民族的劳役？不管是批评野蛮人的观念不公平、不清晰，还是说基于欧洲的经验下的调整或改进，对于他们来说，美洲的发现不仅是个亟须解决的情况，而且长期以来还成为欧洲人的思想食粮。争论渐入高潮。1512年，诸如布尔戈斯主教等人首次规定了印第安人的权利和义务；1517年，墨西哥文明被发现；1526年

[①] Hernán Cortés, *Letters from Mexico*, ed. Anthony Pagden, New Haven, CT/London: Yale University Press, 1986, pp. 145, 147, 165.

至 1539 年间，多名我会佛朗西斯科·维多利亚在萨拉曼卡大学教学时呼吁捍卫印第安人之权利；还有 1550 年拉斯卡萨斯和塞普尔维达之间有关美洲土著人是否能够自治的著名辩论。

中国人没有参与这场辩论。他们出现在拉斯卡萨斯的著述中，不过只是道出了其一个自古以来的名字——"赛里斯"（Seres），据之可以将史事回溯到一个遥远的时代。

命名土著人

在命名到访者的问题上，中国人和墨西哥人均绞尽脑汁。反过来，造访者也面临同样的问题。"野蛮人"这个词汇并没有得到普遍的接受，但一开始就选定了"印第安人"一词，且沿用至今。西班牙人需要对新大陆的原住民命名，当时以为此地离亚洲不远，但实际上很久以后他们才意识到所发现的是一片新大陆。因此，印第安人这一称呼流行起来，好像哥伦布发现的是一支古代印度人群。而且事实上，希腊人在这个命名上也没任何创见。"India"这一名称源自古代波斯语"Sindhi"，实指印度河。后来，这个词从希腊语传到拉丁语。

援引古典词汇，或许能很好地适用于住在印度洋沿岸的居民，西班牙人从葡萄牙人那里也了解到秦人（Chins）的存在。特别是葡萄牙人，或者说整个伊比利亚人，在到达天朝沿海之前，就已谈及中国人。1512年，西班牙语著述《从波斯手中征服印度群岛》在萨拉曼卡出版，书中提到"秦人靠近马六甲，身穿皮靴，长得就像基督徒一样白皙。吃饭时不用手抓，用的是带有香味的木条"[①]。然而，里斯本水手所袭用的秦人这个名称，实际上也来自波斯语，这是波斯人从梵语援引而来。换言之，时至今时，我们继续沿用波斯语的称谓，来称呼中国的居民和新世界的本土人，而忘却了伟大的波斯文明在文化传递中所发挥的作用。而且，正如下文所述，中国人指代葡萄牙人的"佛郎机"这个称呼来自于"法兰克"一词，实际上也源自波斯语。

[①] Martín Fernández de Figueroa, *Conquista de las Indias de Persia e Arabia que fizo la armada del rey don Manuel de Portugal*, ed. Luis Gil, Valladolid: University of Valladolid, 1999, p. 126.

因此，伊比利亚人与印第安人和中国人相遇之后，不得不为这些对话者命名，不仅是自己给予，也要为对方接受。然而，这一过程不能仅固守于对敌人的刻板印象上，还必须运用当地人能够理解的术语来定义他们，这样才能为土著居民熟悉。故而，西班牙人尝试吸收大量的印度术语，其目的是显示出对当地社会的语言、民族和文化多样性的足够重视：墨西哥人立即被冠以"Colhuas"之名，意思是来自"库卢阿的印第安人"①，这个词实际上承袭自高原地区的部落民众。很快，科尔特斯就了解到，"特拉斯卡拉的土著人"乃是墨西卡人之宿敌。在1520年10月的第二批信中，科尔特斯这样解释，征服者使用"新西班牙"而放弃"阿纳瓦克"并没有遇到任何阻力②。

概言之，给他者命名这个行为采取了多种形式：或借用一种源于简化二元论的古老文化包袱（野蛮人与基督徒，番人与汉人）；或援用其他民族的话语（如卡斯提尔人所用之"库卢阿"Colúa），或创造范畴（"teules"指佛陀之子），并将之依附到所观察到的现实中。也就是说，要抹除老套的称呼，采纳民族学的严谨求实，并尊重他者之惯例。传统很难消亡，因为当我们提到美洲土著民众时，我们仍然用"印第安人"这个称谓，或用"阿兹特克人"来指示特诺奇蒂特兰城的墨西卡人，可以说几乎没有更好的表达方式了。只有"野蛮人"这个词汇，因为政治正确性和文化相对主义，在科学术语中被剔除出去。

同样地，因为长期的使用，源自波斯语的"中国""中国人"已然大行其道，虽然说在波斯一带的葡萄牙人很快了解到，中国应该被称为"天朝"这个日本人起的名称③。在16世纪，葡萄牙人和西班牙人就如何更贴切地称呼生活在天朝的居民而展开争执。像"印第安人"这个称谓一样，"中国人"的称谓还是更为流行。只有"西印度群岛"（Occidental Indies）也就是西班牙语的"Indias occidentals"这个表述，被废弃不用了；不过，在英语中，还是用"West Indies"来表示加勒比群岛。

---

① Hernán Cortés, *Letters from Mexico*, p. 144.
② Ibid., pp. 73, 158–159.
③ Raffaella D'Intino, *Enformação das cousas da China*, p. 36.

命名入侵者

识别身份，不仅意味着要确定新来者的地理起源与本质，还涉及对个人的命名。这也表明在命名或授予头衔时，其模式要根据不同的文明和国家而有所变化。包括《明实录》在内的中文史料[1]，均言称"加必丹末"为使团头领，实际上是将佩雷斯·德·安德雷德所拥有的"船长"头衔加到皮莱资身上；还将头衔当作人名，事实上这是东南亚地区的普遍做法。"Captain"（船长）这个名词[2]，本来起源于意大利语或葡萄牙语，之后传到印度和因苏林迪亚（Insulindia）等地的多种语言，接着又传到中国，最后传播到日本。故而，毫不奇怪，在那瓦人身上也同样如此。提到科尔特斯时，那瓦人也称之为"船长"，这个词也出现在方济各会传教士伯纳狄诺·萨哈冈的线人口中，以及殖民时代名为"安塔尔（Cantares）"的本地系列诗文中[3]。

称呼总是有所变化。中文史料所揭示出的这种变化，也反映出葡萄牙人的意图和身份引起了诸多问题。皮莱资，被称为"加必丹末"，也有可能被称为"火者亚三"——正是以这个身份才侍帝左右，其中的原因很难理解[4]。他之所以自己更名，或许是找一个看着像穆斯林人的名号——如火者亚三，这样中国人听起来更为亲切？至于印第安人，他们干脆将这些西班牙人给印第安语化：科尔特斯的一个手下，名罗德里戈·德·卡斯塔纳达（Rodrigo de Castanada），被叫作"Xicotencatl"[5]；还有佩德罗·德·阿尔瓦拉多被叫作"Tonative"，其意是"太阳"，因

---

[1] 自1566年编纂，主要回顾嘉靖帝的历史。

[2] Paul Pelliot, "Le Hoja et Le Sayyid Husain de l'histoire des Ming", *T'oung Pao*, 2nd series, vol. 38, 2-5 (1948), p. 91, n. 10.

[3] 参见：Bernardino de Sahagún, *Historia general de las cosas de Nueva España*, Mexico: Porrúa, 1997, vol. 4; John Bierhorst, *A Nahuatl-English Dictionary and Concordance to the Cantares mexicanos with an Analytical Transcription and Grammatical Notes*, Stanford, CA: Stanford University Press, 1985, p. 62.

[4] T'ien-tse Chang, "Malacca and the Failure of the first Portuguese Embassy to Peking", *Journal of Southeast Asian History*, 3, 2 (1962), p. 53.

[5] John Bierhorst, *A Nahuatl-English Dictionary and Concordance to the Cantares mexicanos with an Analytical Transcription and Grammatical Notes*, p. 64.

为此人有一头浓密的金发。但是，为了在战斗中表现英勇，卡斯提尔的士兵们只接受了有威望的头衔。

在广州，葡萄牙人被投进监狱之后，基本上就失去了名字和称号。皮莱资从起初的"使臣大船长"，被降级为"加必丹末"①，当使团被遣返之后，原来赐予的"使臣"名头也被剥夺了。中国官僚惰性使然，使团书记克里斯托弗·维埃拉到达后，被当作使团的文书"特里斯当·达·皮纳"（Tristão da Pinha）称："因为这个名字已经登录在中国官方簿册中，所以他们就以这个名字来称呼我"。将葡萄牙名字，转录为中文并不容易。瓦斯科·卡尔弗被叫作"色拉蒙"（Cellamed）："给他们起的名字都与其本名不相符，主要是中国人写不出来，因为中文中没有字母，他们的字母都是魔鬼字母"②。有了当地名字，西班牙人能够更容易做成事情。所不同的是，在广东，中国人处在胜利者的位置；而在新大陆，卡斯提尔人处在胜利者的位置。

食人的印第安人和吃人的葡萄牙人

在中国人看来，葡萄牙人不仅仅是海盗，还有谣言说葡人吃食幼儿。这些故事所传播的可怕形象，看起来与不通中国习俗的"野蛮人"之突然入侵所引起的冲击不无关系③。事实上，中国当局虽然没有明确表示谴责，但是，似乎利用谣言这种手段，让当地人远离这些引发不安的造访者。因此，才有葡萄牙人掠买儿童"烤炙"而食的传闻④。

葡萄牙有史料记载这个可怕的指控，但也掩饰了一点，即在著录时用"狗"替代"孩子"一词。中文史料则披露得更为详尽："其法是以巨镬煎滚滚汤，以铁笼盛小儿置之镬上，蒸之出汗，盖乃取出，用铁刷

---

① Paul Pelliot, "Le Hoja et Le Sayyid Husain de l'histoire des Ming", *T'oung Pao*, 2nd series vol. 38, 2 – 5 (1948), p. 109.

② Raffaella D'Intino, *Enformação das cousas da China*, p. 20.

③ 到了1580年代，中国人已经相当了解葡萄牙人了，这时候轮到西班牙使臣遭遇这样的谣言了。

④ Raffaella D'Intino, *Enformação das cousas da China*, p. 9, n. 17.

刷去苦皮，其儿犹活，乃杀而剖其腹，去肠胃蒸食之。"① 若奥·德·巴罗斯在所著《亚洲十年记》中，也一直重复这个传闻，甚至还试图解释："东方人从来没见过我们，他们对我们都很惊恐惧怕，因此也很容易相信之类事情；对我们来说，我们也相信关于来自于陌生遥远国度一些群体的传闻。"②

在谈论起 16 世纪的食人风气时，得益于法国学者米歇尔·德·蒙田（Michel de Montaigne）和其他各类著述关于食人行为的描述和探索，人们一般都会联想到新大陆③。对食人风气的谴责，对于欧洲人在新的人口中建构异国形象，对于证明征服及其间接后果之正当性，对于欧洲社会的反向批判，均意义重大。虽然遭受攻击、鄙视乃至捍卫（蒙田说"我认为吃活人比吃死人更残忍"）④，印第安人仍然是欧洲思想界永恒的主题，这些遥远的对象在欧洲话语中可以为所欲为地做任何事情。无论遭受何种言论，这些印第安人还从来不曾质疑这些观察者的立场。

在中国，事情却大相径庭。这一次，接受谴责的不是处于遥远时空的部落，而是欧洲人自己⑤。葡萄牙人不仅是番夷，还嗜食人类血肉。中国人此时对葡萄牙人先前的偏见还以颜色，难道说从中获得了恶意的快感？⑥ 然而，这起事例并没有缓解矛盾的环境：没有宗教、礼仪甚至尚武伦理，可以说没有一点可以证明欧洲人行为的正当性。而且，据笔者目力所及，中国这一边对本该消除的这种愚不可及的疯话，也没有达成一致。

---

① 一些葡萄牙人还被认为偷盗中国幼童，将之绑架卖身为奴，参见 João de Barros, *III^a Décadas da Asia*, part 2, book 6, pp. 16 – 18. 实际上其他朝贡国的到访者，也早就有关于其在广州偷盗儿童的传闻。

② Ibid., p. 14.

③ Frank Lestringant, *Le Cannibale: Grandeur and décadence*, Paris: Perrin, 1994.

④ Michel de Montaigne, *The Complete Essays*, trans. M. A. Screech, Harmondsworth: Penguin, 1992, pp. 235 – 236.

⑤ 相关中文史料，见 Raffaella D'Intino, *Enformação das cousas da China*, p. 9, n. 17;《月山丛谈》, 载 Paul Pelliot, "Le Hoja et Le Sayyid Husain de l'histoire des Ming", *T'oung Pao*, 2nd series, vol. 38, 2 – 5 (1948), p. 93;《广东通志》第 93 页;《天下郡国利病书》, 第 119 卷, 第 43 页;《明史》第 28 本, 第 842 页。

⑥ 在当代科幻小说中，面临外星生物侵入时，也会产生这样的想象，比如会说这些生物劫持和吃食人类。其例证可参见 Dan Curtis, *Intruders*, 1992.

隐匿的葡萄牙人，自我暴露的卡尔提斯人

此类偏见和谣言，证明了中国长期没有认清佛郎机之起源。没有人知道这些葡萄牙人的母国到底情形如何；也没有任何先人提及这个国家。即使是佛郎机人到来之后，认知还是一片混沌。

伯希和详尽解构的研究，在文本上混杂了前往北京的葡使之大量描述，而这些葡使的下场都格外凄惨。所援引的中文史料将火者亚三当作被葡萄牙使团所雇佣的中国人，还有史料说火者亚三其实本来就是葡萄牙使臣。看起来，中国人随意混淆人事，感觉他们对这些有问题的事件根本不屑一顾。想要确认这些新来者的身份，存在相当大的困难。关于葡萄牙人的起源，多说其是有着不同起源的亚洲人，他们要么娶了中国夫人，要么冒充其他世界尤其是暹罗的商人，总而言之，不会被看作为中国人。这种判断，实际上为了便于交流。看起来，这适合于任何一个人，也能够回避一些不容易解答的问题，特别是到了最后，在一个金钱与商业统治的世界里，身份问题更是无关紧要。在这点上，全球化对于民族志学的精确性来说，实在无甚裨益。

相反的是，在墨西哥，入侵者反复在解释他们是谁、奉谁之命，其目的是强调他们身上的差异性，最重要的是给其对话者留下深刻的印象。落败的葡萄牙人后来学会，要潜伏于沿海活动，利用不为人所知的港湾、静谧且树木繁茂的海岸，还有隐蔽的锚地。相反，他们的伊比利亚近邻西班牙人，正按照自己的形象来重建墨西哥，并构思着梦中的新西班牙的形象。

第九章　火炮的故事

佛郎机，谁所为？
……
震惊百里贼胆披。
……
佛郎机，谁所为？

王阳明①

就在科尔特斯登陆墨西哥的 1519 年，中国哲学家王阳明曾为乡宦林俊赋诗一首。现在来看，王阳明仍然被视作儒家历史上的一位关键人物。在 16 世纪，他的学说，特别是《大学问》主导了当时中国的思想界②。他在思想上对"良知乃天理"的反思，以及关于"行须与知合一"的主张，并没阻止他入仕成为大政治家和大军事家。这位知识分子曾说："大人者，以天地万物为一体者也。其视天下犹一家，中国犹一人焉。"③ 王阳明也是位实干家，曾举兵勤王，镇压叛乱；正是在此期间，他作诗文一首，名《书佛郎机遗事》，向神秘的佛郎机炮表示敬意，从中可以看到佛郎机炮在镇压盗匪和叛军时所发挥的奇效④。原

---

① Paul Pelliot, "Le Hoja et Le Sayyid Husain de l'histoire des Ming", *T'oung Pao*, 2nd series, vol. 38, 2-5 (1948), pp. 202-203.

② 《大学问》译本见：Chan Wing-tsit, *Source Book*, pp. 659-666, in Anne Cheng, *Histoire de la pensée chinoise*, Paris: Seuil, 1997, p. 557, n. 14.

③ Ibid., p. 532.

④ Oeuvres, 24, 12-13, in Paul Pelliot, "Le Hoja et Le Sayyid Husain de l'histoire des Ming", *T'oung Pao*, 2nd series, vol. 38, 2-5 (1948), p. 202.

来，这位圣贤在负责镇压朱宸濠叛乱时，曾向乡宦林俊求助。其文这样说："时六月毒暑，人多道暍死。公遣两仆裹粮，从间道冒暑昼夜行三千余里以遗予。"平叛之后，王守仁特别感谢林俊所赠"佛郎机铳"及其"火药方"在这场苦战中所发挥的作用。

入侵者的火炮

很难想象，在特诺奇蒂特兰吃了败仗的墨西卡人，也谱写了关于火炮的类似诗文。一般认为，墨西哥人及其盟友的崩溃，与卡斯提尔人的炮火有关。在太平洋的两边，虽然说情况不尽相同，但事实证明伊比利亚人的致命武器火炮，因其毁灭力而发挥了决定性作用。中国人将其称为"佛郎机"，纳瓦印第安人则称之为"火号"（tlequiquiztti）。另外，印第安人称火枪为"xiubalcapoz"，意思是"带绳的火枪"（alcapoz），而"火枪"一词则音译自卡斯提尔词"arcabuz"。在纳瓦特尔语中，起初用"火号"来形容所有带火的射弹武器：火绳枪，铁炮，火炮①。操作这些武器比较困难，加之火药和子弹短缺，这虽然极大地减弱了它们在战场上的成效，但很显然，这些武器还是大大增加了欧洲人所带来的震骇效果。

更令人惊愕的是，同印第安人一样，中国人对伊比利亚火炮也心怀恐惧，尽管火药和大炮还是他们所发明的。现在，我们有必要回顾中国人和葡萄牙人之间的海战，以及装有蛇炮的伊比利亚船舰。有人指出，葡萄牙人尚不知如何在陆地上作战；一旦将之从海水诱出，他们就会像鱼一样死掉；②而当站在船舰上，则难以制服他们。有位御史曾言：

>佛郎机最凶狡，兵械较诸番独精。前岁驾大舶突入广东会城，

---

① "Cantar LXVI", in John Bierhorst (ed.), *Cantares mexicanos: Songs of the Aztecs*, Stanford, CA: Stanford University Press, 1985, pp. 320 – 321.

② Raffaella D'Intino, *Enformação das cousas da China: Textos do século* XVI, Lisbon: Imprensa nacional, Casa da Moeda, 1989, p. 19.

炮声殷地。留驿者违制交通，入都者桀骜争长。今听其往来贸易，势必争斗杀伤，南方之祸殆无纪极。①

具有操作性和机动性的火炮，同时给珠江河口和墨西哥湖带来了致命性打击。

中国人的剽窃

那么，如何对付伊比利亚人的火炮呢？我们的史料来源者葡萄牙人克里斯托瓦·维埃拉这样解释说，中国人欣赏葡萄牙武器的优越性，设法获得其中的秘密②。他们可能利用了来自敌营中的叛徒。这些信息，出自于维埃拉所讲述的故事。1521 年，有位与葡使巴斯科·卡尔弗同船的基督徒，乃中国人，名佩德罗（Pedro），看到情况不妙，便携妻子逃回"原籍"。在那里，他一直藏匿起来，后以报告葡萄牙在交趾和马六甲的驻防信息，以及承诺制造火药、炮铳和船舰，从官府那里换取了自由身。后来，佩德罗建造的两只船舰，从未下水试航，因为官府们觉得这样浪费太多的木材。反而，官府选择把佩德罗送到京城，让他在那里以工匠的身份谋生。还有人告诉维埃拉说，佩德罗曾在地处遥远北方的首都铸造火炮。

中文史料所载信息丰富，但与葡语史料有所歧异③。它们谈到一个名叫何儒的中国人，被皇帝看上，但因江防需要，没有像佩德罗那样去往北京，而是被派到了南京。有中文史料载：

> 有东莞县白沙巡检何儒，前因委抽分，曾到佛郎机船，见有中国人杨三、戴明等，年久住在彼国，后知造船及铸制火药之法。铉

---

① T'ien-tse Chang, "Malacca and the Failure of the First Portuguese Embassy to Peking", *Journal of Southeast Asian History*, 3, 2 (1962), pp. 57–58.
② Ibid.
③ 参见《殊域周咨录》第九页，转引自 Paul Pelliot, "Le Hoja et Le Sayyid Husain de l'histoire des Ming", *T'oung Pao*, 2nd series, vol. 38, 2–5 (1948), p. 107, n. 42.

令何儒密遣人到彼，以卖酒米为由，潜与杨三等通话，谕令向化①，重加赏赉，彼遂乐从。约定其夜，何儒密驾小船，接引到岸，研审是实，遂令如式制造。

我们还从中得知，正是凭借这些大炮，汪鋐在1522年的战事中才将葡萄牙人驱赶出去，此役共拿获葡萄牙人"火铳大小二十余管"。汪鋐折服于伊比利亚火炮的功用。进勋柱国之后，他还如此解释说：

佛郎机凶狠无状，惟恃此铳与此船耳。铳之猛烈，自古兵器未有出其右者。用之御虏守城，最为便利，请颁其式于各边，制造御虏。上从之。至今，边上颇赖其用。

虽然说中国人利用与入侵者冲突之机，沿袭葡人之技术是无可置疑的，但是佛郎机火铳到达帝国，可能早于葡萄牙人的到来。正如上文所述，王阳明在1519年就将一种破坏性的武器，描述为"佛郎机"。当时，倘若福建沿海已了解到佛郎机火炮，并掌握了其铸造之法，那么，该地区的居民此前定需要时间来熟悉这种新武器。一份1510年的史料，可以为其佐证。1510年，有百余门佛郎机火炮被福建省用来弹压盗匪。也就是说，这些外国的火炮，在葡萄牙人到达之前就已经来到了中国。中国人开始了解到这种机器（"机"）并将之称为"佛郎机"，即"佛郎"是机器的意思。接着，几年之后，用"佛郎机"这个名字命名入侵者，之所以还是保留最后一个字"机"，其目的是识别带来这种武器的里斯本人。

我们应当如何解葡萄牙火炮凭空到达中国的事实呢？词汇的流通或能提供一二线索。众所周知，在大约1500年，蒙兀儿王朝的开国者巴布尔（Babur），称葡萄牙人的武器为"佛郎机"（Farangi）。接着，这个起源自土耳其语的词汇传入泰卢固语（Telugu），然后传到马来语。因此，可以合理推见是马来亚的中间人首次将此火炮引入中国，而且发生在马六甲被占之前（1511年）。

---

① 所谓"向化"，是指向中国归顺之意。

低等人眼中的火炮

在火炮和火绳枪的威逼之下，墨西哥人作何反应？震耳欲聋的声音、火药的呛味，还有巨大杀伤力，以至于给新西班牙的印第安人这样的印象，即但凡谈到征服历史，必说及入侵者的武器。16 世纪中叶，方济各会传教士伯纳狄诺·萨哈冈留下的许多插图文字，描绘了正在开火还有熄火的火炮和火绳枪①。殖民时代的手抄本，也强调了这些武器的出现。后来，在城市广场举行盛大节日时，印第安人往往又唱又跳，歌唱西班牙入侵期间的一些兵火。他们的说唱诗文"安塔尔"，以幻想般的咒语描述了墨西哥的被占②，对过往的这种短瞬遗梦也赫然耸现火炮的记忆：雷声，雷声，在这绿松石火绳枪中；雷声，雷声，也在那硝烟弥漫中……③

安塔尔系列说唱诗文还保留了墨西卡人在 1521 年时的记忆片段，除火炮炮灰之外，还描述了扭转局势的勇士。一首名为"特拉斯卡拉篇章"的诗文，就是重温了围困墨西哥之战斗。鼓声雷雷，由轻到重，墨西卡武士勇猛地冲向其宿敌，也就是当时与西班牙人结盟的特拉斯卡拉人和韦霍钦戈（Huejotzingo）人。大贵族重新出现，使得殖民地居民、印第安人、西班牙人和混血梅斯蒂索人，眼神中透着惊讶。就在这时，伟大的蒙特尔丘（Motelchiuh）、墨西卡船长、"神鹰武士""豹猫武士"，突然纷纷现身，掀起了又一波攻势，西班牙人也随之（暂时）撤退；当他们拿获征服者的火炮时，马亚维尔女神的化身"兔子"大声喊道："舞动起来！嘿，特拉斯卡拉人！嘿，韦霍钦戈人！"④ 蒙特尔丘及其手下卸下他们的武器，甚至摧毁"征服者"。现在属于大贵族的时刻，这时也该跳起感恩的舞蹈，他们迷失在一只兔子所进行的拟人化战

---

① Bernardino de Sahagún, *Historia general de las cosas de Nueva España*, Mexico: Porrúa, 1997, book XII; 英译本见：James Lockhart, *We People Here: Nahuatl Accounts of the Conquest of Mexico*, Los Angeles, CA: University of California Press, 1993, pp. 48ff.
② John Bierhorst (ed.), *Cantares mexicanos: Songs of the Aztecs*, p. 58.
③ Ibid., pp. 322-323, "Cantar LXVI", fols 55-55v.
④ Ibid., fols 54v.

斗及龙舌兰众神中。

　　这只是一次短暂的喘息。这首说唱诗文继续描述了卡斯提尔人乘坐双桅帆船，先是围困特诺奇卡人（Tenochcas）和特拉特洛科人（Tlatelolcas），接着在湖面上擒获了正在抱头鼠窜的夸乌特莫克（Cuauhtemoc）。16世纪中叶，在距中国数千里格之外的墨西哥城，也就是新建的殖民地新西班牙首都的中心，土著贵族们身着精致皮草，翩翩起舞，合着鼓点在纵声歌唱：

　　　　雷声，雷声，在这绿松石火绳枪中；
　　　　雷声，雷声，也在那硝烟弥漫中。
　　　　墨西卡贵族们逃跑在水中。
　　　　特诺奇卡人被围困，特拉特洛科人也被围困中[1]。

　　从这首诗文所检梳出的火炮史事，有助于我们理解《佛罗伦萨手抄本》第12册之《征服墨西哥》[2]。这首用纳瓦特尔语创作的叙事诗文，大概在事件发生之后三十余年才问世，其内容主要取材于在和西班牙人战斗中的幸存者的证言，可以说是关于征服和占领墨西哥最丰富和生动的本土记述。

　　关于西班牙火炮所致的种种破坏的记载，在诗文中俯拾皆是[3]。它还描绘了安放在双桅帆船上的西班牙火炮在湖中穿梭时所造成的破坏。利用较强的机动性，火炮手们瞄准目标，开火后造成一片灰烬，继而横扫整片区域。但是，遭围困的墨西卡人并没有屈服。他们很快学会了如何避免受到弹药和炮弹的攻击。这些人设计了新的战术："看到这种情况，墨西卡人开始后退，从而保护自己免受火炮的攻击，并乘坐独木舟

---

[1] John Bierhorst (ed.), *Cantares mexicanos: Songs of the Aztecs*, fols 55 – 55v. 与之相较，葡萄牙火炮在东南亚所造成的破坏，见 Anthony Reid, "Southeast Asia Categorizations of Europeans", Stuart Schwartz (ed.), *Implicit Understanding: Observing, Reporting and Reflecting on the Encounter between Europeans and other Peoples in the Early Modern Era*, Cambridge: Cambridge University Press, 1994, p. 278.

[2] Bernardino de Sahagún, *Historia general de las cosas de Nueva España*, vol. 4, pp. 60, 141.

[3] Ibid., p. 62.

曲折行进，当看到大炮开火时，便蹲在独木舟里。较之方济会萨哈冈的西班牙译文，纳瓦特尔语的原本则生动许多："当看到火炮即将发射，人人赶紧四处卧倒，在地上匍匐前进。"① 还有一种策略，就是强迫西班牙囚犯向其西班牙同伙开火，尽管并不总是奏效。倘若有火绳枪手拒绝参与战事，或向空中乱射，那么，印第安人就会"极为残忍地"将之大卸八块②。这一片段说明，印第安人在对付卡斯提尔人武器的无能上，有着相当大的怒火。

印第安人的低等性，也正体现在这一点上。萨哈冈所援引的资料详细地描述了卡斯提尔人的重大进展：

> 西班牙人将早就安置在建筑里的重炮点火，炮声雷雷，硝烟弥漫，炮口下的民众陷入恐慌，开始夺路而逃……他们接着把大炮朝着战神维齐洛波奇特广场，在那里矗立着一块大若磨盘的圆石……

墨西卡人的援军乘独木舟抵达时，西班牙人被迫撤出："印第安人熟练地驾驶着独木舟登陆了，他们四处召集人手，防止西班牙人的再度闯入。"就在这时，一伙印第安人缴获了西班牙火炮："印第安人拿获这些火炮后，将之扔到了石蛤蟆（Tetamacolco）一带的水中，在该地附近有座特柏特新克山（Tepetzinco），还有一处浴场。"纳瓦特尔语的版本，还强调了印第安人从祭祀石中拖拉出火炮时的愤怒③。

我们应该如何解释印第安人的这一历史行动呢？在纳瓦特尔语中，"Tamazolin"一词，是"蛤蟆"之意，因此，"Tetamazolco"可以翻译为"石蛤蟆"。该地名表明了在特斯科科湖（Tetxcoco）岸边，在那里祭司们指引着船舰停靠在泊口潘提特兰（Pantitlan）涡流之处。为纪念

---

① Bernardino de Sahagún, *Historia general de las cosas de Nueva España*, vol. 4, p. 139；英译本见 James Lockhart, *We People Here: Nahuatl Accounts of the Conquest of Mexico*, Los Angeles, CA: University of California Press, 1993, pp. 189–190.

② Diego Durán, *Historia general de las cosas de Nueva España e islas de la Tierra firme*, Mexico: Porrúa, 1967, vol. 2, p. 567.

③ Bernardino de Sahagún, *Historia general de las cosas de Nueva España*, vol. 4, p. 141；英译本见 James Lockhart, *We People Here: Nahuatl Accounts of the Conquest of Mexico*, Los Angeles, CA: University of California Press, 1993, pp. 195–197.

雨神特拉洛克（tlaloque），在"埃特萨尔夸利斯特利"（Etzalqualiztli）节日时要举办盛宴，祭司要去潘提特兰的边上，供奉祭品心脏，这样水就成为他们的朋友，随后波浪渐起，浮起水沫。祭司回到石蛤蟆后，便开始举行仪式浴。对于这个神圣的场所，我们还有一点别的了解[1]。在为女神希洛内举办祭礼时，惯例是将一个打扮成女神模样的女人作为祭品牺牲："他们说这个女人就是女神的样貌。在被杀之前，她还带到四个方向上香。其中的一个方向就是在石蛤蟆处，"在那里他们敬奉祭品，致敬于记载年轮的四个标志——芦竹（acatl）、燧石（técpatl）、房子（calli）和兔子（tochtli）"。石蛤蟆对应的是东方，还对应芦竹、红色和男性。很明显，我们可以将之其起源东部的传说，与石蛤蟆红色东方标志相联系起来。

这些地方的非凡之处是，在人类与神界之间实现了四个方向的转换。通过这些地方，可以传递过来天堂的四根柱子，或是四棵"圣树"，或是为人间施雨的雨神特拉洛克。这是众神及其神力降临尘世的通道：神的影响通过圣树传播出去，如同那命运和时间的火焰。

  因为连接了绿松石（天堂）和黑曜石（地狱），这条通道因此制造出一个中心，在那里取代了珍贵的绿色石头（尘世）、时间、变化和任意两边的战争[2]。

因此，墨西卡的祭司急把西班牙火炮传送到另一个世界。印第安人根本没有试着模仿或者剽窃这些火炮，而是将之打发到其他地方，还把之当作祭品，从而再也不会给墨西哥的守护者带来任何伤害。

过去的技术

较之处于石器时代的美洲印第安人，欧洲人无敌的技术明显占有优

---

[1] Bernardino de Sahagún, *Historia general de las cosas de Nueva España*, vol.1, p.180（第二部，第27，42章）。

[2] Alfredo López Austin, *Cuerpo humano e ideología*, Mexico：UNAM, 1980, vol.1, pp.66 - 67.

势，在这一点上，我们是否为之再唱一曲熟悉的赞歌？当地的记录回顾了墨西哥遭受围困时的另一番情节，是关于投石车的故事：

> 于是，那些西班牙人在一个祭坛台面上安装投石车，向人们扔石头。当准备妥当并打算开火时，他们围聚在投石车旁，猛力指向人群，指向人们聚集之处……西班牙人伸开双臂，（显示出）他们怎样射击，怎样伤人，感觉他们在使用的是一条吊索……但石头没有落在人身上，而是落在集市的后面……为此，西班牙人在那里相互争辩。他们看起来大声争执，用手指猛戳对方的脸庞。

纳瓦特尔语材料再现了印第安人的观点：

> 投石车不断来回移动，从一个地方移动到另外一个地方，一直在调整位置。接着可以清楚地看到，在其顶端有一个石吊索，拴着一根粗绳。正因如此，人们也将之叫作"木制吊索"（quaubtematlatl）。①

西班牙人利用投石车没有成功地对付特拉特洛科人，这一失败否定了印第安人在面对西班牙兵器是无能和恐慌的。萨哈冈的信息提供者还透露称，恐惧并不总是印第安人的特点，他们也有能力震吓敌人。给国家内政提供指导的奇瓦寇托（cihuacoatl），申饬兵士手持黑曜石尖头的长矛，因为这代表着太阳神齐洛波奇特利派去的"神使"，前去恫吓西班牙人，这个长矛也称"火蛇或火锥"。接着，羽蛇神"挥动着羽毛"发起攻击。当敌人看见羽蛇神时，就好像一座山一样垮塌下去。每一个西班牙人都惊骇不已，是因为受到了羽蛇神的恐吓，他们看到了从未见过之物。② 当然，这并没有阻止该市镇落入西班牙人及其盟友手中。

---

① Bernardino de Sahagún, *Historia general de las cosas de Nueva España*, vol. 4, p. 155；英译本见 James Lockhart, *We People Here: Nahuatl Accounts of the Conquest of Mexico*, Los Angeles, CA: University of California Press, 1993, p. 230.

② Ibid., pp. 158-159；英译本见 James Lockhart, *We People Here: Nahuatl Accounts of the Conquest of Mexico*, Los Angeles, CA: University of California Press, 1993, p. 240.

伴随着征服，印第安人迅速从黑曜石和铜器时代过渡到了钢铁时代。时代滞差十分巨大，但也很快地得以弥补。接着，印第安人又以异乎寻常的速度，克服了一些缺点，而这些缺点乃是其遭受溃败的部分成因。西班牙人将铁匠技术传播到城镇和乡村，铁随之取代当地的铜，本地工匠也很快学会了如何使用铁砧、锤子和风箱。铁被称为"黑铜"，"钢"被称为"硬黑铜"[①]。一系列新名词被创造出来，用来命名日常生活所涌现的新工具和新物体：斧头、锯、钉子、剪刀、铁链、钢丝、铁砧和锤子等。当然，这些物品都取材于"铜"这个印第安人长期使用的主要金属。

说　字

考虑到印第安人拥有了这些具有可怕效率的新金属，那么，可能会有人认为他们会以类似的方式来命名胜利者的武器。然而情况并非如此。印第安人发明了许多词汇来描述伊比利亚武器及其使用方式，但做法却有所不同。如，他们将火器灵机一动地命名为"火号"（tlequiquiztli），该词似乎是在征服时期创造出来的。在这个词中，"tletl"指"火"，"quiquiztli"则是由海螺壳做成的海贝或号角，祭司在神殿顶上一般会吹鸣这种声器。在这里，纳瓦印第安人选择了视觉和听觉为参考，将奇怪的物品与仪式情境联系起来，因为壳和火在许多宗教庆祝活动中发挥着作用。后来，"tlequiquiztli"一词，迅速成为一系列与火绳枪有关新词的核心，如"火药"被称为"火号土"，而"火绳枪"则被称为或"手持火号"[②]。这些动词和名词忽视了制造这些物体的新金属，更倾向于表现出对火药爆炸时所产生的不可磨灭之第一印象。

对火药早就了如指掌的中国人，早就有词语来表示火药及其相关火器："火炮"即"铳"。他们看到陌生人或者是葡萄牙人所使用的武器，除对其极端破坏性讶异之外，在其他方面还没有惊讶的理由。中国人要

[①] James Lockhart, *The Nahuas after the Conquest*, Stanford, CA: Stanford University Press, 1992, pp. 272 – 273.

[②] Ibid., p. 267.

做的，不是去搞清这个火器到底是什么，而是弄清楚其起源。因此，他们将其称为佛郎机，即"佛朗"的机器之意。所谓"机"，类似于发动机、机械等此种设备的概念①；但"机"字本身也表示妙招或策略。"佛朗"指的是起源的外国名：葡萄牙火炮于是变成了"佛朗机"。之所以使用这个标签，主要是为了与传统火炮区别开来，而且，还能提醒人们，它的存在是借用还有迅速成功地据为己有的结果。16 世纪初，如上所述，葡萄牙火炮在传播到东南亚地区并为中国人所用之前，先来到的是印度。将"佛郎"依附在火炮名称中，实则是语言传递的结果。然而，在中国，我们看到不是将"fou-lang"翻译成"法朗机"或"怫朗机"，而是执意译为"佛朗机"②。"佛"系指佛陀，源自印度，这种阐释实则证实这种杀人机器来自于西方。同时，还在大炮和新来者之间建构关联。1522 年明朝水师打败葡萄牙海军之后："官军得其炮，取名为'佛郎机'。"③ 也就是说，欧洲火炮先前已来到了中国，并在葡萄牙人到达之前就已有称谓了。看来，这些武器早就拥有了这个名字"佛郎机"。但是，仅凭借名谓，不足以澄清外人的地理起源和身份，这一点将在下章展开论述。

如果说印第安人和中国人面对是伊比利亚人相似的入侵还有其强大的火炮，那么，即使如此，两者的反应亦有所不同。在墨西哥，印第安人想到的是贝壳和小号；在中国，行家多谈及机器。在这里，沉迷于仪式与观感的印第安人所表现出的返古性，与倾心于机器与技术革新的中国人所表现出的现代性，两者之间很容易建构起反比。然而，事实没有这么简单，这是因为，两边的解读者墨西哥人和中国人，都将之想象在

---

① 关于"机"的释义，见 *Dictionnaire français de la langue chinoise*, Institut Ricci：Kuangchi, 1976，第 73 页第 395 个字。

② 以"Farangi"为例，实际上这是东方人的翻译；在葡萄牙，它的书面写法是"Franges"，见 Vieira, in Raffaella D'Intino, *Enformação das cousas da China*；或被写作"Frangues"，见 João de Barros, *IIIᵃ Décadas da Asia*, Part II, VI, p. 7. 在土耳其，历史学家扎希尔丁·穆罕默德·巴布尔（Zahirdin Mhammd Babur）把单词"Farangi"引申为"火炮"的意思，见 Paul Pelliot, "Le Hoja et Le Sayyid Husain de l'histoire des Ming", *T'oung Pao*, 2nd series, vol. 38, 2-5 (1948), n. 39. 在印度泰卢固语中，"piringi"是指"火炮"。

③ Paul Pelliot, "Le Hoja et Le Sayyid Husain de l'histoire des Ming", *T'oung Pao*, 2nd series, vol. 38, 2-5 (1948), p. 101, n. 31.

能产生的巨大声音之乐器的基础之上。在西班牙人和中国人之间，机器均很盛行。而美洲印第安人没有火炮，就像他们没有车轮、推车和帆船一样。尽管如此，所有的这些机器和设备的涌入，其结果是创造出了大量土著词汇，以适应新事态。①"为了与世界建立联系，首先就要找到与其对话的词语；在驯化之后，还有给它们命名，虽然有可能从根本上说词不达意"。

---

① James Lockhart, *The Nahuas after the Conquest*, Stanford, CA: Stanford University Press, 1992, p. 269.

第十章 晦涩还是透明？

> 臣等与之言语，其心甚为开明。
>
> 《李朝实录》
>
> 朕嘉其慕义，遣使赐之，所以怀柔远人。
>
> 正德帝语，引自1620年俞汝楫《吏部志稿》

中国人与葡萄牙人，以及墨西哥人与西班牙人，在接触之始是否就具备了交流的能力？或者说，这些隔离的世界，是如此地密不透风，以至于伊比利亚人不得不大费周章，才能与所登陆地区的民众建立联系？确切地说，不同社会开始接触之时，很有可能就提出了一些问题，诸如什么导致彼此产生隔阂，又是什么使双方的密切关系曙光初现？这些问题，对伊比利亚人和中国人，还有伊比利亚人和古代墨西哥人都较为适用。[1]

伊比利亚人的经验

看起来，欧洲入侵者与其亚洲或美洲印第安的东道主在沟通时似无障碍。但是，其日常表现频现即兴发挥、权宜之计、混乱不安和似是而

---

[1] Stuart Schwartz (ed.), *Implicit Understanding: Observing, Reporting and Reflecting on the Encounter between Europeans and other Peoples in the Early Modern Era*, Cambridge: Cambridge University Press, 1994; 在语言障碍方面，如发挥作用的阿拉伯语、在东南亚混杂使用的马来语，目前研究仍尚付阙如；当地女子与造访者形成的关系，参见 Anthony Reid, "Southeast Asia Categorizations of Europeans", Stuart Schwartz (ed.), *Implicit Understanding: Observing, Reporting and Reflecting on the Encounter between Europeans and other Peoples in the Early Modern Era*, pp. 272–274.

非，在这里我们所理解的"沟通"似乎不是一种智力的交锋，这句话所暗含的意思是说他们不是在进行文化的比较。总之，伊比利亚人及其合作伙伴并不是去探索心智。然而，他们不断面临的问题是适应和生存，这就使得其与周围人口的频繁交流成为必要。

当然，这需要付出最大的努力，因为新来者对中国或墨西哥一无所知。他们抵达一个国家之后，从登陆、定居，到谈判和信息搜集，然后形成一个整体的印象，整个过程轻而易举，有点让人心生不安。无论是葡萄牙人皮莱资，还是卡斯提尔人科尔特斯，给人的普遍印象就是他们都是处理此种问题的个中里手。尽管中墨两国存在很多的状况的确让伊比利亚人感到错愕，但他们很少显露出混乱乃至迷失的迹象。面对意想不到的惊奇，伊比利亚人会突然停住，并展开思考，接着通常会勾连起他们已经有过的所看所知。因此，墨西哥城和广州城的壮观，引出对自己所熟悉城市的对比，如将之比喻为里斯本、威尼斯或格兰纳达。伊比利亚人不断调整着自身作为他者的现实。

对立世界的晦涩难懂，尽管对我们来说这一点不可否认，但是对伊比利亚人好像并不是难以逾越的鸿沟，至少这不是他们的主要关注点之一。但无论如何，这都是他们的主要关注点。事实上，完全理解从来不是沟通的必要先决条件。能够使人理解，就是实现了目标。双方都没有意愿或者计划从事对彼此人种学方面的探究，这样做在当时也是完全不合时宜的。这就解释了中国人在葡萄牙人身上感觉到的不确定性，卡斯提尔人对印第安人的教条式判断，还有各种的刻板印象（神灵、番夷、盗匪等）等，均放大简略草率的印象，这样就固定了彼此的角色，还预设了交流的语境。

事实上，这场历史舞台剧的演员，都不是凡夫俗子。根据编年史家若昂·德·巴罗斯所言，皮莱资"没有什么贵族背景，只是一名药剂师……但在商贸领域，他可能最聪明、最练达……渴望调查和了解一切事物，且头脑活跃"[1]。不只皮莱资如是这般。在马六甲，葡萄牙人给一种其与中国商人平起平坐的直觉。有足够多的机会去观察抵港商旅的总督阿尔布克尔克，对葡萄牙人也不吝赞美。巴罗斯也曾说，"在与葡

---

[1] João de Barros, *III^a Décadas da Asia*, Part I, book 2, Chapter 8, p. 217.

萄牙人的交流时，他看到这些人高贵、文明、通晓科学，而且还不带有印度等其他民族的野蛮行为。"① 四十年后巴罗斯出版的编年史，揭示出葡人与中国人所建立关系之特殊性质。

科尔特斯在印第安人领土上的活动，貌似也没有遇到什么重大障碍；给人留下的印象是，即使遇到些障碍，往往也不是来自于当地的权贵，而是来自于其同胞古巴总督的手下，甚至包括他自己的嫡系人员。在史料中，我们并没有找到相关史料，来揭示出两个对立世界存在着无法沟通的现象。当然，这不是说他们认为民众或社会之间无甚差别，但总的趋势他们想建立相对坚固与和平的桥梁，以便实现最低程度的共存和交流。在一些具体情况下，伊比利亚人笃信自己能理解摆在面前的事务——实际上他们有着过度解释或曲解了本意，而且这种错误、误解、删繁就简和似是而非，往往构成了其理解的基础，当然有时也成为形成联系的动力。

对于卡斯提尔人和葡萄牙人来说，中墨两国都是可被理解的世界。刚开始可以间接地接近他们（正如皮莱资在其《东方诸国记》的做法），或者是尽心学会其语言。起初，这可能意味着要利用本已了解的内容——如格兰纳达的伊斯兰教，使那些令人不安的事务看起来并不是如此（如科尔特斯说他在墨西哥到处看到清真寺）。在这两起事例中，伊比利亚人都确信自己掌握了实施征服和殖民的基要。在这里，我们怎能忘记科尔特斯系统地收集和利用所能掌握的信息，然后择取精华（通常是"政治正确"的内容），并传播到半岛上？拉·玛琳齐不是唯一的信息来源。科尔特斯知道如何让其盟友和受害者，如蒙特祖玛和当地贵族等人成为一流的信息提供者。在乔卢拉，墨西卡人诱使卡斯提尔人陷入布下的陷阱时，正是特拉斯卡拉人帮其"解围"，科尔特斯因此从中获益："当地人表示这实际上是个诡计。"② 同样的，皮莱资也在熟练地使用其资料，《东方诸国记》一书表明他和科尔特斯一样，能够建立一种综合体系，而这种综合体系被威尼斯人赖麦锡（Ramusio）译为意大

---

① João de Barros, *IIIª Décadas da Asia*, Part I, book 2, Chapter 8, p. 215.
② Hernán Cortés, *Letters from Mexico*, ed. Anthony Pagden, New Haven, CT/London: Yale University Press, 1986, p. 71.

利语并传播之后，立即吸引了大量的欧洲专家。

两个人都知道如何打出外交牌，或者就像皮莱资的官方身份，或者就像科尔特斯的善于机变和机会主义。在我们关注的 15 世纪之前，欧洲人不断地完善其外交实践，打磨正式文件，越来越意识到他们各自之间以及与周边地区在概念和风格上的差异[1]。世界不同地区关系的发展，均受益于"外交手段"，而这种新的工具则是在拉丁基督宗教王国之间以及与伊斯兰世界之间拓展而来。在非洲和亚洲的葡萄牙人，已然习惯了与欧洲以外的势力打交道，当然卡斯提尔人也并不落后。格兰纳达战役，使他们面对面接触了马格里布（Maghreb）的掌权者还有埃及的马默鲁克（Mamelukes），而卡斯提尔王国早在 15 世纪初，就遣臣出使帖木儿帝国。亨利八世的使者不仅取得了外交成功，而且还留下了非凡的描述，并因其观察被赞誉为意大利文艺复兴时期最伟大的使者[2]。

皮莱资和科尔特斯的例子表明，规则已经存在，但并不总是适合所到访的国家。葡萄牙人看来，中国人似乎痴迷于尊重习俗："在这些事情上，他们极为敏感"[3]。这就说明了需要付出努力去学习和适应不可避免的摩擦。但是，这对皮莱资和科尔特斯无甚帮助，他们都不是职业的外交官。而且，只有皮莱资才有同外国势力打交道和于此基础上建立商业关系的经验。

正是外交，才能解释科尔特斯为何收集礼物并呈送给皇帝，他在第一批函件中对此有着详述。倘若不是长途航行所导致的不佳状况，那么，墨西哥人的美洲豹将会穿越大西洋，最后与马格里布王子所进奉的狮豹为伍。同样，科尔特斯还叙述了转送给蒙特祖玛的礼物：一个威尼斯玻璃杯，一条珍珠和切割玻璃制成的项链，还有一件丝绒衣服，而且这件丝绒衣服好像还是科尔特斯自己的物品[4]。送出礼物并且毫不吝

---

[1] Stéphane Péquignot, "Les diplomaties occidentales et le mouvement du monde", Patrick Boucheron (ed.), *Histoire du monde au XVe siécle*, Paris: Fayard, 2009, p. 722.

[2] Ruy González de Clavijo, *Embajada a Tamorlán*, ed. Francisco López Estrada, Madrid: Castalia, 2004.

[3] Jin Guoping and Wu Zhiliang, "Uma embaixada com dois embaixadores. Novos dados orientais sobre Tomé Pires e Hoja Yasan", *Administração*, 60, 16 (2003 - 2), p. 697.

[4] Hernán Cortés, *Letters from Mexico*, pp. 100, 85.

啬，虽然有时是临时之计，但却相当重要，因为这能得到适当的回报。

外交也能解释接待仪式。科尔特斯进入墨西哥国门时受到了接待，但是皮莱资在北京却遭到隔离，不得不在南京接受皇帝的私人召见。在15世纪，使节学会了适应当地习俗；皮莱资也同样如此，他俯跪在皇帝面前；至于科尔特斯，他还甚至如印第安人《佛罗伦萨手抄本》所绘制的那样，插上了蒙特祖玛赠送的羽毛：

> 接着他们拿出随身携带的饰物，给科尔特斯戴上王冠和绿岩蛇耳钉……，在他脖子上还绕上辫状的绿岩领圈，中间还有个金色的圆盘。胳膊上还挂着黄金和贝壳交错放置的盾牌……①

在15世纪，不仅是在基督宗教国家之间，还是在其与拜占庭及穆斯林世界的关系中，书面交流愈发重要。在葡萄牙和中国之间，很明显情况也是如此；笔者在前文也已谈及皮莱资所携带的国书。可能有人认为，墨西哥因为缺少字母或表意文字，可能没有书面的交流，但实际情况并非如此。科尔特斯不断地介绍墨西哥的文字，并向皇帝保证，他会与土著贵族达成正式的书面协约。

外交是一种促进和平或引发战争的方式。卡斯提尔入侵者要求土著人认可其皇帝的宗主权，我们也可以将之视为外交手段，其目的是避免流血冲突，但这种行为只会导致一种反应。在某种程度上，具有绝对决定权的中国当局，只接受那些承认其北京霸权的藩邦，基本上这相当于说，只有表示出完全忠诚，其觐见请求才能被接受。这种态度，基本上没有平等互惠的概念。这些主权国家的使臣必须不惜一切代价，避免其君主丢脸。虽然说查理五世在墨西哥不为人知，但科尔特斯还是通过自己的讲述，不断地强调查理皇帝的伟大。皮莱资甘愿接受任何事物——除了他的国王应向中国皇帝跪拜。策略可以机动地调整，但不能超出使团被授予的权限，因此皮莱资不可能就归还马六甲一事进行谈判。

---

① Bernardino de Sahagún, *Historia general de las cosas de Nueva España*, Book XII, Chapter 5, pp. 30 - 31；英译本见 James Lockhart, *We People Here: Nahuatl Accounts of the Conquest of Mexico*, Los Angeles, CA: University of California Press, 1993, pp. 71 - 72.

在地中海，穆斯林和基督徒之间的关系更为融和吗？为了交流，双方都尽量减少利用各自体制中的"法律缺陷"[①]。至于科尔特斯，实际上根本背负官方使命，但还是成功地传达了一种事实，即让接待者蒙特祖玛向查理五世输出忠诚，至于他是如何解释的确实很难知道。科尔特斯所执意坚持的形式与行动，虽然有东施效颦之嫌，但这是外交在16世纪取得进展的重要标志。科尔特斯向蒙特祖玛自荐成为皇帝的特使，并取得巨大成功，为他本人及其团伙在几个月内获得了某种形式的豁免权。

中间人

语言障碍可能阻滞了下一步的进展，但使用中间人负责传递欧洲人的意图和当地人的反应，就很快规避了此类障碍。1517年第一次远征时，西班牙人没有可依靠的人。在第二次远征中，他们有来自卡托切角（Cape Catoche）的两名玛雅人陪同，一名叫梅尔克列霍（Melchorejo），另一名叫朱利亚诺（Juliano）；接着又见到一名会讲牙买加语的印第安妇女，牙买加语与古巴语接近，因此征服者可以听懂。在此次远征过程中，他们遇到的第三个本地人，这个人被雇为舌人，可能用来翻译纳瓦特尔语。然而，许多事情仍然还要通过"手势"完成[②]。在第三次远征时，未来的征服者觅到了有很大作用的中间人，终于弥合两个世界之间的差距：一位名叫拉·玛琳齐的当地女子，还有一名遭遇海难沦落到当地的西班牙人赫罗尼莫·德·阿吉拉尔。玛琳齐将把墨西卡人的纳瓦特尔语译为玛雅语，而阿吉拉尔则将玛雅语译成卡斯提尔语。美丽的印第安人玛琳齐，最终也精通了科尔特斯的语言，加速了双方之间的沟通，从而跳过了玛雅语的中间环节。

在中国，皮莱资能够与整个亚洲发生联系，并获得其相关知识。葡

[①] 参考了吉尔斯·维因斯坦（Gilles Veinstein）的表述，见 Patrick Boucheron (ed.), *Histoire du monde au XVe siécle*, Paris: Fayard, 2009, p. 720.

[②] Bernal Díaz del Castillo, *Historia verdadera de la conquista de la Nueva España*, ed. Joaquín Ramirez Cabañas, Mexico: Porrúa, 1968, vol. 1, pp. 60, 62, 71, 73.

萄牙使团离开马六甲时带了一群通事，很可能是中国人或葡萄牙人。在抵达遥远的北京之前，他们在广州有充足的时间打下关键的基本功。等待批复的几个月，正是学习中文入门知识的好时机，而且北京朝廷处理事务节奏缓慢，也给他们提供了了解周围人群和当地习俗的机会。

在亚洲和美洲，伊比利亚人所雇用的通译，要么是本地人，要么是已经"入乡随俗"的欧洲人。在墨西哥，似乎没有任何专业的通译，虽然其商人"波切特卡斯"可能会雇佣当地的通话人帮助做生意。不管如何，在面对欧洲人时，这些商人只能仰仗于西班牙人训练的当地通译；或利用生活在尤卡坦地区，遭玛雅人俘虏的西班牙人阿吉拉尔。可以说，就通译来说，它们无法与中国和东南亚之间既存的长期且频繁的关系相比。相比之下，安达卢西亚的阿吉拉尔和印第安人玛琳齐，不得不尽心尽力地学习。

亚洲和美洲一样，口译是关键的中间人，在沟通的开始阶段，相当程度上对其有很大的依赖。但是，误会和失败也时有发生。在这里有必要回忆下，皮莱资当时携带三封函件抵达北京：第一封信上有曼努埃尔国王的封印；第二封信则是远征队舰队指挥官费尔南·佩雷斯·德·安德拉德所写，并由通译翻译成中文；第三封信来自葡人自任之"广州总督"。前两封信明显有所抵牾。在第二封信中，通译所翻译的舰队指挥官之话语，符合中国惯例：葡王像是一个藩邦的君主，听命于"上帝之子，普天之主"。但是，在曼努埃尔国王的国书中，却没有类似的表述，虽然说其内容展现出外交礼节，但绝无臣服之意。对此，礼部立刻要求给出解释。结果葡萄牙人迁怒于通译，使得情形更加糟糕，最终造成混乱，北京议绝使团。我们可能会认为因为翻译之错误，从而带来无法交流的问题。中文史料《明武宗实录》甚至还有文说，夷人言行桎梏，其隐患如疽之在背[①]。从中可以看出，中国人感知到了葡萄牙使团身上的晦涩。帝国当局领会到，摆在他们面前的葡人之图谋，实则是含糊不清且疑点重重。而亲睹葡人之种种行为，更丧失了对他们的信任感。

---

① Jin Guoping and Wu Zhiliang, "Uma embaixada com dois embaixadores. Novos dados orientais sobre Tomé Pires e Hoja Yasan", *Administração*, 60, 16 (2003-2), p. 700, n. 78.

进一步审视的话，我们会发现因通译所造成的外交丑行，并不是不同语言之间翻译的困难或错误所致。恰恰相反，它是缘自通译的理解能力问题，葡萄牙人将之视为"政治错误"问题。他们自己也是如是解释。根本没有接触到国书，他们何谈忠实于曼努埃尔国王呢（信件密封，没有人可以打开或者阅读）？他们又是怎么获悉国书内容呢？因此，在这种情况下，为什么不将葡萄牙语函件转变为符合朝廷的外交惯例，"遵照中国习俗……，根据其国惯例"？① 除此之外，他们还能做些什么？译者的这种行为，非因他们理解失误或忽视了信息的意义，而是由于他们渴望适应中国人看待事物的方式，即使违背了葡萄牙谈判者的真实意图，结果是使团因通译的这种创造而窘态百出。通译将葡王变成中国皇帝的忠诚臣属，既没有理由，也非客观事实。

皇帝因意外事故而驾崩，加重了本已糟糕的外交失礼。早就有所疑心的中国当局，更加冷遇这些外人，不仅认为他们不遵其祖制，而且还仓促回绝他们所呈递来的中文国书。从那时起，皮莱资使团的命运就注定了：不仅信函被认为是冒充的，而且这些外人也是在招摇撞骗。"对他们来说，我们以欺诈的方式进入中国，目的是看看这个国家，而且这些信件的矛盾也说明我们就是在诓骗。"② 中国人烧毁了曼努埃尔的国书。新帝继位，遣返外人，葡萄牙人被押往广州，还剥夺了所有外交名号；更糟的是，这些人还被指控为间谍。

在出使中国之前，皮莱资使团已然获悉中国礼仪的吹毛求疵，以及北京强加给外部世界的外交关系限制，但是他们还是中和了葡萄牙人的逻辑思维。皮莱资可能低估了帝国虚荣的强度和根深蒂固。除此之外，在中国，通事一向被认为与外人有勾结，因为皮莱资与其同伙所遭受的压制，并不是孤案。这些来路可疑的通事——帝国素来厌恶中国化外之民，经常被指责代表雇主行事，并且违反了闭关锁国的律例。在墨西哥，总是即兴翻译的舌人，有着不同方式的反应，受制于均势的变化。其中一些人，厌倦了卡斯提尔人的操纵，逃离并回到了土著世界。还有

---

① Raffaella D'Intino, *Enformação das cousas da China*: Textos do século XVI, Lisbon: Imprensa nacional, Casa da Moeda, 1989, pp. 8, 7.

② Ibid., pp. 20, 8.

一些人，自信自己所占的能够获胜，尽忠服务于其主人，如玛琳齐就热衷顺从于科尔特斯的利益。在墨西哥和亚洲，女子扮演了中间人和合作者的角色——在两性、政治或商业上都不应该低估其价值，不管关于她们的材料在这个问题是多么地谨慎。

应对差异

在墨西哥，卡斯提尔人和印第安人没有以同样的方式看待他们之间的差异。欧洲人/美洲印第安人这种二分法，只对我们有意义。我们可以用来将印第安人与格兰纳达的穆斯林或加勒比的土著人民做对比，而卡斯提尔人或基督徒通常就是入侵者。

对于中美洲的居民来说，则大有不同，对他们来说，卡斯提尔人定是来自某个城邦。在他们看来，卡斯提尔人既不是来自某个国家，也不是来自于某个大陆，更不是来自某个独特宗教。此外，非常罕见的是，当地人将入侵者普遍地定义为"我们的民族"（mican titlaca）。[1] 缺乏任何背景和信息，他们不得不仰仗于地方习惯，进而减弱所见新事物的奇异性。因此，石弩变成了"木制吊索"；马变成了"鹿"；"火绳枪"成为"手持火号"，等等。任何新生事物均被驯化和吸收，这与征服史学所给的印象相反。如上所述，虽然从欧洲人的视角，他们认为科尔特斯的冒险实则是文明之间的冲突，但中美洲居民最初并不是这样认为。这只是事后之认识。只是到了殖民社会得到巩固、剥削和瘟疫带来破坏、还有天主教带来传教运动之后，被击败的地方社群才意识到他们付出惨痛的历史已经翻页了。

对卡斯提尔人来说，在过了"牺牲岛"之后，他们才开始意识到城镇、堡垒、商人和宗教建筑的存在，而且后者还被称为"清真寺"。最令他们震惊的，不是宗教本身所表现出来的一系列外在行为，而是看到了与天主教相悖的宗教表现：偶像崇拜，食人和人祭。宗教本质上带有的惊人的偏差，激起入侵者极端排斥的感觉。在公开送往西班牙王宫的

---

[1] James Lockhart, *We People Here*: *Nahuatl Accounts of the Conquest of Mexico*, Los Angeles, CA: University of California Press, 1993.

函件内容里，科尔特斯等人表现出无可摘责的正统方式：冒险砸了神龛，要求当地人换上天主教肖像，拒绝接触牺牲的肉体，还强烈反对这种做法。

事实上，现实远远不同于反馈给西班牙当局的情况。科尔特斯只是故意表现出反对食人的行为，但实际上容忍了其土著盟友，就好像他不得不闭上眼睛，无视这些人偶像崇拜的做法。今天来看，当时他别无选择，只能在言语上传达根本无法消除的差异；也就是说，只有接受这些分歧，才能避免危及他奉行的与土著群体结盟的政策。伊比利亚半岛基督宗教王国所实行的宽容限制，也被应用到墨西哥这片领土上，并根据权势的发展随时发生调整。事实上，在这一时期，格兰纳达王国和西班牙其他地区，仍然在容忍穆斯林的做法；这距离16世纪下半叶所表现出的态度强硬化这种标志，还有一段距离。

正如我们所见，美洲印第安人把造访者称为"神使"，力图定义和掌握这些人身上的差异，该词本身就有着指代上的矛盾，其意义后来也发生了变化。很难进一步分析搜集而来的当地史料，这是因为由于战败、殖民化和基督宗教化，各种极端偏见也随之衍生。从手头所掌握的稀有史料来看，在从最初的阶段，墨西卡人似乎把卡斯提尔人及其土著盟友归为一类，认为这些人乃是三邦联盟之宿敌。一段时期之后，中美洲居民才习惯将殖民地土著人与借其登陆而来的征服者进行分类，此后才理解到在一个遥远的世界中，居住着一个名叫"卡斯提尔人"的人群。

在中国，葡萄牙人对东道主身上的差异亦有所警惕。由于远离故土，无论是在非洲沿海、印度洋的海岸，还是在遥远的东南亚，就像皮莱资在其《东方诸国记》中指出的那样，他们不断经历各种各样的差异。较之新大陆的卡斯提尔人，葡萄牙人的敏感性和注意力看起来更加敏锐，主要是因为他们从通译身上得到了更多的信息，还与所行经的区域和外部世界有了上千年的接触。事物、民众、情况和语境，都比墨西哥更容易理解。还有，说葡萄牙人灵活多变也有一定的道理，在很大程度上这是因为他们要直接面对所遭遇到的王国和社会，而且还往往处于不利的地位。在这点上，中国的例证最为突出，在这里葡萄牙人处于危险的境遇。在中国，关于差异的问题，关于他者的问题，是中国人而不是欧洲人提出来的。

中国人不同于墨西哥的印第安人，中国人将世界分为中国人和蛮夷；而葡萄牙人是最坏的蛮夷。因此，造访者发现自己好似热锅上的蚂蚁。他们的差异，是中国人反复讨论的问题。中国人迫使葡萄牙人将自己的奇特视为永久性的缺陷，这种缺陷缘于无视中国的习俗，也给自己打上了蛮夷和下等人的标志。如，皮莱资乘葡萄牙船舰抵达广州时，船员们鸣放礼炮，展开旗帜，本来认为这是适宜之举，且符合于葡萄牙习俗，关键是中国商旅在马六甲也曾有这样的做法①。葡萄牙人可能在诚心行事，但却惊吓到了广东人，地方官府当局提醒他们，说中国人概难接受此种拙劣方式。从这时起，葡萄牙人不得不去熟悉"中国风格"、习惯和行为方式。对于这些，他们本来一无所知，但是东道主竭力向之灌输。在广州习礼了很长时间，葡萄牙人也没有搞清楚自己到底是被安置在大清真寺还是佛教寺庙。中国当局不厌其烦地告诉这些造访者，说中国人优于他们。而且，这些中国人还深信，当地的富饶和财富，定会打动这批外人。当然，葡萄牙人并不愚蠢。他们清楚地知道，中国当局有意怠慢使团，实际上是故意设计的策略，其目的是显示"他们种族的威严和气场"，从而让葡萄牙人为之倾倒。②

不是所有的中国人都这么特别。葡萄牙人的无知和率性，可能使抚台级别的官员感到震惊，但他们似乎取悦了皇帝，而皇帝成为这些造访者的护身甲。事实上，正德帝乐于打破官僚主义之枷锁，因此，他表现出异常开放的思想。正德帝修建"豹房"，主要是为了摆脱紫禁城之束缚；另外，他还结交西藏僧人、穆斯林阿訇、中亚及回族乃至蒙古的法师。在掌握蒙古语和藏语的基础知识之后，他喜欢与蒙古和穆斯林使臣交谈，穿其服饰，品其菜肴③。他的兴趣日渐抬升，最后他竟然还关注

---

① João de Barros, *IIIª Décadas da Asia*, part 1, book 2, Chapter 8, p. 211.
② Ibid., p. 212.
③ David M. Robinson, "The Ming Court and the Legacy of Yuan Mongols", in David M. Robinson (ed.), *Culture, Courtiers and Competition: The Ming Court (1368 - 1644)*, Cambridge, MA: Harvard University Press, 2008, p. 401.

"古兰经"的饮食处方。他的口号是"怀柔远人"①。

葡萄牙人受益于皇帝对外国世界的好奇,由此我们可以更清楚地看出,皇帝之死对他们来说是多么严重的打击。北京的朝鲜观察家,也有着和正德帝同样的兴趣。他们发现这些葡萄牙人特别"开明",很惊讶看到葡人所穿的鹅毛织造的衣服(实际上是天鹅绒),还对葡人所持的书册之印刷装帧印象深刻:"体似真言谚文,而其精细无比"②。

解密社会

一般来说,伊比利亚人认为自己已经充分理解所发现社会的具体特征,并且能够分析并识别他们的弱点。在这里,我们应谨小慎微,不要以征服和殖民的成败来衡量他们理解问题的深度,尽管有人试图将科尔特斯的胜利与其分析能力联系起来,并将葡萄牙的失败归因于政治和社会的短见。我们真的相信卡斯提尔人了解墨西哥,比葡萄牙人了解中国更多吗?

在我看来成功的标准大有问题。的确,西班牙人和葡萄牙人错过了一些至关重要的方面,但这不能表明,准备更为充分的我们,在当下能更好地面对21世纪的中国和墨西哥。伊比利亚人能够掌握他们所入侵社会的一些方面,并识别其中的变化和矛盾,从而搜集足够的信息,来制定征服和殖民规划,并且西班牙这个事例还成功地付诸了实践。西班牙人之所以能够如此,就是积极谋求与地方结盟,如同当今的任何一个侵略者。看来,中国当局指控葡萄牙人从事间谍活动,并非毫无意义。

进一步深入来说,当时就有人感觉到"全球范围"的开始出现,即:在世界范围的空间,所有的流通和所有的相遇皆有可能,并且建立在定期交换的必要基础之上。地球上的大部分地区,都存在各种数量的"妥协",在这里宗教与文明交织并存③。葡萄牙人东

---

① Ibid. 主要参考俞汝楫《吏部志稿》。

② Jin Guoping and Wu Zhiliang, "Uma embaixada com dois embaixadores. Novos dados orientais sobre Tomé Pires e Hoja Yasan", *Administração*, 60, 16 (2003 – 2), p. 709, 原载于《李朝实录》。

③ Richard White, *The Middle Ground: Indians, Empires, and Republics in the Great Lakes Region, 1650 – 1850*, Cambridge: Cambridge University Press, 1991.

来中国，卡斯提尔人西去墨西哥，都扩展了欧洲人已知世界的地理空间。对它们逐一观之，会发现这些区域基本同时经历了首次尝试性的行动，其目的是让全球同步，最终把世界的不同区域逐个放置进同一个波段。

第十一章　世界上最大的城市

很多城市堡垒坐落在中华大地上，均用石头砌砖，石灰抹缝。国王居住之城，名汗八里。此地人口庞大，贵族众多，马匹无数。

皮莱资：《东方诸国记》

大都会特诺奇蒂特兰建在盐湖上……，有四条人造堤道通往该城，每条的宽度，基本上等于两个骑兵所持长矛的长度之和。

科尔特斯：《第二批信函》

伊比利亚半岛，还有接下来的西欧诸国，它们统治世界最隐蔽的方式之一，就是用语言、地图和图片来描述所探索和殖民的领土。伊比利亚人针对两个世界的不同计划，不管是胜利还是灾难，都注定将这两个世界赫然推进欧洲人的视野。可以说，他们为我们描绘了关于中国和墨西哥及其城市的第一幅景象。这一对国家进入世界舞台，尽管彼此不一致但在时间上同步，对墨西哥来说这是改朝换代，对中国而言则是无关痛痒。总之，中、墨迈入世界舞台，都是世界意识和全球想象关键发展阶段的表征。

地理学或刺探术

得益于皮莱资《东方诸国记》还有些不太重要的文本，在欧洲人的著述中，中国看起来比新大陆墨西哥出现的次数要稍多些。不幸的皮莱资首先描绘的明代中国之图景，其质量可谓是名副其实，其时葡萄牙人和意大利人开始频现中国海岸。事实上，皮莱资在去往中国之前，就写成了此书。

被困广州时期,克里斯托瓦·维埃拉和巴斯科·卡尔弗开始收集大量信息,但他们的好奇心几乎不受东道主欢迎,且不喜让他们自由来去。同皮莱资一样,这两人在介绍中国概况时,事实充分,数据翔实。首先,他们简要介绍了行政概况和经济地理情形,还描述了中国的十五行省和南北二京:南京和北京,分别给出了相应的纬度,但只是简单说北京在地理纬度上高于南京;城镇散布在海岸线附近;交通主要通过水路,陆路不够安全;南北之间没有水路可通,以免国家受到侵犯[1];南京与北京之间的沟通,多仰仗水路,北京的大部分食物要从南方运输。他们还重点关注广西、广东和福建这三个南部省份,显然,这是葡萄牙人最感兴趣也最了解的三省。山脉将这三个省份与其他十二省份隔离开来,它们之间只有两条路通行,且"陡峭难行"。关于广州及其周边地区,他们具体描述了广州城还有海南岛沿岸以及珠江河口,其目的是为葡萄牙的入侵做准备。在卡尔弗和维埃拉之行文中,我们发现军火库多集中在广州附近,还有海洋是该省的脐带,据此可以理解他们为何认为,当地除非拥有海上优势,否则根本无法抵御葡萄牙人的海上攻击。这些观察结果,坐实了中国人谴责外人从事情报刺探之指控。事实上,正因如此,我们确实不知如何解释卡尔弗和维埃拉的这些信函。

因农业和商业财富,广东成为中国最繁荣的省份。对进口货物征收的关税,填满了国库,也塞饱了官吏。广东盛产"绳具、亚麻、绸棉衣服",还会捕捞珍珠,种植槟榔——"中国的最好的东西"。[2]它甚至是这个国家产铁的唯一地区。这种金属常用来做壶、钉子、武器和各类铁制品。众所周知,这里有许多熟练的工匠,因此可以像商品一样出口:"从这里每年都有四五千人被雇走,即使这样也没给该国带来任何损失。"

维埃拉和他的同伴似乎也窥探到了司法和行政体制的秘密。在监狱和刑堂穿梭了几个月,他们慢慢熟悉了中国官僚机构的奥秘。他们详述了官吏的等级、权力的分配、官员的任免和调动;解释了各种官场上的

---

[1] Raffaella D'Intino, *Enformação das cousas da China*: *Textos do século XVI*, Lisbon: Imprensa nacional, Casa da Moeda, 1989, pp. 48, 23, 21.

[2] Ibid., p. 49.

不断和意外之变化,甚至还介绍了职业结构。维埃拉得出了非常消极的结论,且与欧洲观察家对中国的长期推崇形成鲜明的对比:腐败无处不在,地方官员往往中饱私囊,无视百姓福祉,最大限度地榨取民脂民膏:"官员对百姓的虐待,超过地狱恶魔。"不良的管理,是政府败坏和失去控制的表征。百姓义无反顾地变身为罪犯和盗匪;在没有河流的地区,许多人在造反,叛乱多达千次,因此,在那里集中了刑狱及官军的力量。如果他们对惩罚和刑罚之描述可信,那么,不管是最轻的惩戒还是最重的酷刑,这种压制都是极端残酷。除此之外,相当于葡萄牙的"degredo"的流放,在中国刑罚上似乎是宽宥之至。

接下来,卡尔弗和维埃拉转而描述军队和防御。似乎葡萄牙人对这个领域不屑一顾。领导人呢?武官处于官僚的边缘地位,不具备司法权,只能管辖属下。这些人总是会因琐事而遭到弹劾,其待遇不比农民好。士兵呢?士兵通常来自罪犯。他们一般因犯罪而被发配到遥远的省份,在那里充军。武器呢?卡尔弗和维埃拉还简单地谈到了大炮:"葡萄牙人到来之前,这里没有火炮,只有一种类型的炮……而且数量不多。"[①] 百姓被严禁配备武器,军士解甲归田之后也要上交兵器。防御、各类工事、堡垒、护城墙还有城门,更是巨细无遗、言简意赅且面面俱到。

那中国舰队又是如何?大部分是海盗的舢板船,海盗与广东官府达成协议,为官家服务。船员们为"泛泛之辈、微不足道",是被强制过来入役的,其中多是小伙子,缺乏经验。1523年的暴风雨,摧毁了大部分船舰,由此可以推断广州城只能仰仗城墙进行防御。因此,对之实不足惧。

农民的境况又怎么样呢?农民们承担过重的税赋,被迫卖地鬻子。在没有被官府传唤为其服役的时候,他们就会在馆宅被过路的官员或者更高级别的官员所役使。缴纳赋税之后,他们基本上一贫如洗。如果有人拒绝,那么所有东西都会被没收,人也会被投进监狱。在这种情况下,他们只好选择遵守,准备忍受各种羞辱:"被迫把脸贴到地上,听

---

① Raffaella D'Intino, *Enformação das cousas da China*: Textos do século XVI, Lisbon: Imprensa nacional, Casa da Moeda, 1989, p. 25.

着、看着官员，好像这个人就像雷公似的。"最终结果呢？人们陷入苦难之中：因琐事被投入狱；"每天，大量百姓遭到逮捕，只有少数人被放掉了；罪犯最后像牲口似的在监狱中被活活饿死。"在近代之前的数世纪，民众运动受到极其严格的控制。假如没有官府允许，不得离家20里格之外。要离家的民众必须购买许可证，上面列有姓名和年龄等相关情况。到处都布满密探，若未携带凭证，会很容易被官府发现，从而被当作强盗逮捕，受到严厉惩处。

虽然上述信息不是太多，但毕竟是中葡之间的初次相遇，可以说是内容丰富。卡尔弗和维埃拉的分析，明显服务于一个想法，即追求征服不但可行，且有必要。然而，两位作者还揭示了其包罗万象的好奇心，还有非凡的智慧。卡尔弗所描绘的图景，基于他设法获得的一份中文文献："我有本关于十五行省的书籍，其内容详尽分析了各省的城市、集镇还有下属之地，还论及各地方的行政体系、从官之人及其概况。"卡尔弗还隐约说出了自己的一些手段：在入狱和生病期间，他学会了阅读和书写中文，而且还得到一位翻译的帮助，从而充分利用了这本书，当然他隐瞒了这名翻译的姓名。这本书中还包括了广东辖属地图："上面标着河流、城市，大概标有十座城市，每个城市的名字都标在页脚。"卡尔弗还注意到了十多个村镇，"每个都是埃武拉（Evora）镇的十倍之大"，之外，他还估算出河口地区的岛屿到广州城为50—60里格。

这番描绘，虽然是首次尝试且平淡无奇，但它汇集来自中国的书面和地图信息；提供了中国各方面的详细信息，涉及作者实际看到区域的所有情形，其间还偶尔与葡萄牙的大都会里斯本有着一番比较——"广州和葡萄牙里斯本是相同类型的城镇"[1]。

世界上最大的城市

1519年11月伊比利亚人发现墨西哥—特诺奇蒂特兰，1520年12月发现北京，中间只隔了一年多一点的时间。穿过中国和墨西哥高原的

---

[1] Raffaella D'Intino, *Enformação das cousas da China*: *Textos do século* XVI, Lisbon: Imprensa nacional, Casa da Moeda, 1989, pp. 27, 28, 29.

乡村时，他们遇见了一些城市，其中也有首都：南京是天朝的首都，特拉斯卡拉则是中美洲的都城。从北京到墨西哥，欧洲人不得不应对所进入世界的奇异，知道自己随时都有可能被这些城市吞没。伊比利亚人的描述之所以无与伦比，是因为他们以自己的方式所面对的城市，并不像莱昂·巴蒂斯塔·阿尔伯蒂（Leon Battista Alberti）或阿尔布雷特·丢勒等理论家所定义的城市类型，当时有诸多伟大的城市模式出现在星球上：中国城市、中美洲城市、伊比利亚城市还有深受其影响的阿拉伯－安达卢西亚城市。我们手头上没有亚洲或美洲如何看待欧洲城镇的资料；中美洲和中国的居民，不得不将葡萄牙或西班牙的城镇想象成阿兹特克的城邦，或者是中国的城市。最多，一些广州或福建的商人只是了解到了葡萄牙人在马六甲的居点，但产生的效果不大，这是因为来自里斯本的新来者在1511年征服之后，几乎没有时间开展城市建设。

这不是普通的相遇。但是，墨西哥—特诺奇蒂特兰还不是墨西哥的首都，而是三邦联盟的主要城市，控制着从大西洋延伸到太平洋岸之间的大部分高原领土。据估计，在西班牙人到达时，墨西哥—特诺奇蒂特兰约有25万人口。无可争议，它是美洲地区的大都会，现在仍是如此[1]。城市规划呈四方形，清晰地体现了神都之城特奥蒂瓦坎（Teotihuacan）的影响，布局上参照天象学原理，朝向上按照星盘的指向，城市发展上实际上是以巨大的宗教中心广场为基点向外自生增长，这个中心后来取代了纳瓦城的主要传统广场。大神庙（Templo mayor）位于宗教建筑群的中心，它是城市的制高点，街道以此为中心向外辐射，并将城市分为4个区域。

墨西哥—特诺奇蒂特兰在14世纪初才建立起来，相反，北京在公元前一千余年就已建城。明代之北京，乃巨大帝国的中心，国土从蒙古边境延伸到印度支那半岛，从中亚延伸到中国海岸[2]。经半个多世纪的晦暗之后，北京由大都复名，大都自13世纪下半叶以来就是蒙古权力的中心。"大都"即马可·波罗笔下的"汗八里"；当时其人口已逾50

---

[1] Michael E. Smith, *Aztec City-State Capitals*, Gainesville, FL: University of Florida, 2008.
[2] Jianfei Zhu, *Chinese Spatial Strategies: Imperial Beijing 1420–1911*, London: Routledge Curzon, 2004, p. 103.

万。1420 年，为了让亚洲臣服于中国中心秩序，永乐帝决定重塑古老蒙古首都昔日的辉煌①。他赐名该地为北京，意为"北方的首都"，该名一直沿用至今。接下来的北京，好像是意识形态的物化，目的是提升儒家价值；它成为政治计划的具体体现，旨在集中权力，并对抗来自北方的威胁。16 世纪中期，城市规模成型，一直保留到 20 世纪初。如今，它是继上海之后的中国第二大城市。

如果说墨西哥—特诺奇蒂特兰城的中心也是世界的中心，以大神庙为标志，那么，北京的中心就是"紫禁城"②。所谓"紫禁城"，是"紫微星垣"之意，它是天帝居所，位于天宫之枢。在这里，城市实现了"阴"与"阳"在天象学上的结合；它还镌刻着新儒家的印记，认为帝王乃是至圣贤人，替天行道。中国或墨西哥的这类城市，往往以宇宙中心自居，在西班牙王朝的城市巴里亚多利德，甚至是古代王朝奈斯里德（Nasrid）的首都格兰纳达，都没有类似的表达。距离西班牙较远的罗马和耶路撒冷，其城市在意涵上最接近于基督宗教的欧洲，但仍然相去甚远。

伊比利亚人对这些中国或墨西哥城市有什么了解？基本上，伊比利亚人只是在外部予以观察，如拥有众多的人口、丰盈的财富和商品、现有的军事力量和面临的潜在威胁。不是所有的卡斯提尔人和葡萄牙人都满腹经纶，但只要受过丁点经典教育的人，就会知道城市乃是文明社会的标准。一个人在城镇里生活，就彰显出他是居住在"一个拥有理智和理性的国家"③。正如亚里士多德（Aristotle）所阐释的，城市是公共的，它是社会生活的主要场所；也如拉斯卡萨斯关于美洲印第安人的辩论中所反复重申的观点。

多明我会拉斯卡萨斯利用这个古老的论点来捍卫新大陆居民的理

---

① Jianfei Zhu, *Chinese Spatial Strategies*: *Imperial Beijing 1420 – 1911*, London: Routledge Curzon, 2004, p. 4; Eduardo Mators Moctezuma et al., "Tenochtitlan y Tlatelolco", in *Siete ciudades antiguas de Mesoamérica. Sociedad y medio ambiente*, Mexico: Instituto nacional de Antropología e Historia, 2011, pp. 360 – 435.

② Gilles Béguin et al., *L'ABCdaire de la Cité interdite*, Paris: Flammarion, 2007.

③ Bartolomé de las Casas, *Antropología historia sumaria*, ed. Edmundo O'Gorman, Mexico: UNAM, 1967, vol. 1, p. 237.

性。他是第一个描绘美洲前哥伦布时期美洲城市的全景画面的人，涉及北美的西波拉（Cibola）到印加人的库斯科（Cuzco），再到蒂亚瓦纳科（Tiahuanaco）废墟①。时至16世纪，当人们想到美洲人时，就会联想到城市。与高贵的野蛮人针锋相对，完全反对欧洲人的陈词滥调，拉斯卡萨斯捍卫了印第安市民及其城市的形象：

> 这些人作为理性的人，在社会中生活，聚集在我们称为城镇和城市的区域……这些地方不是微不足道，而是大型且令人钦佩的城市，到处都有大型建筑，许多地方都有装饰，其中的一些又大又好，好比是理性之人鹤立鸡群一样。②

城市的形象，不仅使墨西哥社会提升到古代世界社会的层次，而且推动中国社会进入了人类的最高级别。

像里斯本，或像萨拉曼卡

西班牙人抵达尤卡坦海岸，就立即标志着他们与所相遇的岛国世界，在关系上有了阶跃式的变化。

> 在船上，我们远眺看到一个大的聚集地，离岸约二里格，我们把它看作一个重要的城镇，无论是在古巴岛还是伊斯帕尼奥拉岛，都没见过这种地方，便给它取名大开罗。③

马默鲁克的首都，在这里成为参照物。一个多世纪后，开罗城被苏格兰人威廉·里斯格乌（William Lithgow）称为"地球上最令人钦佩的城市"④。不是格兰纳达，不是萨拉曼卡，也不是威尼斯，而是具有非

---

① 拉斯卡萨斯还声称墨西哥有一百万居民，见前引书第265页。
② Ibid., pp. 304–305.
③ Bernal Díaz del Castillo, *Historia verdadera de la conquista de la Nueva España*, ed. Joaquín Ramirez Cabañas, Mexico: Porrúa, 1968, vol. 1, p. 45.
④ William Lithgow, *Rare Adventures and Painful Peregrinations*, London: 1632.

洲情调的开罗，在这里作为陪衬，彰显着 1517 年的远征所跨越的门槛。

城镇的存在，改变了卡斯提尔人的发现进程。直到最后，这些造访者在看到另外城镇时，还会想起他们所离开的那个世界。在沿海的定居点，他们还发现了商人和祭司。很明显，城市生活乃是文明人口的见证："这里的民众有秩序，聪明，最好的非洲人也比不上他们。"[①] 他们发现的第一个聚集地，是位于尤卡坦半岛的玛雅人的城镇，坐落在卡托切角，在尤卡坦半岛的东北方向。两个星期后，在坎佩切，卡斯提尔人从船上看到了另一个普韦布洛（"村庄"之意），"看起来相当大"。在那里，他们发现了"非常大的建筑物"，这是敬奉偶像的场所，质量很好，用石头和石灰建成[②]。直到第 3 次远征（1519 年），进入内地之后的几个月内，征服者在最终达到墨西哥—特诺奇蒂特兰之前，才遇到一些高原城市。

在第一批信函（1519 年 7 月）中，科尔特斯只是谈及普韦布洛而已，其中的一些城市尽管"规模庞大且组织良好"。在第二批信函中，他介绍了一些类别的城镇和村落，这些都是在后来"遗失的"信函中所提到的聚集地，曾在进发墨西哥的路途中与之相遇：塞姆波阿拉（Cempoala）、纳瓦特卡特尔（Nautecatl）、特拉斯卡拉、乔卢拉，还有远征中的明星城市墨西哥—特诺奇蒂特兰，后者还被他系统地描述为"大城市"[③]。卡斯提尔人发现了许多"小镇"（villa）和"堡垒"（fortalezas），尽管两者似乎没有明确的区分[④]。使用这种意义不明确的术语，并不仅仅是对他们所发现新定居点规模之反映。它给人的印象是，科尔特斯将会不遗余力地给其发现戴上非凡事件的光环。因此，即使是像伊兹塔奎马克蒂兰（Iztaquimaxtitlan）这种小地方也被捧上了天，说其面积"大约三四里格"，"整个西班牙中部也难以找到这样的堡垒"[⑤]。

[①] Hernán Cortés, *Letters from Mexico*, ed. Anthony Pagden, New Haven, CT/London: Yale University Press, 1986, p. 68.

[②] Bernal Díaz del Castillo, *Historia verdadera de la conquista de la Nueva España*, ed. Joaquín Ramirez Cabañas, Mexico: Porrúa, 1968, vol. 1, pp. 47 - 48.

[③] Hernán Cortés, *Letters from Mexico*.

[④] "Villa y fortaleza de Ceyxnacan", Ibid., p. 55；塞姆波阿拉一地至少有 50 座小镇和堡垒，见前引书第 50 页。

[⑤] Ibid., pp. 56, 57.

最后，科尔特斯还描述了"aldeas"（小镇）和"alquerías"（村庄），它们在规模上要小得多①。在科尔特斯的所看所见中，阿拉伯人的遗产和拉丁人的传统发挥了同样的作用："村落"和"小镇"从远的地方说其意可追溯到拉丁和罗马占领时期，关键是"aldeas"和"alquerías"乃是来源自阿拉伯人的词汇，明显这是穆斯林长达数世纪统治西班牙所带来影响之余绪。通常，他会对城镇的人口进行估计：三邦联盟之特斯科科的人口应有"三万居民之多"；而小一点的城镇通常有三四千居民②。此外，他还注意到城镇地形的显著特点：在伊兹塔奎马克蒂兰这个地方，科尔特斯对比了其市中心与近郊，近郊的居民有"非常好的房子"，比生活在谷地的居民要富裕，谷地里的民众更靠近河流③。

总的来说，这番景象是非常正面的。对科尔特斯来说，墨西哥没有理由嫉妒西班牙："在西班牙人的行程中，共路过三个省份，这里有美丽的土地，有许多城镇，有大量的群落，还有既多又好的建筑，他们都说在西班牙也难以比肩。"不可避免地，入侵者会进行主观比较——与布尔戈斯、格兰纳达、塞维利亚、科尔多瓦或萨拉曼卡，但都比不上墨西哥。在比较中，征服者一般会提到自己熟悉的卡斯提尔和安达卢西亚的城镇，但偶尔提及曾经造访过的意大利的城市，也会提到一些道听途说而来的遥远都城，如奥斯曼帝国和埃及的马默鲁克。这些都是卡斯提尔人在16世纪想象和构建城镇的表征，只不过是用言语将之表达出来，不断地评估和解释自己的所看所见。因此，特拉斯卡拉对其来说"要大得多"，人口要比格兰纳达"多得多"；食品供应不断，有个市场"每天有三万多人来这里买卖"，还有"世界上布局最为良好的广场或集市"④。

这就是世界意识产生的开始吗？当然，其行文有修辞夸张之表现，

---

① "Aldea"来自阿拉伯语中的"al-day'a"，译成卡斯提尔语即"villa"（小镇）之意；"alquerías"来自阿拉伯语中的"al-quria"，被西班牙语用来表示"村庄"（hamlet）或"独屋"（isolated house）之意。
② Hernán Cortés, *Letters from Mexico*, p. 96.
③ Ibid., p. 57.
④ Ibid., pp. 92, 67.

但也很明显的是，比较墨西哥城镇与欧洲、亚洲和非洲的城市，这个事实意味着在其思维方式中，全球视野正在替代伊比利亚和地中海的视野。在这种转变中，认知中的美洲由墨西哥演变为整片大陆，从而揭示出美洲在世界意识的出现中发挥了关键的推动作用。这与中国有所不同，中国只是增加了他们早就了解很久的亚洲的知识。明代中国只是多增添一片拼图而已；墨西哥增添的拼图，则是在全球整体概念中被人遗失的那块，而且这块拼图通过城镇向西方展现了其人类的生活与高度的文明。

研究印第安城镇的另一种方法，就是通过它们身上的政治形式单一性。特拉斯卡拉很快引起了科尔特斯的注意，因为该地是寡头政治所在地，类同于"威尼斯（Venice）共和国、热那亚（Genoa）共和国或比萨（Pisa）共和国"，与墨西卡和特斯科科所奉行的君主制相反。但在所有原因中，城镇最为重要：如上所述，印第安人通过所属的城市确定自己的身份；这对科尔特斯这样的人来说可谓是意义重大，前文提到在科尔特斯眼里，他认为自己最重要和首要的身份就是麦德林人。命名特拉斯卡拉人或乔卢拉人，这个事实意味着土著人在出现时就是一个模糊不清、湮没无闻、缺乏历史的群体，而"印第安"这个词汇就已暗示出这一点。城邦是中美洲地缘政治的核心，这一点很快被科尔特斯抓住了。

墨西哥—特诺奇蒂特兰，是他们在这个国家进行长途跋涉的目标，迈过这个门槛可以说既是量变更是质变。西班牙人未踏上这片土地之前，就已经为之着迷。看到一座城市建在湖泊中间，又处在两座火山之间的谷地上，焉能不使人感到震惊。从一开始，墨西哥当局就费尽周折，展现蒙特祖玛首都之辉煌，目的是给造访者留下深刻印象。故而，西班牙人与这座城市的首次接触，既有视觉冲击之维度，又富有政治意义。通道、可移动的桥梁、笔直宽阔的街道，两侧还有人工运河，宫殿和"清真寺"也给新来者留下了深刻的印象。欢迎科尔特斯的到来，进一步证明了中美洲世界所拥有权势的壮观。

只是到了后来，入侵者转而赞赏墨西哥—特诺奇蒂特兰在经济上的重要性。市场必然能够吸引贪婪金钱和财富的入侵者。其中最大的一个市场，似乎与萨拉曼卡一样大，有超过6万人在这里买卖，而且这里还有着严格的监管；每条通道只卖一种产品，这里有药用植物，有水果和蔬菜，有赌博娱乐，还有陶器器皿①。

同时期到达中国的葡萄牙人，在其著述中并没有言及科尔特斯信件中所提到的这般盛景，其原因我们已然知晓。我们推测，皮莱资的信件大抵与科尔特斯类似，主要描述了在广州的逗留时光、在南京受到的接待以及抵达北京之后的情形，这些都是他自己所了解的知识，但可惜现在不知其信函藏于何处②。目前，我们只有维埃拉和卡尔弗在监狱中所写的函件。他们利用口头证词、地图，甚至是中文文献，如上文所论之"关于十五行省之书"③。这两人描述了在广州及其周边地区所看到的大量事物。但是，这些都是在监狱里的所感所想：较之科尔特斯，葡萄牙人可能在观察城市上更为得力，但结果却被中国当局不断压迫和限制。他们还从内部分析了中国城镇，相反，科尔特斯是从上面俯瞰墨西哥之全景，好像是第一次到达谷地时站在火山山麓上，又似站在高耸城市上空的大神庙上。

广州是葡萄牙人进入中国后所踏入的第一个城市，因此，也是他们最了解的城市。时间上比较得空，活动又不受限制，这样使事情变得容易。在使团获得进入南京继而是北京的批复之前，他们在这里花了几个月的时间等候。葡萄牙人有充足且惬意的时间，去观察不同的地方，有的是他们的停留之地，有的是几千公里的长途旅行中所经过的乡村。与墨西哥一样，在他们对这个新的现实的观点中，城镇最为突出。城镇的密度使这些造访者着迷；在沿途所经的各类定居地，越走近，印象就越深刻。无论葡萄牙人走到哪里，都会为中国城镇的规模和美丽所打动。④通常，他们会与葡萄牙的城市（里斯本，埃武拉）或偶尔与印度的城市（卡利卡特）进行比较。然而，他们常常指出规模上的显著差别：广州在中国只是稍大点的中等城市，但就与里斯本的大小相同，而

---

① Hernán Cortés, *Letters from Mexico*, pp. 103 – 104.
② 很明显的是，皮莱资于1524年以前曾经送了一本书给印度总督，内容是关于中国的财富，但该书后来遗失了。参见 Armando Cortesão（ed.）, *The Suma oriental of Tomé Pires and the Book of Francisco Rodrigues*, London: Hakluyt Society, 1944, p. LXIII.
③ Raffaella D'Intino, *Enformação das cousas da China*, p. 48.
④ Ibid., p. 44.

且他们所经由的小城镇，其人口大约是埃武拉的十倍之多。①

"北京是首都，也是国王的合法住所。"② 葡萄牙人总是热衷于计算地理坐标，说北京城位于北纬38度或39度。他们注意到中国首都在与蒙古人关系中的战略重要性："它建立在国家的地理尽端，因为他们与鞑靼人战事不断"；还指出北京与蒙古在起源上的渊源，以及在食物上依赖于南京和其他地区的供应："该地区不产大米，因为气候寒冷，产量很低……这里没有木材，没有石头，也没有砖块。"因此，他们正确地认识到，面对北方边境这个中国最大的威胁，北京起着政治首都和战略基地的作用。

编年史家若昂·德·巴罗斯综合了第一批到达广州的造访者所搜集的信息：

> 城市漂亮的地方在于对房屋的布局，因为城市有两条相互交叉的道路，路的尽头分别是四个城门，这是广州七个城门中的四个；这些道路直的像模具似的，所以站在一个城门处，则可以看到对面的城门。其他街道根据这两条主干道布局；每幢房屋的门头都种了树，叶子四季常青，能够遮阳蔽日。树木种植有序，站在一棵树的树根，又能看到其他树根整齐地排列成一行。③

据说巴罗斯了解到的知识更多，且他本人也希望能将剩余的信息收录到其书《地舆学》中，可惜这本书现在已遗失了。

与墨西哥一样，中国的城镇也被归类"城市"和"小镇"，但是，葡萄牙观察家认为还需要引入当地的分类，比如用县来定义最为重要的集聚区，在中国这个名称相当于市④。在整个16世纪，葡萄牙人继续沿用地方上的分类，解释他们经行或从中国文献中看到的地方⑤。他们还

---

① Raffaella D'Intino, *Enformação das cousas da China*, pp. 43, 49.
② Ibid., pp. 21–22.
③ 关于巴罗斯利用皮莱资远征的相关史实，参见 João de Barros, *III^a Décadas da Asia*, part 1, book 2, Chapter 7, p. 203.
④ Raffaella D'Intino, *Enformação das cousas da China*, p. 24.
⑤ João de Barros, *III^a Décadas da Asia*, part 1, book 2, Chapter 7, p. 188.

计算了城镇的数量。仅广州省，就有 13 个城市、7 个县和百余小镇。他们还探索它们的等级问题，意识到中小城镇的层次并不是基于人口数量，而在于是否存在防御工事和发挥行政功能[1]。

中国精英和受剥削百姓之间的区别，这个主旨也贯穿在葡萄牙人的分析中。他们对城镇的面貌留下深刻的印象，指出广州在这点上看起来较为特殊。广州城中有一个人口集中居住区，这里的房子主要是由木材建造，院墙或木篱或泥灰搭建，全家人挤在一起过日子。与地处别地的寺庙、各类衙署、官员府邸还有监狱，共同构成了名副其实的微观社会。[2] 在这里，我们可以得出结论，葡萄牙人特别注意一些极端的情形，或者简单地说，这些前来进行贸易和刺探活动的造访者，其本身并未具备足够的城市社会学知识。

征服者的关注

要从经济和军事的角度，解读中国的城镇。这一点，广东省的城市尤为明显，其中，广州又最为突出。广州城垄断了与外人的关系及其贸易。该贸易中心的地理和地志状况都得到了细致的研究，因为这些造访者怀揣着将之立即占领的设想。

如同科尔特斯一样，当时葡萄牙人的关注点是情报刺探，征服者的目光全都沉浸在军事问题上。在他们看来，中国城镇有城墙包围，有巨大的门楼作为防卫，但没建堡垒。葡萄牙人还想办法在广州城墙上行走，以计算城墙的长度。他们计算了城垛的数量，大概有 90 座，起着堡垒的作用。还估计了驻防人数：平时有 3000 兵士守卫城门，由"队长"带队监守[3]。那么，拿下广州城后，如何进行防守呢？欧洲人很快就发现"北部城墙是正对着一座小的平顶山"，可以在这里建造规模较小的防御工事。在山顶上，不用费劲就能将广州城控制在手中[4]。在广

---

[1] João de Barros, *III[a] Décadas da Asia*, part 1, book 2, Chapter 7, p. 191.
[2] Raffaella D'Intino, *Enformação das cousas da China*, p. 27.
[3] Ibid., pp. 24, 27, 43.
[4] Ibid., p. 36.

州城的中心，可以利用官府专用的浮桥来建造第二道防御工事，从而对整个广州城开展钳形攻势。可以想见，科尔特斯和下属每次经过墨西哥—特诺奇蒂特兰时，也会有着类似的考虑。

在太平洋的另一边，征服者对于所造访的或者遭到攻击的墨西哥城镇，也有着同样的关注。他们仔细研究和认真估算了防线、堡垒的高度和长度、防御力量、建筑材料、堤防和战略要点，就像研究敌方力量及其防御能力一样①。重要的是，对于可能阻碍进展或者不能便利欧洲人取得重大突破的事情，他们都不可能放过。这些人解构面前的任何一个城镇，因为他们知道个人性命和远征命运皆取决于此。在这点上，葡萄牙人也是一样。他们向马六甲的同胞们提供了各种战略信息，希望能很快搬来救兵，将他们从广州监狱解救出来。

阿兹特克首都毁灭后的胜利

葡萄牙使臣皮莱资的死亡，广州葡囚信的流通有限，大部分函件的佚失，还有对葡萄牙人发现的谨慎，皆有助于解释对中国所描述的第一次景象，在旧世界读者中并没有留下印象。皮莱资可能畅览北京，且花费不少时间，但北京城的前身汗八里，曾经作为蒙元和北中国的首都，在十三和十四两世纪见证了不少欧洲人的到来，而且马可·波罗在其行记中的详尽描述，仍然留存在欧洲人的脑海中②。

在文艺复兴时期知识界的视野里，未能看到明代中国的踪迹。看起来，外交和军事的惨败，转化为媒介上的灾难。实际上，这有利于中国的形象。在短期内，维埃拉和卡尔弗信件之愤怒的描述、消极的判断还有直白的分析，几乎没有带来任何影响，中国的商业、政治、知识、艺

---

① 在特拉斯卡拉地区的门户地区建有大量壁垒，参见 Hernán Cortés, *Letters from Mexico*, p. 57.

② 绘制于 1380 年左右的卡塔兰地图（Catalan Atlas），如用"Zincolan"代表"广州"，还有"汗八里"（Chanbalec）也是其中例证。弗拉·毛罗于 1459 年绘制的一幅世界地图，"汗八里"被绘到契丹帝国的中心区域，而且看起来就像穆斯林城市，有圆屋顶还有尖塔。在 16 世纪下半叶，哈布斯堡帝国地图学家亚伯拉罕·奥特柳斯（Abraham Ortelius）仍然在区分契丹的大都会"汗八里"和中国的城市"北京"。时至 17 世纪初期，诸如 1610 年亨里克·洪迪乌斯（Hendrik Hondiu）所绘制的欧洲地图，还在顽固地区分北京与蒙古的首都。

术之宏伟，依然让欧洲的知识界继续大唱赞歌。总之，只是到16世纪下半叶，几名耶稣会士和奥斯定会（Augustinians）的加斯帕尔·克鲁斯将这种永恒的钦佩和迷恋的目标，固定在欧洲的想象中。这难道意味着葡人对中国的第一印象，永远地被人忘却了吗？不完全是这样。在几十年后卡尔弗和维埃拉所描述的消极形象重新被发现，好像是揭露了中国的另一面，一个黑暗和令人不安的一面，也为葡国的早期介入提供了合法理由。

科尔特斯远征带来的巨大影响，与葡萄牙远征北京的相对平寂形成了鲜明对比。科尔特斯的信件在欧洲的广泛流通，人文主义者和画家的介入——阿尔布雷特·丢勒在布鲁塞尔展出所掠夺的墨西哥珍宝，使得基督教界熟悉了印第安墨西哥和墨西哥—特诺奇蒂特兰城的辉煌。科尔特斯不遗余力，甚至还寄送计划概图，按照西班牙王室和旧世界知识分子的想法，建立一个大都市。他关于特诺奇蒂特兰的规划，1524年在纽伦堡出版，在文本中还增加了插图。这可能启发了阿尔布雷特·丢勒对这座理想城市的思考，3年后他出版了关于该城防御工事的一篇文章。对墨西哥的再现，实际上呈现出土著元素和欧洲解读之间的结合，故而，在现代城市的酝酿，在世界需求和文明冲突所导致的"现代性"上，都发挥了一定的作用。

太多的辉煌，还有一点煽情主义，加上对征服进行全方位的价值化，最终创造了一个难忘的形象，且在欧洲人的记忆中延续了几个世纪。在这里，不可能逐页回溯科尔特斯函件中的所有元素，虽然说它构成了美洲学者和墨西哥学者的研究基础，但下列尤为重要：任意划定领土空间，如新西班牙或墨西哥；象征性的大都会墨西哥—特诺奇蒂特兰；强调墨西卡人牺牲其邻国、盟友和对手的代价，从而形成了我们对"阿兹特克人"的固有印象；这里有一个"印第安宗教"，有敬奉的场所或曰金字塔，有重大的节日，还有人祭；所有宝物都要送给皇帝；最后，用一种模糊的目光审视这个丰盛的文明，虽然其异国情调十分迷人，但是最后毫无愧疚地被破坏掉了。

在科尔特斯之后，伊比利亚和后来的欧洲人，在整体上将此时的墨西哥视为一个冻结的社会，并将前西班牙时期辉煌之过去与破坏所有古代遗留的殖民时代相互割裂开来。正是在这种背景下，我们今时还在用当代的眼光来审视美洲和墨西哥以及科尔特斯的征服。现在，各种类型的融合，其从上到下均为殖民者重建，受到了西方化和现代性的影响，而中美洲的城邦现在进化为拉丁美洲的大城市。如今，在全球化的世界里，墨西哥城与北京和广东一道，跻身于特大都市的行列。总之，我们从未设想过，墨西哥和中国伟大的城市能够逃脱被殖民化。在16世纪初期，还有一段关于殖民化的历史也极为重要，余下章节将对此概略叙述。

墨西哥美洲的吸引力，后来因欧洲转向对奥斯曼帝国产生兴趣才有所消退。因其先民及中世纪的后裔而备受欧洲想象的印度，似乎没有比皮莱资去往的中国更为成功。这里，还有一个时间上的巧合：1520年，印度末代王朝维查耶那加尔（Vijayanagar）这个和古代墨西哥同样非凡的国家，对葡萄牙马商表示了热烈的欢迎，后者在历史上留下了生动的描述。但是，直到编年史家若昂·德·巴罗斯和杰罗尼莫·奥索里奥（Jerónimo Osório）使用这批材料之后，印度才进入欧洲东方主义已建立起来的研究论域，但是没有引起诸如奥斯曼帝国、蒙古帝国、中国或日本那样的魅力和兴趣。[1] 一般认为，墨西哥人的新大陆，不仅是为已知的世界地图集增添了一页，而且其内容非同寻常：这是缺失的一页地图，加上它世界才是一个整体，而且欧洲人对这页地图将会严加看护，不容再度佚失。

---

[1] Joan Paul Rubiés, *Travel and Ethnology in the Renaissance: South India through European Eyes, 1250–1625*, Cambridge: Cambridge University Press, 2000, p. 293.

第十二章 犯罪年代

但是，如果征服国在语言、习惯和各种制度上与被征服地不同，那么，就会产生重重困难。统治被征服的国家，除了要有足够的运气，还需要付出巨大的努力。……勇猛胜于谨慎，因为命运是女人，想要驯服她就必须对她大打出手。

马基雅维利《君主论》①

与"再往一两个地点移民；最后，整个国家都会臣服于你"这种方式相比②，最好的征服方式是什么？1513 年，在佛罗伦萨被囚禁之后，马基雅维利开始思考征服和控制土地的最佳方法。他的思考主要集中在欧洲国家，当然也不排除"不同的语言、习惯和制度"的遥远国土，如亚洲和非洲的一些国家，其中对土耳其的君主制和古老的东方兴趣浓厚就是其例。就在《君主论》出版几年后，征服和差异性的问题，就摆在了伊比利亚人面前，而且这对他们来说最直接也最实用。在亚洲和美洲，伊比利亚人面临着综合挑战，要去"理解""掌握"和"控制"新社会。去理解、征服和保留，或者说理解的目的是征服和保留，这是因为，一次理解的失误就有可能导致自己命丧黄泉。远离西班牙和葡萄牙海岸，甚至远离熟悉的拉丁地中海和古代世界，科尔特斯、皮莱资还有维埃拉与卡尔弗，可能是第一批思索基督宗教—伊斯兰世界之外政治体的欧洲人。基于此，他们与《君主论》作者并肩作战，找到了属于自己的位置，在还没有现代化的异国世界里推行存在数世纪的欧洲中心

① Machiavelli, *The Prince*, Harmondworth: Penguin Books, 1961, pp. 36, 133.
② Ibid., p. 37.

主义。

肢解社会之术

　　面对着这样的种群，他们既不为外界所知，诸方面又显得格外不同，且有着文明教化，人口又如同中国和墨西哥一样庞大，那么，最好的应对方式是什么呢？进而言之，如何克服数量、距离和不确定性的问题？西班牙人和葡萄牙人面临着同样的问题与挑战。首先，在没有意识到这一点的前提下，他们遵循着马基雅维利的建议，认为最好的方法就是"通过一两个定居点最终达到整个国家都臣服于你"。伊比利亚人经由海路抵达，迅速在沿海建立了基地，希望与外界保持直接的联系，西班牙之古巴、葡萄牙之马六甲就是例证。1519年7月韦拉克鲁斯基地的建立，1518年屯门堡垒和绞刑台的建立，都是奉行这一政策的结果。在这里，皮莱资和科尔特斯储集物资，积攒人力，来保护这个后方基地，接下来才开始进行长途跋涉，从而进入两个帝国的中心。

　　政治智慧——马基雅维利之"美德"能否在冒险追逐财富的欲念以及不确定的环境中占据上风，而不必付诸粗暴武力，这一点有待进一步观察。在所谓的"美德"上，葡萄牙人和卡斯提尔人相似。这种相似性表现在战术和策略层面上，表现在双方事业中明确的目标与内在的歧异（如外交使命、情报侦测是否为征服做准备）上，都证实了双方在这方面的驾轻就熟。他们的机动性，他们的适应力，还有他们面对陌生且未知情况时的反应，最后都会带来巨大的优势。至于"命运"——这就是马基雅维利所谓的环境、宿命和机遇，中国的现实证明，其环境比墨西哥要复杂很多。

　　同马基雅维利一样，伊比利亚人确信应当深入到敌人内部区域，目的是更好地了解他们，必要时使用武力来实现目标。这就意味着，伊比利亚人需要识别社会内容的分歧与矛盾，发现它们，并逐渐地渗透其中。科尔特斯很快意识到，三邦联盟因其主导地位可能会产生怨愤，这样借之可以牟取利益。他更依赖于国家的分裂，还有些许"种族"或"文化"的差异，而不是基于恐吓、勒索和军事威胁的霸权主义。墨西卡人利用"恐惧"取得了较之其他藩邦的优势，同样，也可以利用

"恐惧"来否定其统治的合法性,并为接下来的使用武力提供正当性理由,最终达到征服的目的。科尔特斯的目标,是消退墨西哥—特诺奇蒂特兰城身上的"恐惧"①,并要通过武力或协商,系统地推动蒙特祖玛的藩邦归顺为查理皇帝的臣属。对入侵者的火力印象深刻,印第安人的很多城邦直接投奔了三邦联盟的敌人,这个敌人在那时还不认为是西班牙人的阵营,更没人认为他们将来会成为胜利者。当时,科尔特斯所需要做的,就是集中人马、火炮和他的新联盟军一道,"反抗乔卢拉人,新联盟的敌人以及我们的敌人"②。

同时,科尔特斯还需要处理突发状况,确保始终得到命运的青睐,这样事情可以按照自己的意志发展,从这点也能看出马基雅维利所谓的"美德"的适用性。自始至终,科尔特斯都给人一种能够控制大局的印象,他扭转局势,成功应对了接二连三的危机。在科尔特斯的描述中,行程顺利无阻,正是因为他能够在欧洲千里之外的发现途中,独自克服摆在面前的各种问题,他因此看起来就像马基雅维利的出色门生,虽然其本人并不这么自诩。

在中国,事情则大为不同。葡萄牙人没能以同样的方式适应新环境。克里斯托瓦·维埃拉和巴斯科·卡尔弗曾尝试分析了中国社会。他们的视野是二元化的:老百姓面对官府,就如同马基雅维利书中的人民反对大人物一样。中国老百姓受到官府的剥削和虐待,但因恐惧而不敢发声:"人民如此压抑,因恐惧而不敢张口说话。"这样的政权,驱使人们起来用武力反抗统治:"每个人都想要起身反抗,他们渴望葡萄牙人的到来。"③ 在马基雅维利看来,民众也憎恨君主,乃至动摇了统治:"现存最好的防御,就是不要为民众所厌恶";假如"民众厌恶你,那么你就激发了他们的敌意,还会遭受被武力驱逐的风险"④。身处亚洲的葡萄牙人,并不清楚马基雅维利在《君主论》和《论李维著罗马史

---

① Hernán Cortés, *Letters from Mexico*, ed. Anthony Pagden, New Haven, CT/London: Yale University Press, 1986, p. 156.

② Ibid., p. 158.

③ Raffaella D'Intino, *Enformação das cousas da China: Textos do século XVI*, Lisbon: Imprensa nacional, Casa da Moeda, 1989, pp. 49, 31.

④ Machiavelli, *The Prince*, p. 119.

前十书》中多次描述了这番对抗，还将之视作反复出现的特征，并从中分析政治机制背后的驱动力。然而，这在"中世纪"司空见惯，诸如包括费尔南·洛佩兹在列的葡萄牙编年史家，也总是毫不犹豫地描述人民在反抗君主中的角色，或是激发"小人物与大人物的冲突"[1]。

1385 年约翰一世（John I）登上葡萄牙的王位之时，葡萄牙民众发挥了适当的作用，但是就像其他起源于民众的新王朝一样，从此以后，皇权就愈发明显了[2]。因此，葡萄牙人带着这样的一种思想进入亚洲，希冀在广州有所发现，也就不足为奇了。如马基雅维利一样，被关进广州监狱的葡囚相信，支持"人民"反对大人物，能够给他们掌握政权提供便利。不过，维埃拉和卡尔弗所要对付的大人物，不是贵族，而是一个不仅是马基雅维利而且包括那些怀念罗马帝国的人，都意想不到的体制：天朝的官僚体系。这是葡萄牙人对局势的分析与科尔特斯截然相反的原因之一，也是导致其失误的原因之一。在中国，葡萄牙人所要打败的敌人有着与西方完全不同的统治工具，也就是官员；在墨西哥，严格来说，有着过去占据统治地位的墨西卡人之间的贵族联盟。中国和墨西哥这两起事例的共同点在于，伊比利亚人想要利用权力引发恐慌。

葡萄牙人一直指出中国官员统治的虚弱，还有百姓所受到的盘剥。他们认为，老百姓随时会揭竿起义，毕竟统治者一方有着许多弱点。"他们受尽剥削和压迫，极度渴望有所改变，不过却始终保持着沉默。"葡萄牙人还认为，葡军到来肯定能制造出震撼的事态，从而引发骚动："这些城市将会迅速起事，大多数人会开始偷盗、残杀，没人来统治他们了，也无须顺从他人，因为官员要么被杀掉，要么仓皇窜逃。"这些来自马六甲的到访者，所要做的就是借此渔利。说不定，这个民族还将葡人当作他们的解放者。总之，维埃拉反复赘述此点，说百姓"不喜欢他们的国王"，说百姓的内心对官员充满了愤怒，还说百姓渴求能够带

---

[1] Quentin Skinner, *The Foundation of Modern Political Thought*, Cambridge: Cambridge University Press, 1978.

[2] Marcelo Santiago Berriel, "Cristão e sudíto. Representação social franciscana e poder régio em Portugal, 1383–1450", 弗鲁米嫩塞联邦大学（Universidade Federal Fluminense）2007 年博士论文，第 175, 188, 189, 204 页。

来自由的变革①。

单独来看中国和墨西哥这两起事例，我们发现伊比利亚人准备扮演错误纠正者的角色。在墨西哥，科尔特斯仰仗对三邦联盟怀有敌意的贵族，从而利用以城邦政治为表现的政治弱点，偶尔还会利用贵族与民众之间的分化②。在中国，只有社会冲突，而不是"阶级斗争"，才导致权力的崩塌以及入侵者的胜利。这就说明葡萄牙人为何总是谈及"民众"，为何总是说他们被迫在无法忍受的环境中生活③。稍微夸大其词地，我们可以将之与墨西哥的西班牙人做对比：西班牙人卷入到了领主之间的封建战争，他们考虑的只是领地和宗主权的转换问题，而葡萄牙人却在想象着他们要去煽动一场发自民众的解放战争。

正是出于这种精神，维埃拉甚至想过起草一份宣言，"向这个国家的每一个人宣告他们应得的自由"④。这不是他第一次说这番话语。但是，他所说的是何种类型的自由呢？如果是马基雅维利和佛罗伦萨人文主义者所时常谈到的"暴虐引发的独立"，这当然令人神往，不过我们还要很好地了解葡萄牙人当时的政治思想。不受暴虐统治，对人民来说就是自由。⑤ 无论如何，在中国，最简单的事情就是动员百姓向新来者输出忠诚："他们没有忠诚可言，既不忠于国王，也不忠于父母，而是热衷于顺从最强者。"⑥ 考虑到明朝统治的权力环境，这种评价可能让人吃惊。但是，笔者所要提醒的是，占据马六甲之后，葡萄牙人定期与中国的异端还有沿海百姓勾连，开展非法走私和劫掠活动。

那么，如何与中国的皇帝还有墨西哥的君主打交道呢？在广州和墨西哥的伊比利亚人，都遇到了这个问题。科尔特斯和蒙特祖玛协商数月，才逐渐将之掌控手中，还利用他平息墨西哥的反抗。对于葡萄牙人来说，中国皇帝从来不是要直接挑战的对象。北京朝廷太过遥远，几乎

---

① Raffaella D'Intino, *Enformação das cousas da China*, pp. 25, 31, 27.
② Hernán Cortés, *Letters from Mexico*, pp. 148–149.
③ Pedro Cardim, *Cortes e cultura política no Portugal do Antigo Regime*, Lisbon: Edições Cosmos, 1998.
④ Raffaella D'Intino, *Enformação das cousas da China*, p. 37.
⑤ Quentin Skinner, *The Foundation of Modern Political Thought*.
⑥ Raffaella D'Intino, *Enformação das cousas da China*, p. 49.

无法触及，似乎只是广州和广东两级官府背后的影子。然而，葡萄牙人盘算着将明朝皇帝变为里斯本的附庸，这一点我们不应当忘记，这也是蒙特祖玛所面临的首要选择。

他们为何低估数量占据巨大优势的这些社会的反应呢？在伊比利亚人看来，无论是中国人还是墨西哥人，这些敌人的疲弱都绝非环境使然。明朝和墨西卡的统治，被认为建立不久，且饱受争议，那么其基础势必不够稳固。因此，这种疲弱在当时看来乃是先天性的结构问题。伊比利亚人认为墨西哥人和中国人都面临着这个问题。蒙特祖玛自己也坦承，墨西哥人民认为自己是来自于其他地方的陌生人："他们不是这片土地上的土著人。"[①] 至于中国人，据称他们"深深地害怕亡国"，按照葡萄牙人的说法，其原因是他们的统治权高度受到质疑[②]。这些造访者迅速将不安注输到他们的敌人，还有处于政治弱势而自己一无所知的人。尽管考虑到墨西卡人是新近在高原地区建立政权的族群，因此其合法性备受争议，在这点上可以认为伊比利亚人对其政权的认知合理且准确，但是，对于中国历史的解读确实令人费解，除非他们只看到了明朝前中期——大概有150年在经营北部边疆时的困难。

武装优势

中国社会之所以疲弱，主要因为其军事力量的不足，以至于葡萄牙人总是将征服幻想成一场闪电战。葡萄牙人认为，手上只要有几艘船，再带着几百号人，就可以掀翻这间政治上的纸牌屋。在墨西哥，西班牙人只要在行动上比墨西卡人快一些，也会取得同样的结果；科尔特斯必须不惜一切代价打破权力上的平衡，让其朝着自己有利的方向发展，这样才能破除对三邦联盟进一步的依附[③]，并争取及获得并不稳定的忠诚；在墨西哥—特诺奇蒂特兰城重获有利地位之前，在其当地的盟友们还没意识到西班牙人带来的威胁之前，他必须给予敌手以沉重打击。

---

① Hernán Cortés, *Letters from Mexico*, pp. 98, 106.
② Raffaella D'Intino, *Enformação das cousas da China*, p. 36.
③ Hernán Cortés, *Letters from Mexico*, pp. 147 – 149.

地方军队虽然数量惊人,而且兵源不断,但其疲弱仍使伊比利亚人感到震惊。在伊比利亚人的表述中,中国和墨西哥的情况有所不同。总的来说,中国人不知道如何去战斗:"从出生到死亡,他们手中只有一把用来切菜的刀。"普通人没有武器,没有剑,也没有弓箭;受到威胁时,他们所能够做的就是将微薄的财产埋藏起来①。若发生战事,他们一般躲在家里,最后向胜利者臣服,无论胜利者是谁。葡萄牙人学会了区分军队和中国百姓。墨西哥的情况则恰恰相反,所有人都随时准备投入战斗。面对面斗争时,西班牙人会发现他们令人生畏。不过,墨西哥人也有严重的缺陷,他们没有金属武器,没有马匹,也没有火炮。

欧洲大炮的火力,对墨西哥和中国的当地人都产生了类似的影响。当地人恐慌的反应增强了伊比利亚人的优越感,即便最终事实证明他们所遭受的恐惧远远没有想象中的可怕。西班牙编年史中有很多对入侵者的枪炮所造成的恐慌的描述。更难以想象的是,中国人看到葡萄牙火炮时也惊魂未定:"看到这么厉害的东西,他们目瞪口呆,因为这个民族没有什么见识。"中国人勇气不足,葡萄牙人对此确信无疑。

那么,中国军队既然称为职业军队,又能发挥什么样的作用呢?葡萄牙人认为,中国军队存在的主要目的,就是缉拿盗匪,镇压百姓起义。其武器攻击力,有诸多待改进之处:"他们发射弓箭,实际上并没有什么用。"② 一般是因获罪而谪发外省的罪犯,被招募入伍。维埃拉和卡尔弗认为这些士兵,与葡萄牙流放到远离首都边区的流放犯没有区别。广州驻扎着一万三四千名士兵,其中 3000 名是这种类型的人。但是,葡萄牙认为至少 4 万名中国士兵才能打得过一位"马拉巴尔(Malabar)勇士"。中国士兵形同妇女,身上有着女性的柔弱:"没有什么头脑,只知道大喊大叫"。

在西班牙人眼中,墨西卡的战士就完全不同了。诚然,科尔特斯和其同伴可能出于自己利益的考虑,过分夸大对手的勇气,来增加自己的荣光,而葡萄牙人则恰恰相反,他们故意弱化对手的勇猛,这样能够给里斯本王庭和果阿总督增添征服中国的自信。西班牙和葡萄牙都十分清

---

① Raffaella D'Intino, *Enformação das cousas da China*, p. 42.
② Ibid., pp. 50, 43.

楚，虽然遇到的对手数量庞大，但是它们相信凭借着自己的战术、技术还有勇气，能够牵制并击溃这帮乌合之众。

征服计划

相同的原因，导致了几乎相同的结果。墨西哥人起来反抗征服者，而身处广州的葡萄牙人却饱遭打击，针对这两个抵抗他们的国家，伊比利亚人开始构想征服计划。现在，西班牙人和葡萄牙人都坚信自己是正义的，因为他们要改变的是让人无法忍受的环境。中国官员"残忍"和"狡诈"，故意掠夺葡人船舰；墨西哥人背信弃义，且难以驾驭，最后一根稻草蒙特祖玛的死亡，加之日常生活生死难测，这些对于伊比利亚人来说，采取军事行动似乎势在必行。在科尔特斯思想中，采取这种手段实则自然，因为战争难以避免且是征服所需，而且借之能够重新控制局面，同时也是合法的自卫手段："国家很快就能恢复我先前掌控的局面了。"那么，如何更好地向查理五世展示这场即将到来的征服？

同样，广州的葡萄牙人也能提出这样的论点，因为在屯门岛曾有过几年的和平与自由。据他们所说，征服是一种复仇行动，既针对使团所遭受的折磨，也针对中国人未信守承诺；另外，借之可以惩戒可恶的中国官府，又能为尚在广州监狱的葡囚保存生还的希望。葡萄牙人认为自己仍然能够对很多事情产生影响，而实际上已然超出了其掌控范围。从现在开始，无论是在墨西哥还是广州，伊比利亚人面对的都是些凶狠残暴且奸邪不正的敌人，看起来撤退自然没有可能。在这点上科尔特斯这样说，虽然说要倍加小心以免犯下错误，但"要进一步激怒这群杂种，还要给他们壮胆，看看他们有没有胆量前来攻击"[1]。

如何进行攻击呢？科尔特斯的第二批信函以及维埃拉和卡尔弗的信件，披露出这些征服新手心中所打的算盘。就西班牙而言，科尔特斯有着好运气而且一直不错，他也总有方法实施自己的计划。葡萄牙一边就完全不一样了，计划仍旧是一纸空文。在这两起事例中，信函均揭示了伊比利亚人中短期的心态、目标和意图。看起来，我们现在就像是分析

---

[1] Hernán Cortés, *Letters from Mexico*, p. 158.

一伙罪犯正在计划的行动。但是，假如犯罪目标是中国或墨西哥，那么"这一票"看起来规模过大，有点不甘平庸，还有点史无前例，为此，彼得·斯洛特戴克（Peter Sloterdijk）将之与欧洲现代性联系一起："我们开始看到现代社会作为一个整体出现在我们面前，在这个时期，人类的犯罪者、企业主、技术人员、艺术家和消费者开始做一些奇异的事情……现代社会就是人们创造古怪之物的时代。"[1]

"犯罪年代"不久之后就会来临，但是目前伊比利亚人所构画的犯罪或者是图谋，在全球范围内引起了共鸣。这不像意大利的战争，也不像野蛮人入侵和奥斯曼进军所造成的冲突。这里的犯罪者是葡萄牙人和西班牙人，尽管相隔千里，但却同时肇始。

1520年10月，科尔特斯被墨西哥人驱逐出境，他萌生的第一个想法就是重新组建军队。当务之急，就是动用西班牙在加勒比诸岛的驻军。科尔特斯派遣四艘船舰前往伊斯帕尼奥拉岛（圣多明各），目的是"立即带回人马作为援手"，期望能够再增加4艘舰船，并"带回马匹、士兵、弓弩和炸药"以及征服所需一切物品。诚然，敌人之所以可怕，不仅因为数量上占得优势，还因为拥有防御城镇和堡垒，并且看起来下定决心要消灭"基督徒"，最后将之驱逐出去。随着古巴和伊斯帕尼奥拉岛援军的到来，科尔特斯开始考虑重返墨西哥，围困城市并最终占领，并自信很快就能得逞。这时候，他开始实施早就有的建造双桅船的想法，准备建12艘，用来穿越湖面。双桅船不是整体建成，这样士兵们可以背着零部件，等抵达之后再将之"快速地组装一起"。在此期间，堡垒的修筑，还有在特佩阿卡（Tepeaca）建好的西班牙小镇，保证了墨西哥湾和科尔特斯军营之间的沟通顺畅[2]。

在广州的葡萄牙人，也为自己在"地狱般的监牢"所构思的征服计划感到满意。明显，他们因备受折磨而又无能为力，从而做着复仇的美梦。恶劣的环境，刺激他们留下信函，这一行动不仅蒙蔽了中国人，就连看守也没有注意到。卡尔弗在其第一封信函的结尾处写道："我无法

---

[1] Peter Sloterdijk, *Essai d'intoxication volontaire, Suivi de L'heure du crime et le temps de l'oeuvre d'art*, Paris: Pluriel, 2001.

[2] Hernán Cortés, *Letters from Mexico*, pp. 156, 157.

再写下去了,因为手指突然疼痛"。他还说,"我的身体饱受疼痛和折磨","恐怕我不能用我们的笔写信了,而中国的毛笔无法很好地书写字母"①。

不过,维埃拉和卡尔弗所构思的征服,与科尔特斯在墨西哥的执意追求如出一辙。这一计划不停地在他们的脑海中盘旋。这些人目前走投无路,只能陷入对未来的渴望之中。他们清楚地知道,假如葡萄牙人开展攻击,一旦失手,势必会将自身置入生命的危险中。但是,这难道与在"悲恸之夜"之后,又一次遭受驱逐、落败和追赶从而思索人生命运的科尔特斯,有着截然的不同吗?落败之后,科尔特斯在呈递给查理五世第二批信函(1520年10月)时,并未刻意给人留下凯旋的印象,其文字也尚未充溢着成功的得意扬扬。其时,他和自己的人马在墨西哥的战斗中差点命丧黄泉,假如印第安人乘胜追击的话,那么他们将会被杀得一个不留,到时候不仅是梦想甚至是生命都会告结。但是,正如科尔特斯和葡萄牙的记录,这种征服计划有利于引起遥远君主的注意。

葡萄牙人的征服,仅仅局限在广东省和华南沿海。入侵华南沿海只是短暂考虑而已,更大的目的只是说服里斯本相信干涉的可能性,而不是要真正现实的目标。他们首先尽可能摧毁敌人的船舰,从而夺取珠江河口的控制权。仅凭300人难以成事(1522年阿隆索·德·梅隆的失败就是其例),因此,需再增两三百人手占领河口周边岛屿上的小镇(南头或者其他更合适之地),找到河流并溯水而上,摧毁沿岸所有工事,从而将中国人置于不利境地。他们还要在河岸放火,目的是"清空一切",这样葡人在操纵火炮时,就不会担心中国人躲在房子后面偷放冷箭了;为此,"他们(葡人)一定要纵火烧掉所有物品,不能留下一栋房子"。

每一处的描述都细致入微,从火炮的部署、火炮的选址(靠近广州的主要港口),到利用三口火炮摧毁两个铜门。② 葡人还指出,只需半天时间,借助风势,当晚就能抵达广州。在广州城南,他们发现这里有足量的鱼、米和肉,供2万人吃食。南头和广州之间有个叫作亚娘鞋岛

---

① Raffaella D'Intino, *Enformação das cousas da China*, pp. 53, 48.
② Ibid., pp. 39–40.

(Anunghoi)的地方,此地有个避风港,石头充足,足够建立和果阿一样大的堡垒。葡萄牙人的舰队能够荡平整个珠江河口,明朝官员只能选择投降,除非他们从广州城仓皇出逃。这样,广州就会落入葡萄牙人手中。

当时,没有人会想到这项事业会耗费大量资源;征服墨西哥也难以与之企及,因为到后来根本没用西班牙的援军就达到目标了。对于卡尔弗来讲,仅一千人就足矣。一艘葡萄牙人的大木船,就能迫使广州城臣服。维埃拉则需要更多的士兵,比较现实的估计需要两三千人。一旦进入城内,只需洗劫官员的府宅,这里满屋子都是金银珠宝和各类物品。接着要去布政使司,这里储藏皇家宝物,接着要去打劫省、府两地的监狱,还有粮道使也不能放过。葡萄牙人在财富搜刮上的设想,令人想起洗劫墨西哥时的著名桥段,当时西班牙拼命地打捞被扔进湖里的当地人的珠宝。葡萄牙人还筹划着占领米铺,将大米卖给当地人,因为战事一开,就得不到外来供应品了,这样他们就会挨饿。将来还要修建堡垒,所以大米可以用作酬银,发给被雇来工作的人;对待这些人应该比中国官员要好点,不过这也不用里斯本出一分钱。①

尽管如此,他们还是应该尊重惯例。战火没开之前,葡萄牙人派遣一个"非洲黑人"向广州官府下战书,结果,该人的悲惨命运可想而知。西班牙人在美洲地区所利用的《西班牙人的命令》,在这里可以发挥效用;其可能用来批判皮莱资所遭到的不公正待遇,还有谴责针对葡萄牙财物、船舰还有士兵的攻击。葡萄牙人还说,假如使臣不能归来,或是答复太过迟缓,那么报复就会残酷无情②。看来,墨西哥和中国都同样面临着威胁的口气。

犯罪年代,抑或杀人放火之战

葡萄牙人和西班牙人都知道,最好的方法就是施加武力,恐吓当地民众。科尔特斯的人马总是乐于在墨西哥这片土地上展示这一手段,在

---

① Raffaella D'Intino, *Enformação das cousas da China*, pp. 49, 35, 10, note 21, 42.
② Ibid., p. 37.

首次与特拉斯卡拉的印第安人相遇时,他们就采取了野蛮的行动。稍后不久,在伊苏卡(Izucar),"带有塔楼作为防御的100座神庙及其神龛都付之一炬了①"。

葡萄牙人同样下定决心,投入杀人放火之战,就像科尔特斯一样,目的是"向中国人灌输恐惧"。"从一开始,就让他们陷入刀光火影之中,这就是敌人应得的报应。"② 位于珠江河口的南口,"一定要全力破坏,……彻底占据,放火完全烧掉,其实这也是此地百姓的心头所盼"③。葡萄牙人盘算着"搞一场大破坏,毁掉一切,这样就能恐吓住民众"。他们计划使用焦土政策,"把中国烧得一干二净"。他们还会放火焚烧船只,这样中国人就无法开展海战。因此,葡萄牙人恪守科尔特斯手下的政策:"无情地发动战争"。

葡萄牙人还认为,葡军的军事行动将会带来巨大的威慑力,这样中国的百姓就不会再害怕残忍的官府了。为了迫使中国军队走投无路,需要做的就是"给他们点颜色看看"。葡萄牙人对于自己的火力完全有信心:"这些人根本没有防御措施,光是听到火炮的响声就会跑到山上看看葡萄牙人到底想要做什么。"④ 尽管如此,还是要尽快采取行动,这样一来广东省就没有时间集结资源或等到援军来助。

战后的广州

葡萄牙人认为,只要建造两所堡垒,就能将广州掌控在自己手中。为了让广州城都在葡萄牙的火炮范围之内,应该在城北建造一个坚固的堡垒。在城北有一座佛塔,能够提供绝佳的用料;如同墨西哥一样,对异教徒圣地的破坏乃是意料之中。建造第二个堡垒,才算万事大吉。

---

① Hernán Cortés, *Letters from Mexico*, p. 155.
② Raffaella D'Intino, *Enformação das cousas da China*, p. 45.
③ João Paulo Oliveira e Costa, "A coroa portuguesa e a China (1508 – 1531): do sonho manuelino ao realismo joanino", in António Vasconce los Saldanha and Jorge Manuel dos Santos Alves (eds), *Estudos de História relacionamento luso-chinês*, séculos XVI – XIX, Macao: Instituto Português do Oriente, 1996, p. 46.
④ Raffaella D'Intino, *Enformação das cousas da China*, pp. 46, 43, 38, 44, 52.

它应该建在海边，位于中国官员登陆的地方。这里驻守一定数量的兵勇，大概三四个月就要换防——这些都是经过观察并计算出来的。广州驻军一般还要监管城门的关闭。在每一区域，守夜人都是从当地招募，并负责监管地方百姓，"这里还有个传统，官员一般从家里拿出鼓分发给他们"[①]。

由于有现成的石头、木材和石灰，最重要的是当地有足够多的劳动力，所以，堡垒几天内就能完工。在这件事上，葡萄牙人有着很多考虑。中国老百姓大多是听话、娴熟和廉价的劳力，葡萄牙人一定要利用这种优势。葡萄牙人设想，中国人一定会抢着为欧洲人提供帮助——"成百上千的人都会来这里"建造炮台、战舰，还有类似在墨西哥的双桅帆船。葡萄牙人还计划着看管城门，在晚上时将其关闭，还要调配军在城内巡防——维埃拉、卡尔弗、皮莱资还有其他人不停地在考虑这些事情。每件事情都要尽快开展，"行动起来，比写下来还应当要快"。

那么，如何来控制这一地区呢？广州的葡萄牙人设想着，一旦占领城市后，就要建造一些小炮台。为了控制沿海和附近岛屿，在每一个重要的定居地都建造堡垒，大概5000名葡萄牙人就能控制全局。还要建造一些小炮台，用来监视河岸沿线城镇。每一处炮台，都驻扎50名来自印度的军士。这些驻军还要担负起向当地人征税的任务："当地人都将会有份工作，并以此致富，征税还是按照这个国家原来的方式。"为了少生事端，就不要有所革新。葡萄牙人要尽快适应当地习俗，还有"该国的风格"。普通百姓在当权者面前还要下跪，这样就不会惯出来坏习惯，而且，还要及时制止不法行为，"因为这些人很坏"。[②]

他们可以不干涉中国皇帝之内政，除非皇帝情愿并同意每年供奉一船的贡银，这样就不会触发地方上其他省份的骚乱。明显，这就是让中国人承认葡萄牙曼努埃尔王的宗主权，而中国人现在却将之称为"贼王"。正如我们所看到的那样，卡斯提尔人在墨西哥最初与蒙特祖玛相遇时，也曾以为蒙特祖玛知晓查理五世。欧洲人的这种狂妄自负，表明了犯罪时代正从世界的两端真正推展开来。

---

① Raffaella D'Intino, *Enformação das cousas da China*, p. 42.
② Ibid., pp. 45, 42.

殖民计划

从中短期来看,征服都是有利可图的。广州看起来像是会下金蛋的鸡:"这片土地如此重要,能够带来很多利益。"葡萄牙人大致推算,广州城能搜刮白银 5 万两,每个小城镇大约也能到手两三万两。珠江附近城镇,就能从中受益诸多。这里的大量生姜,还有"质优"的肉桂,能塞满葡萄牙人的船只。"广州风景优美,人口众多",在收益上要比果阿划算得多。"世界上哪还有这么富饶的土地来让我们征服,我们在这里表现得越强大,获得的财富就会越多。"

战争以及外部贸易的中断,会引起骚动在中国的蔓延。面对入侵所带来的萧条,广东省会迅速起事,接着内地会紧随其后。[1] 维埃拉意识到了帝国闭关锁国所带来的紧张,还将葡萄牙的介入视作天朝覆亡的诱因。他还指出,内地的瓷器和丝绸等行当,很快就会看到与葡萄牙人做生意的好处。

葡萄牙人的目标,远不仅限于简单的掠夺。卡尔弗还勾画着系统地榨取地区资源,想要在中国建立另一个"印度之家",向印度输出必要的金银,还要输出必要的"铜、硝石、铅、明矾、麻、绳索、铁器(尽可能多的)、金属器具和沥青"。假如葡属印度需要船舰,那么,"战舰、大帆船和大船"可以在中国建造,利用当地的木材、木工还有各类手艺人。葡萄牙人根本不需要来做这些事情。葡萄牙人还要开设一间"大工厂",从帕泽姆、苏门答腊的佩蒂尔(Pedir)、北大年、班达运来胡椒,这样使葡萄牙占有垄断地位。还有采购大批中国货物,从中能够获得不菲利润[2]。

一旦控制了这片区域,那么,葡萄牙人就会扩大影响,以彰显葡萄牙人的存在。葡萄牙人会带领 40 艘船舰和六七百名士兵组成的舰队,从广东出发,前去攻打福建。接下来,福建省也会变成里斯本的附庸,每年都要向上贡一货船的银两;最好是平分这些资源,一半上交葡王,

---

[1] Raffaella D'Intino, *Enformação das cousas da China*, pp. 41, 49, 50, 29.
[2] Ibid., p. 51.

一半留给征服者分享。每个人都有所得:"我们将获得另一个印度,其利颇丰,且能长期占据;这里的民众越多,利润就越丰厚,对这个国家的控制就会越厉害。这样一来,葡萄牙人就会变得极其富有,从这个目的看,中国就是个合适的选择。"一旦福建官府屈从,葡萄牙人接着就会逼迫琉球群岛就范。琉球长期与中国沿海秘密贸易,是这个地区最大的商业交易地,这里黄金、铜、铁储量丰富,而且胡椒需求巨大。

当时,葡萄牙人尚不清楚琉球群岛是属于该区域另一个国家的港口,该国就是马可·波罗和哥伦布称为"Cipangu"的日本。逐步占领整个华南沿海之后,葡萄牙人计划与曾经造访马六甲的商人重新建立联系,这些人在葡人占据马六甲之前曾撤到了北大年。① 看来,被关押在广州监狱的葡萄牙人,当时幻想和计划着完全控制中国沿海的贸易。这可能符合了葡萄牙曼努埃尔国王的想法,也契合葡萄牙人利用法律控制当时在广州之暹罗人的想法。

最后一个要点是,要把大批的技术劳工出口到葡属印度——又或者说劳动力的非定域化,但愿这个当下的时代术语能够妥帖,这个计划打开了另外一番想象的景象,即广州将来会成为葡属亚洲的组成部分。葡萄牙人早就想象着,用船只将以下中国匠人们运到印度洋:"木匠、泥匠、铁匠、裁缝、锯工等其他匠人还有他们的家眷。"② 在墨西哥却没有这份幸运,西班牙人必须培训当地劳力,直到将他们培养成合格的铁匠、织工和烘焙师,投身于将来的剥削事业。

殖民的艰难起步

不管是在中国还是墨西哥,城镇一旦被征服或者遭到部分的破坏,都会被胜利者打下烙印。它们必须适应欧洲人的军事、经济和政治需要。伊比利亚人希望利用战事所带来的破坏,从而改变城市的肌理。两地的伊比利亚人都下定决心拆掉寺庙和宫殿,这样就能为墨西哥和广州的堡垒建设提供原料。在墨西哥,征服者们怀揣传播基督福音的构想,

---

① Raffaella D'Intino, *Enformação das cousas da China*, pp. 46, 52.
② Ibid., p. 36.

不过在中国的葡萄牙人却没有这个想法,他们只是想用清真寺的石头来建造基督教堂。

从战败的民众中挑选能干的劳力,依靠他们来兴建房屋,但并没有将当地的城镇过激地改造为欧洲式样的城市。在广州问题上,葡萄牙想继续沿用在印度建立堡垒的方式:1513 年经当地政府同意,葡萄牙人在卡利卡特建立堡垒①。在墨西哥问题上,即使印第安人的大都会在被围困期间遭受巨大破坏,即使胜利者决心要留下征伐的印记,但是科尔特斯还是决定设立新西班牙的首都,以来消除大破坏带来的影响。

科尔特斯的决定在城市史上应占据重要的地位,因为它不仅给欧洲、亚洲还有印第安美洲在古老传统上留下了相遇并交流的机会,而且至少还为美洲造就完全新奇的东西,也就是欧洲人所强力创造的殖民城市。葡萄牙人的城市计划仍旧只是设想;广州完好无损,到最后也不知道自己曾成为别人计划中的目标。葡萄牙人在北京被驱逐出去,而西班牙人则占领了墨西哥,在破壁残垣中开始了重建。战争造成了不可估量的损失。数周围攻过后,城市的基础设施建设,如街道、居民区、宫殿和金字塔都毁灭在西班牙的炮火之下。墨西哥城所受到的创痛,不仅包括其守护者的灭绝,还有幸存者的大批出走。墨西哥—特诺奇蒂特兰城的陷落,给印第安人的灵魂带来了沉重的打击。

不过,墨西卡人的城邦焕发了第二春,这次是不同形式的殖民城市,从大陆的一端发展到另外一端。西班牙人并不止步于仅在征服区域内筑城防御,他们将葡萄牙人在中国的设想举措,在墨西哥变成了现实,并按照自己的意愿重塑城市。当然,他们遵循系统的占领规划,确保每个区域都成为适合殖民的省份,并在此基础上建立城镇。科尔特斯"到处视察,看看哪些地址适合建立城镇",而且"设计城镇并建造堡垒"②。

在建立新城镇的过程中,征服者引入源于欧洲的地名命名法,来命名当地地名,且一直沿用至今,如"普埃布拉"(Puebla de Los Angles)"巴拉多利德"(Valladolid de Michoacan),还有"瓦哈卡"(Antiquira

---

① Raffaella D'Intino, *Enformação das cousas da China*, p. 43.
② Hernán Cortés, *Letters from Mexico*, pp. 95, 96.

de Oaxaca）等地。不过，这些殖民者的创举，只是对土地、人类和自然进行大规模占有的冰山一角：拉丁美洲之名正是在此基础上诞生。

如果认为伊比利亚人只有征服和外交这两种手段，那么这并不符合史实。笔者在书中之所以援用"征服"与"外交"这两个反例，主要是考虑葡萄牙与西班牙都同时使用了这两种手段，但带来了截然不同的结果。这种对比，使得我们将西方的成功放到东方失败的情境中，反之亦然。只有通过这种方式，我们才能站在全球视野上观察此阶段伊比利亚人主导的全球化。15世纪与16世纪之交，是尝试、错误与成就并存的年代，轮番发生在卡斯提尔人和葡萄牙人所造访的每一片土地；西班牙人在加勒比地区的悲惨经历已为人周知，在非洲则是另外一番景象了。

1498年以后，葡萄牙人开始和平接触刚果王国（Kingdom of Kongo），并在后来获得了刚果的宗主权。这里没发生征服，没有触发战事，也没有所谓的贡赋往来，唯一的联系就是里斯本显示出对"野蛮省份"的优越权利①。与欧洲王国的同盟，还有皈依天主教，携手打造出"说教式的殖民主义"（didactic colonialism）这种模式②，结果是带来了没有伤痛的文明开化，大都会中的精英受到教育，这个非洲王国的物质、技术、军事、司法和行政都发生了革新换代。在这点上，文字的传播最为紧要。然而，说到底，葡萄牙人对非洲感兴趣，主要原因还是在于奴隶贸易，而不是"开化"刚果，还是在于走私武器，而不是向当地人树立榜样。最终，他们刻意阻碍了这一文明化的计划。不过，刚果国王并没有宣布放弃天主教义，1539年还致函保罗三世，向教皇坦陈心扉。

刚果这个例证，与中国和墨西哥都有所不同：这里既没有惨败，也没有征服，只有腐败这条弯路和残存的商业，还有在这个背景下的天主教精英群体。在16世纪早期，欧洲再一次在和其他世界建立联系时打下了持久的印记。葡萄牙在非洲虽不仅拥有刚果一个殖民地，但刚果这

---

① Isabel dos Guimarães Sá, "Os rapazes do Congo: discursos em torno de uma experiêmcia colonial (1480-1580)", in Leila Mezan Algranti and Ana Paula Megiani (eds), *O império por escrito. Formas de transmissão da cultura letrada no mundo ibérico, séculos XVI – XIX*, São Paulo: Alameda, 2009, p. 317.

② Ibid., p. 322.

一例证足以提醒我们,在西部的印第安美洲和东部的亚洲之间存在一个非洲,这对欧洲来说同样重要,而不能仅仅将之视为象牙和奴隶的出口地。历史学家及其少得可怜的读者,要逐步学会欣赏情景的多样化、轨迹的独特性还有联系的复杂性,正是这些才使得各大洲之间密不可分了。

第十三章 白人的位置

在基于二元主义的思想体系中，白人处于缺席的位置；这种主义要求每个阶段都要将术语一分为二，因此，造物主既然创造了印第安人，那也必然创造出非印第安人。

克洛德·列维-斯特劳斯：《猞猁的故事》

16世纪上半叶，中国和墨西哥渗透到了欧洲人的想象之中。反向亦然吗？或者说他们面对具有专有特征的拉丁基督宗教世界还有欧洲人的现代化，采取文字、图画还有地图的方式来表示这片世界？事实上，如果中国人和墨西哥人确实有过对伊比利亚国家的想象，那么对之再度重现实在太过困难。亚洲人和美洲印第安人都问到了一些问题，诸如造访者的本性，还有其国家源流，但是他们与欧洲人相比还是处于不利地位，毕竟这些欧洲人远渡重洋，怀揣着的乃是发现新土地、新民族和新财富的目的。

战败者的视角

16世纪，一些印第安人被征发到伊比利亚半岛，可能形成了关于拉丁基督宗教世界的具体观念。仍旧留守墨西哥的印第安人，一旦被福音化和西班牙化，也开始构想征服者母国的情形；可以获得书籍和地图，还能与西班牙人交流，这一切使得他们了解到大西洋另一端所有的事实和想法。但是，目前却没有找到任何有意识和系统的残存史痕，来揭示印第安人对那片遥远土地的认知和描述。时至17世纪，一位受过教育的印第安编年史作者，名奇马尔帕辛（Chimalpahin），也只是援引了手头上的他人著述，来表述印第安人对欧洲的看法。特别是，他主要利用了早先在新西班牙流传的德国印刷商还是宇宙学家海因里希·马丁（Heinrich Martin）的成果①。也就是说，印第安人没有给我们留下关于西班牙和旧世界的看法，也没有给其子孙后代留下其观点的任何文字记录，看来这注定了印第安人根本缺少其对手欧洲人那般的注视。

无论如何，总会有种方式，让我们对印第安人的这个"想象"有着局部了解。安塔尔系列诗文，是殖民时期用纳瓦特尔语重新谱写的诗歌，由前西班牙时期吟游诗人创作。诗文刻画了一些令人醒目的景象，有些还会让人特别联想到罗马教皇，这里的罗马被印第安化，如宫殿上喷绘着金色的蝴蝶②。在墨西哥，这些诗文还描述了西班牙人的节日等各类活动，它采用讽刺或寓言的手法，展现了地中海还有罗兹岛（Rhodes）和耶路撒冷等东方土地的情形。查理五世的葬礼，彰显了欧洲历史上的许多插曲，就是其中的例证。对这些片段的匆忙一瞥，或许能窥探出印第安人对入侵者国家的想法。但是，对黎凡特（Levant）这样一个世界的想象，与基督教界中心地区的第一手知识、经验知识还有物质知识，这两者之间存在着天差地别。这并不是说，欧洲人拥有其他民族所缺少的想象能力。但是，文艺复兴时期的印第安人，确实缺少对欧洲的注视。他们没有手段来构建或向欧洲人传达自己的世界景象——几乎毫无例外，这一工作交由卡斯提尔的传教士和编年史家承担；正是这些人才打造了我们现今的一贯印象，并将之传播到世界各地。如今墨西哥以海滩和美食闻名，取代了发源自 16 世纪的固有形象，实际上进一步收缩了我们的视域。现在来看，西方人总是固化他者的形象，而且还得到了他者的默许，这种情况还要延续多久呢？

中国人有了解这批造访者的意愿吗？这里的情况恰好相反。印第安人——被攻击、入侵和殖民，完全有理由去了解他们的侵略者。然而，中国就大不一样。葡萄牙事件的反响，哪能与西班牙征服所带来的危机相提并论。天朝的官方文书，表明他们确实有一定的好奇，但这种好奇

---

① Serge Gruzinski, *What time is it There? America and Islam at the Dawn of Modern Times*, trans. Jean Birrell, Oxford: Polity, 2010.

② "Cantar LXVIII", fol. 58, vol. 13, in John Bierhorst (ed.), *Cantares mexicanos: Songs of the Aztecs*, Stanford, CA: Stanford University Press, 1985, p. 337.

并没有演化为一种痴迷的欲望,从而为了理解而去了解、著录乃至解释。正如前文所述,中国人在观察入侵者时,多注重其外表描述,如强调其外形、肤色、鼻子形状、眼睛、头部和体毛。[1] 他们还推断了入侵者的地理来源,深信这些人有着野蛮陋习,甚至还以人为食品。

有人可能认为,毕竟这是中国人第一次与伊比利亚人打交道,这其实没多大关系。不过,当入侵者被当作海盗时,情况就完全不一样了。总之,我们可以推断出,广东和北京的中国人还有南京的正德皇帝,肯定多次要求造访者描述葡萄牙还有他们的世界。假如有书面证据留世的话,那么,这将会奠定中国人对欧洲和葡萄牙的认知基础,可惜这些史料并没有落到西方人手中。其他中国人,包括沿海地区的普通民众、散居海外的化外之民还有从外人身上获利的官员,为了开展贸易必须有所学习,但是他们所依赖的基本概念实则是赘疣之知识,有时反而无益。同样,大多数墨西哥的印第安人也会采取类似且正常的方式,去了解事物和民众。当然,并不是所有的欧洲人都是间谍或是刚入门的人种学家。

蛮夷的压力

官方有限度的好奇心,很可能决定了中国朝廷与外人交往并如何处置的方式。葡萄牙人来自于一个中国人根本不知其详的国家,葡萄牙也不在中国的藩属之列。中国与外部世界的交往有着严格的规定。皮莱资未踏入中国之前写下的《东方诸国记》,也提到了这一点。

使臣出使北京,必须持有国书,上面承认其国乃是天子的藩邦。接着,就要进献贡品,这样商品交易才有可能。同样,北京也要收下贡品,接待使臣。中国将外交和贸易相联系的古怪积习,使得使团一旦被拒后就一无所获了。要不然,只有发动战争,去强占被中国朝廷封锁的货品。

---

[1] 参见《皇明献征录》。伯希和还引用了其它史籍,如严从简所撰《殊域周咨录》,计24卷,成书于1474年,该人在行人司任职(见伯希和牵引书第119页注67);再如《南海县志》所载四夷馆主客主事梁焯传。

并不只是来自南边的外人,遭受中国人的这般怀疑。与蒙古及其他游牧民族等北方近邻的关系,也致使中国人长期抱有忧患意识:毫无疑问,一方面由于这些邻国带来的动荡不安,更关键的是帝国政府无力采取明确的政治措施并长期坚持下去。在15世纪,中国对蒙古和北方游牧民族的政策始终模棱两可,这应该归因北京内部的派系斗争,而不是说他们想要寻求能够解除北方威胁的万全之策。正如我们所见,中国朝廷多认为葡萄牙人的到来与阴谋有关,而不是去鉴别这些新来者的主张。

15世纪中叶,在北京西北方向且离长城不远的土木堡,明王朝在这里落败,结果带来了灾难性影响。英宗被俘,这种沉重的打击是致命的。明王朝被迫放弃控制草原势力的努力,其军事威望再也没有恢复过来。从此之后,军队就成了中国的软肋,先是葡萄牙后来是西班牙等国家不止一次发现这一事实。

土木堡之变后,鄂尔多斯这片位于黄河弯道的大草原(今属内蒙古),自明朝建立之后第一次落入蒙古人之手,而且,它后来还成了朝廷议决军事问题的中心,议决的内容就是加强军事防线建设,其中之一就是要修筑长城。防御工程始建于1474年,约需劳力4万名、白银一百万两。15世纪下半叶,蒙古各部落走向统一,加之吐鲁番王国在西边兴起,这给中国北部边疆带来新的威胁,而朝廷在对措上仍旧分化。1488年,成吉思汗的后裔孛儿只斤·巴图孟克(Batu Mönke),自立为元可汗,也称达延可汗,开始统一草原上的各部落。20年之后,他逐渐消灭了其他对头,接着,在1507年至1510年间,又占据鄂尔多斯草原,并将该地托付给其子代管①。1520年,巴图孟克的长孙博迪·阿刺克汗(Bodi Alagh)继承汗位,不过,其他两位子孙也在黄河弯道地区建立了稳固的统治。因被拒绝贸易,他们不时侵掠明朝。正在这时,葡萄牙人也在盘算着征服华南地区。

在北京,经营边事渐成为政治斗争中的焦点和托词,以至于到了其他任何长期策略都要为之让步的地步。基本而言,修筑防线还是各

---

① Arthur Waldron, *La grande muraglia. Dalla storia al mito*, Turin: Einaudi, 1993, pp. 110, 111, 125, 134.

派系所达成的唯一要点。不过,兵部尚书于子俊(死于1489年)关于修筑防线的疏奏,遭到了宦官们的反对,而后者有权叫停修筑工事。在接下来的50余年,主要修筑工程停工,朝廷只支持零星的修筑。

正德帝欲再度收复鄂尔多斯,但其计划以失败告终,于是,他倾向于修筑新的长城防线,结果基本上没取得任何进展。皇帝敕令再起攻势,明军终在1517年在大同南取得了对抗蒙古的胜利[1]。但是,这次大捷却无关紧要。嘉靖皇帝(1522—1566)继位后,边事仍然不稳。1540年,政府仍旧在征服和妥协之间摇摆不定。

厌恶外人

帝国统治孱弱,且政策上有时优柔寡断,那么就必然需要强力的内政大臣或是军事将领,这样才能采取强硬的措施并长久地推行下去。但是,这里的问题也很多。1472年,明朝集结15万兵力征伐边线,击溃敌人,那么这么多的人马如何聚集和调派呢?是否就意味着京城驻守将士都要倾巢出动,且还要从其他地方征集人手?还有,中国将士如何消除游牧民族所长期灌输的恐惧?盘剥当地民众,迫使百姓放弃田地,前去建造防御工事,引发了系列问题。最重要的是,修建蜿蜒千里的防线之资金何来,建成后又要经受恶劣环境的侵蚀,那么修缮资金又该如何募集?

这些问题,加重了上层统治阶级对北方异族的认知。传统上看,中国士林阶层对任何与蛮夷达成的和解都抱有敌意。远离边线,中国人和蒙古人之间看起来鸿沟巨大,当然南方边线更是如此。为了维持儒家在南方之正统,对外人的厌恶也同步加重了。此问题事关伦理道德,而伦理道德乃是国家之基。这种态度,可部分归因于理想主义者及其奉行的理想化的世界观,实际上与各类现实政治概无关系,此类情形在宋代达到顶峰。在羸弱的王朝时期,往往会收缩在中国内部进行反思,形成所谓

---

[1] Arthur Waldron, *La grande muraglia. Dalla storia al mito*, Turin: Einaudi, 1993, pp. 139, 124, 141.

的"中国文化主义"①，且呈现出加剧化与具体化的倾向。不管哪个朝代只要出现犹豫不决、摇摆不定之时，这种思想倾向都助推臣工的批评。

另外，还会有一些比较常见的由游牧民族引发的仇外问题。对于草原世界的无知乃至蔑视均十分常见，但毕竟是矛盾的，因为土木堡之战（1449年）鲜明地证明了蛮夷在军事上的优越性。对于熟知北方游牧民族的人来说，质疑征伐计划不切实际，还认为只有商业开放才能换来双方关系的稳定。他们要求恢复唐、元和明前期的一些政策，此类政策铸就了这些历史时期的辉煌。支持与蛮夷媾和、妥协的人，其主张还从来没发挥过多大的影响力。有时候，他们被看作叛徒，其阴谋是想给中国人带来耻辱之和平。正德帝的继位者嘉靖就憎恨蒙古人。嘉靖帝认为同蛮夷建交，令人羞耻，却无法容忍，便指令用汉字"夷"来称呼这些野蛮人，来表示这些人的渺小②。他继位时年龄尚小，对葡萄牙人还没有产生这样的仇恨，这时驱逐葡萄牙使团的任务，落到了曾拥立嘉靖为帝的首辅杨廷和身上。当时谣言四传，敌对气氛渐生，不管是对是错，外人通常会遭到冲击。

因此，蒙古人与天朝建立外交和商业关系的所有努力，都注定走向失败。中国的外交手段，陷入了恶性循环。中国朝廷的断然拒绝，惹怒了游牧民族，最后导致后者自立自助，甚至有时远征劫掠。因此，回绝通使演变为战争的借口——葡萄牙人付出代价后也发现了这一点。③ 处死外国使员，更加剧了这种局面。④ 这种应对举措，让天朝付出了高昂代价。1488年，蒙古遣使来贡失败，引发敌意，为明军土木堡之祸埋下了伏笔。

想要被北京接纳，并不容易。1462年，鞑靼部帅孛来派遣300人组成的使团求贡，不过北京朝廷以人数过多为借口予以拒绝。翌年，又

---

① Arthur Waldron, *La grande muraglia. Dalla storia al mito*, Turin: Einaudi, 1993, pp. 119, 121, 208 – 209, 211.
② Ibid., p. 142.
③ Ibid., pp. 104, 132, 210, 113, 105.
④ Ibid., p. 201. Owen Lattimore, "Origins of the Great Wall of China: A Frontier Concept in Theory and Practice", in *Studies in Frontier History: Collected Papers, 1928 – 1958*, London: Oxford University Press, 1962, pp. 97 – 118.

有一支一千余人的使团,也遭到了同样的命运。因此,决不只有葡萄牙使团,遭到了帝国的蔑视。1506 年,来自北方的使团受到了天朝的接纳,但在接下来的几年里却时常被回绝。结果,这不可避免地导致了远征劫掠的再度发生,毕竟这可以为蒙古人提供本来可以通过互市而获得的货物。多年后,在 1550 年,蒙古俺答可汗本来想按照大明礼仪,效法先祖遣使入京求贡,结果也遭直拒。朝廷的托词是其国书不是用蒙古文写成,故而无法确定其真实性。在这里,我们不可抑制地想起了葡萄牙人所经历的重重苦难。拖延日久,与蒙古人也逐渐断交。1553 年,俺答可汗又遣 6 名使臣,结果他们全被投入监狱,其中四人丧生。我们再一次看到了葡萄牙人失败时所处的类似情境①。

倘若真的存在"文明的碰撞",那么,只是从全球史的角度观之,才能有着真正的理解。葡萄牙人遭到驱逐,不是因为他们是欧洲人、基督徒或是食人魔,而是因为当时的中国政府对外人和蛮夷充满深深的敌意。诚然,来自于马六甲和里斯本的人,其价值观、知识体系和兴趣都源自于拉丁基督教界。但很明显的是,并不是他们在有意或无意地引发了冲突。更重要的是,政治危机的时常出现,也导致统治阶级中出现排外的传统。究其原因,并不是出自于军事上的仇外,而是在统治上无力吸纳新思想,且在对外交往时抱有理想化想象之因素。

被明朝视为海盗的北方游牧民族,以青海湖为天然屏障。与此同时,真正的海盗在中国南部海域横行。自古以来,沿海地区屈从于劫掠甚至是毁灭性战事②。日本人、朝鲜人和中国人结成匪帮,从事各类冒险行当,虽然并不合法,但确实利润可观,有时还深入中国内地劫掠。在 15 世纪,东亚海域海洋贸易的兴起,衍生出海上抢劫和其他大量的秘密活动。朝廷组建水师,加强沿海省份兵力,清算海盗,从行政上严厉禁止人力和船舰的流动,但结果收效甚微。只有在北部边疆,才取得一些进展。1525 年,官方禁止沿海贸易,反而助推了海盗和走私的增长③。

---

① Arthur Waldron, *La grande muraglia. Dalla storia al mito*, pp. 115, 205, 206.
② Ibid., pp. 134, 207. 最鲜明的例证就是与安南的关系,当时面临困难的政治选择,特别是 1537 年至 1540 年安南侵扰边境。
③ Timothy Brook, *The Troubled Empire: China in the Yuan and Ming Dynasties*, Cambridge, MA: Harvard University Press, 2010, p. 223.

这些失败或会导致对禁令的质疑，但中国人所秉持的信条决定了他们不可能与蛮夷达成任何妥协。关于对外政策任何严肃的讨论，最终都会无一例外地陷入内质的讨论，如这些外人到底是"逆贼"还是"顺民"。有时候，在南方学到的经验，还被应用于北方，如葡萄牙铳或者中国人仿制的火炮，被用来加强针对蒙古的边防。在现实中，海岸线的长度，每个阶层的合作程度，还有利益的诱惑，意味着情况很难加以控制。和其他外人一样，葡萄牙人也是充分利用这一点，从而进入中国。但结果是，葡萄牙人被很自然地看作成诸多海盗中的一员，而海盗乃是天朝统治者的隐患之一。

从中国朝廷因不信任和疏远而织下的网中，葡萄牙人虽然能勉强踉跄而行，然正德帝驾崩之后，万事归尘。新帝派系迫切占据先帝留下的各个肥缺，于是歼灭江彬及其党羽，而江彬则是葡萄牙人的支持者。接下来的工作，交由了来自马六甲和广东的危言耸听之信息。

因此，考虑到不能对朝堂上的派系之争还有中国士林所秉承之世界观造成任何影响，看来入侵者遭到拒绝并不是罕见事件，其外交上的失败亦完全可以预知。有必要提醒发生在基本同期的事件，1520 年时明朝和日本关系交恶，1521 年日本朝贡团掠夺登陆之地宁波[①]，这时葡萄牙人的事端看起来少有关注了。从欧洲人的视角来看，曼努埃尔国王遣使应该是第一次的官方接触，而对于中国人来说其不过是个海盗事件。中国人目光之短浅，使我们深刻意识到天朝与贡使之间鸿沟巨大，还有中国人对这些人的好奇是多么有限。

外人之位置？

面对外人也就是伊比利亚人，一切都要取决于封闭或开放的程度吗？也就是说，我们能否将性格内向、头脑清醒的中国人与思想开放、性情天真的墨西哥人做对比？面对伊比利亚人，墨西哥的印第安人完全没有理由比中国人更加开放，实际上其反应各异，且不相信命由天定，但是没有办法来理解自己所面临的巨大威胁。他们很快意识到了入侵者

[①] Jacques Gernet, *Le Monde chinois*, Paris: Armand Colin, 1972, p. 369.

的破坏能力，但是他们无法攫取远远超过入侵者的武力，也未能理解入侵者的动机，更不用说对落在其家园炮弹的了解了。

墨西哥、美洲中部还有美洲南部被西班牙收入囊中，其得手之容易、速度之快，进一步证实了印第安人的误判之重。西班牙人——墨西哥人眼中的卡斯蒂兰人、神使或是安的列斯群岛的维拉科查人，很晚才被印第安人了解到其真实身份。这种错误，四处可见。西班牙人在当地的联军，在征服墨西哥时不可替代，但是他们对卡斯提尔人的误解与墨西卡人并无二致。印第安人面对无法掌控的局面时茫然不知所措，对这些史无前例之人事一无所知。

"外人"对中国上层统治阶级的影响则截然不同：正如在皮莱资所描述的官方接待上，皇帝、地方官府、阁臣和太监不仅不是自发地接近新来者，而且对于蛮夷有着固有的经验和观念，这些背景都限制了双方接触的成效并带来了伤害。外国人是野蛮人，野蛮人就是威胁。这还能符合逻辑吗？许多规则、原则、偏见和不愉快的遭遇，加上外交惰性，都使得皇帝与外部世界保持一定距离。另外，权力圈奉行的宋明理学之价值观念，也加剧了这一状况。与之相反，美洲印第安社群则没有任何立足点，即使他们识别出造访者所带来的致命威胁，也不能减少这些人在归化上所造成的影响。进而观之，他们缺少任何形式的官僚体制，因此不能减缓、阻止乃至中和入侵：皮莱资在广州花费数月等候批复；而科尔特斯则径直冲进了墨西哥。

最终，不但墨西哥人没有系统地怀疑外人，墨西哥社会还用自己的方式加以理解，目的是将外人吸纳进自己本土的历史。认为外人的到来实际上是重回故土，这不仅混淆了问题，还化解了阻力。中美洲社会，可能主要是美洲印第安社会，总是为他者预留着位置。① 在克洛德·列维-斯特劳斯看来，美洲印第安人的二元主义"其启发自……向他者的开放，这种开放在与白人的首次接触时表现得淋漓尽致，尽管白人怀有完全相反的意愿。"② 进一步审视的话，所谓的食人陋习，其实是从肉

---

① 详情可参见克洛德·列维-斯特劳斯的著述，还有以下著述值得关注：Eduardo Viveiros de Castro, *Métaphysiques cannibales*, Paris：PUF, 2009.

② Claude Lévi-Strauss, *Histoire de lynx*, Paris：Plon, 1991, p. 16.

体上将他者、入侵者和对头融为一体的方式。后来,各类的梅斯蒂索混血人种在南北美洲的快速繁殖,不能说与这种能力毫无关系。

中国人对于这种归化的反应,虽然说不仅拒绝而且还要予以根除,但还是带来了其他形式的欧洲扩张。这迫使葡萄牙人采取迂回的方式进入中国,发展其他形式的接触,就是与不同的亚洲伙伴进行合作,从而规避行程上的风险和阻碍。想要成为中国人认为的海盗,对他们来说得心应手,因为只有海洋才让他们感到自在。同时,被打败、被殖民化、被基督宗教化的墨西哥印第安人,也学会了如何成为遗失文明的幸存者。

第十四章 战后之人事

我们认为这片土地就像是另一个埃及,由于残酷的疾病,这里血流成河。

莫托里尼亚:《陈述书》

(安东尼奥·德·法里亚)一行并没有遭到任何敌对,他们很富足,被大量的漂亮姑娘包围,不过,看到这些姑娘们四人一对地被火绳枪的芯线捆绑一起,让人心生怜悯,当我们欢唱的时候,她们在不停地抽泣。

费尔南·门德斯·平托:《远游记》

葡萄牙人在广州的失势,给亚洲和美洲之间画上了一条分界线。一边是新大陆,即将向西方证明存在的理由,其财富、人口和空间将会遭受无情的剥削;另一边是中华帝国,吸收了被俘印第安人和非洲人所开采出来的大量白银[①]。现在,太平洋两岸的命运被连接到一起,原因是伊比利亚人为这种贵重金属的转移奠定了经济和政治的基础。新大陆的殖民史,虽然没有留下中国的影子,但是美洲却是中国走向现代性之恒常的在场。现在看到的明显事实,却是后见之明,对于当事人来说并非那么明显。1520年代,美洲的矿产尚未被发现;伊比利亚人正在设法统治世界,既不知发现的前景如何,亦茫然不知何以应对。美洲印第安人或被击败,或与西班牙人结盟,现在进入了嘈杂的战后时代,而相应的是,中国官府早就将佛郎机遗忘于爪哇岛外。

---

① Dennis Owen Flynn and Arturo Giraldez, "Cycles of Silver: Global Economic Unity through the Mid-Eighteenth Century", *Journal of World History*, 13, 2 (2002), pp. 391–427.

沿海省域

在中国的落败，迫使葡萄牙王室采取其他策略。"幸运儿"曼努埃尔国王的梦想，终究被约翰三世的实用主义替代，看来新旧国王的政策大相径庭[1]。既要官方通使，或者制定征服计划，哪怕是公开宣战，目前来看都没有问题。葡萄牙商人现在追逐个人利益，并与亚洲伙伴建立关系从而逐渐返回中国沿海，现在应该是前景可期，但他们是否还有别的选择呢？关于劫掠中国南方诸省的建议都被搁置一旁，当下的形势是更支持建立私人联系，要谨慎、隐蔽，甚至有时还要大行贿赂，总之希望能够赢取命运转机。为了提升与这片区域所有商人团体的关系，葡萄牙人可以说是使用了浑身解数。马来西亚的北大年为发动和平的"再征服"，应能提供绝佳的基地；熟知福建沿海的暹罗、马来西亚和亚洲的商人，奔着赢利的目的，常与中国商人碰头，并建立了良好的关系。

葡萄牙人还必须应对其他人事，而且除了接受别无选择：倭寇还有天朝的逆贼，这类人得到沿海村镇支持，并与中国的化外之民和沿海商人狼狈为奸[2]；即使葡萄牙人再集结人手，也难与明朝水师为敌；禁海令的推行——不可协商之官方政策，虽然有时还能变相松动。在这种背景下，双边关系在16世纪20年代逐渐恢复，并且在接下来的20年间持续加强。为了便宜沿海中国人行事，而且正是依靠这些人才恢复了联系，因此，葡萄牙人放弃了广东，转而去往更偏东北方的福建。[3] 一个葡萄牙人和亚洲人组成的闯入者社群不断壮大，他们快速偷袭，神出鬼没，高度灵活，在几百公里的沿海地区活动活跃，并很好地利用友好的区域、隐蔽的港口、串通一气的农民、精神涣散的水师还有腐败的官府。

葡萄牙人紧紧攥着这个业已存在的网络。他们不但没有革新，反而

---

[1] João Paulo O. Costa, "Do sohno manuelino ao pragmatismo joanino. Novos documentos sobre as relações luso-chinesas na terceira década do século XVI", *Studia*, 50 (1991), pp. 121–156.

[2] Jorge dos Santos Alves, *Um porto entre dois impérios: Estudos sobre Macau e as relações luso-chinesa*, p. 58.

[3] Ibid., p. 59.

满意于目前存在的经济世界，这个世界最先由兵士、水手还有商人等第一批欧洲人渗透，接着又由中国和穆斯林商人们耕耘发展数年[1]。身陷囹圄的葡囚曾主张征服能够带来殖民的观点，被务实的日常经营所代替，现在每天的事项就是面对风险和不稳的日常生活，并从中攫取巨额财富。葡萄牙人要学会与沿海官府和海盗打交道，虽然人们多将后者与其混为一体。中国官府除了将葡萄牙人视为蠢贼之外，还有别的认知吗？

在欧洲人看来，费尔南·门德斯·平托的《远游记》是关于该区域社会环境的最好指南。该书的主角安东尼奥·德·法里亚（Antonio de Faria）在海盗甲·番让（Quiay Panjão）英年早逝之后，很容易找到了一名中国人作为替代者。该中国人也用同样的笔墨，充分证明了平托在辩护时常使用的一句醒目之词："法里亚生性好奇，但他根本不贪婪。"[2] 中国南部沿海的3个省份包含广东、福建和浙江[3]。福建和浙江直到16世纪40年代都是最重要的；广东省在接下来的几十年中占据主导地位；澳门自16世纪中期开始变成葡萄牙人主要据点。

原则上，天朝当局禁止与外人进行一切贸易。但在实际中，情况变化极大。外人之所以能够出现，主要仰仗某些个人、派系、游说人还有利益集团，这类人群通常能够改变甚至彻底扭转成见。如何调和天朝的体量、边界的完整、官府的脆弱、商人的贪婪、沿海城镇的崛起还有海洋贸易的繁荣？面对上述三省的商贾、省府衙门、中央机构，葡萄牙人总能运用策略在自己无法控制的事情之上获利。

天朝的山头派系总是变化不定。正如我们所知，正是他们挫败了皮莱资使团。在广东及其他沿海省份，军事将官倾向于支持封锁边境，但是利益有染的沿海民众多持否定态度；而省府衙署则关注风向走势，在

---

[1] 关于这个全球贸易的重要性，见 Timothy Brook，*The Troubled Empire: China in the Yuan and Ming Dynasties*, Cambridge, MA: Harvard University Press, 2010, pp. 213–237.

[2] Fernão Mendes Pinto, *Peregrinação*, Lisbon: Imprensa nacional, Casa da Moeda, 1984, p. 199.

[3] Geoffrey Phillip Wade, "The Ming-shi-lu (Veritable Records of the Ming Dynasty) as a Source for Southeast Asian History, 14th to 17th centuries", 香港大学1994年博士论文，转引自 Jorge dos Santos Alves, *Um porto entre dois impérios: Estudos sobre Macau e as relações luso-chinês*, Macao: Instituto Português do Oriente, 1999, p. 25, n. 23.

"理解"、放任和敌意之间摇摆不定。从传统和惯例上看，受过教育的儒士在野蛮人与商人之间更不相信前者，毕竟后者与暹罗人、马来西亚人和东南亚人进行了数世纪的贸易往来。在中国，城镇和沿海地区之间的经济竞争，更使境遇变得复杂化。不言而喻，广东商人并不总是与闽浙同行保持步调一致，常常陷入激烈的竞争；外人必须学习如何将之转化为自己的优势。

在闽浙的沿海区域，中国商人多无视律法，随心所欲地与外人建立联系。有中文史料记载了一些从事走私的头目，如汪直和林希元。海盗汪直，是来自浙江的商人，与日本保持着密切联系，活跃在闽浙粤三省的沿海地区，1559年被处决。林希元更有意思：受过教育，还做过官，曾掌管过一众水师，故与省府衙署有着密切关系，并和官员结交友好，从而把控了非法停泊的葡萄牙船舰之供给[1]。在中国当局看来，他们和活跃在宁波双屿港的福建李光头和安徽许栋这两个海盗一样，都是些莽夫。[2] 这些中国人无所畏惧，能从省府牢狱里逃走，还能牵制官军的征伐，有时攻击巡察中的水师船舰，甚至还抓获了军事将领并勒索大量赎金。绑架名人、富商更是赚钱的勾当，以至于官府不得不高价悬赏匪首，想要把他们赶尽杀绝。这充分表明，在沿海省域的一些社群中间暴力与野蛮相当盛行，或者是他们早就存在着秘密结社的行为。

掠夺与亚洲化

与中国人开展商贸往来的外国商旅，都是亚洲人——当然葡萄牙人除外，其中有些是穆斯林，他们不约而同地抱着获利的目的。如何才能成功呢，或与中国当局建立良好联系，或与有影响力的商人共同合作，

---

[1] Jorge dos Santos Alves, *Um porto entre dois impérios*: *Estudos sobre Macau e as relações luso-chinês*, Macao: Instituto Português do Oriente, 1999, pp. 70, n. 52; 71, n. 53; Roland L. Higgins, "Piracy and Coastal Defence in the Ming Period. Government Response to Coastal Disturbances, 1523 – 1549", 明尼苏达大学（University of Minnesota）1981年博士论文，第161—188页；Jin Guoping and Zhang Zhengchun, "Liampó reexaminado à luz de fontes chinesas", in António Vasconce los Saldanha and Jorge Manuel dos Santos Alves (eds), *Estudos de História relacionamento luso-chinês*, séculos XVI – XIX, Macao: Instituto Português do Oriente, 1996, pp. 85 – 137.

[2] Ibid., p. 102.

或与装备精良的中国、日本和马来西亚的海盗沆瀣一气。和平托一道来中国的葡萄牙人，就可以归为上述类别；他们都很聪明地在贸易、走私和海盗之间划出清楚的界限。

葡萄牙人所参加的劫掠，在平托的书中留下了栩栩如生的描绘，当然这并不是善意的批判，毕竟其书在作者死后很久才刊行见世，他如是记说法里亚"并没有遭遇任何敌对，他们很富足，被大量的漂亮姑娘包围，不过，看到这些姑娘们四人一对的被火绳枪的芯线捆绑一起，让人心生怜悯，当我们欢唱的时候，她们在不停地抽泣。"① 对中国城镇的洗劫，多是一时冲动，平托对之有着生动的描述：出于安全考虑，一般不超过半小时为好，但是在劫掠时往往需要花费一个半小时，法里亚不得已放火烧掉城镇，这样才能将同伙赶回船上。"不到一刻钟，一切都陷入火海之中，好像身处地狱一般。"②

我们对于这个私底的（情非得已）和秘密的（本质使然）的群体知之甚少，除非我们认可平托之《远游记》所塑造的各类景象，也就是说，该书并不是一部关于葡萄牙人在中国沿海活动的忠实的编年史著，而是关于沿海阴暗世界的趣闻佚事，并埋藏一些思想和行为的各类史实资源而已。跟随16世纪的印第安纳·琼斯（Indiana Jones）之步伐，我们发现其中的一些章节虽短小精悍但读来津津有味，所描述的生活方式悬念丛生且令人吃惊。平托所不吝描写的日期与数字有可能是错误百出，所穿插的葡萄牙人的故事也可能是伪善之观察，但只有通过这位特别作家的文字和感受，才能给我们呈现当时的情境和实践。

在读者为之入迷的系列冒险中，有一个动态凸显出来：虽然葡萄牙人从来没有停止过保持自我，但他们融入当地环境乃是必须之事。从抵达印度洋之初，葡萄牙人就无法抵抗亚洲周边的环境对他们的影响。在中国沿海地区，亚洲化进一步加剧。葡萄牙人在与印度人、中国人和马来人的日常交往中，如何能不受同化呢？他们开始了解当地语言；他们开始熟悉地名，还有台风等气候状况；他们与各个区域的女子有着关系；他们陷入奥妙的地区政治；他们中的大多数人都会接

---

① Fernão Mendes Pinto, *Peregrinação*, p. 185.
② Ibid.

受这样的事实，他们不是局势的操控者，只是商业贸易中的一个合作伙伴，这里的商业贸易并不是在其到来之后才变得繁荣，他们的到来也没有带来任何新知。

葡萄牙人事事接受之态度，处处促进了他们的转变。在东南亚，他们被当成了亚洲人，甚至连中国人也这么认为。在马六甲和柔佛（Johor）两国的编年史中，葡萄牙人变成了"来自孟加拉的白人"[①]；在中国，人们则认为他们来自马六甲或暹罗[②]；在一些地方，甚至还认为葡王是东南亚的苏丹。葡萄牙人没有给出长篇大段解释（如其人其地其目的等），通常会冒充暹罗商人，或让人相信自己是中国人。[③] 不声不响地做自己的事情，似乎更容易一些——钱财无味无头，而不是直接去了解地理学、民族学或者历史学，这样会使事情变得复杂，还会招人猜疑。在这样一场游戏中，葡萄牙人胜出了，以致明属交趾的阮氏国王始终把在澳门的葡人和其他欧洲人区别开来，因而授予葡萄牙人一些亚洲商人才享有的权利[④]。根据平托所述，皮莱资在广州并未被处死，而是迁到中国内陆度过余年，还娶妻生子了。这一轶事很可能并不真实，却揭露出欧洲人面临压力时的心态。融入亚洲环境，这简直就是命中注定！

葡萄牙人每到一处，没有显示出较强的体制制度，因此进一步促进了其亚洲化。他们主要在印度果阿和印度洋周边活动。有一次经过了锡兰岛，葡萄牙人仅凭自己根本没能力将东道主进行葡萄牙化，虽然说其脑海中确实萌生过这样的想法。在世界的这个角落，被认为是要完全接受当地社会环境的亚洲化，催生了一种新的"殖民"模式，这就是澳门的开辟。

---

① Jorge dos Santos Alves, *Um porto entre dois impérios*: *Estudos sobre Macau e as relações luso-chinês*, p. 19, n. 3; "Sejarak Malayu or Malay Annals", ed. C. C. Brown, *Journal of the Malayan Branch of the Royal Asiatic Society*, 25, 2/3 (1963), Chapter XXL.

② Roland L. Higgins, "Piracy and Coastal Defence in the Ming Period, Government Response to Coastal Disturbances, 1523 – 1549", p. 195.

③ Fernão Mendes Pinto, *Peregrinação*, p. 186.

④ Pierre-Yves Manguin, *Les Portugais sur les côtes du Viêt-nam et du Campa*: *Etude sur les routes maritimes et les relations commerciales d'après les sources portugaises*, XVIe, XVIIe et XVIIIe siècles, Paris: EFFO, 1972.

混种的岛屿

我们要从 1542 年春一个叫作"Lampó"的岛屿说起。严格来说，该地为两个岛屿之间的航道，离宁波不远，大概位于现在上海市的东南部。① 各国商旅云集在这里，卸下带来的货物，并满载中国货物返回。有人认为这就是双屿港，福建海盗邓獠先前曾盘踞此地，葡萄牙人大概自 1540 年初也以之为据点。葡萄牙人并不是孤身前来。海盗许氏兄弟，诱引北大年、马六甲的商人还有葡萄牙人亦即蛮夷佛郎机人，来宁波私通贸易。根据中文史料，在 1545 年，许氏兄弟的帮手汪直勾引日本倭寇加入到这一群体。② 看来，葡萄牙人并不是到这里的第一批人。

葡萄牙人在这个集体中，不但占据不了主导地位，反而还要去适应抱着同样目的来此地的其他团伙。这里虽然混合着私通贸易和海上劫掠，但主要还是东南亚的生活方式、信仰和传统方面的交融。总之，只要阅读平托的作品，我们就能观察出民族之间的显著相同点。作者所描述的交流和流动，不仅使这些沿海岛屿变成缓冲区域，最重要的是成为不同世界的汇合之区。不仅远离里斯本王庭和果阿总督之控制，而且还身处中国统治之边缘，葡萄牙殖民者迁入到传统的经济循环圈内，最终成为中日贸易最主要的中介。《远游记》在字里行间都传达出憧憬和自豪，这足以说明作者平托还依旧向往并留恋这种生活方式。即使他从来没有掩饰暴力所带来的紧张和破坏，就好像这也是冒险生活的一部分。他们可能会在某日突然洗劫中国城镇，第二天就雇佣歌者和舞者来庆祝

---

① Li Hsien-chang, "A Research on the Private Traders along the Chekiang Coast during the Ghi-aching (16th Century) Period and on the History of Captain Wang Chih: A Private Trader's Life under the Embargo Age", *Shigaku*, 34, 2 (1961), pp. 161 – 203 (in Japanese); Stephen T. Chang, "The Changing Patterns of Portuguese Outposts along the Coast of China in the XVI th Century: A Socio-Ecological Perspective", in Jorge dos Santos Alves, *Um porto entre dois impérios: Estudos sobre Macau e as relações luso-chinês*, pp. 22 – 23.

② Jin Guoping and Zhang Zhengchun, "Liampó reexaminado à luz de fontes chinesas", in António Vasconce los Saldanha and Jorge Manuel dos Santos Alves (eds), *Estudos de História relaciona-mento luso-chinês*, séculos XVI – XIX, Macao: Instituto Português do Oriente, 1996, pp. 104, 101, 105.

自己所取得的血腥胜利。

1554年葡萄牙人定居澳门之后，这种局面就宣告结束了吗？[①] 很明显，因为没有遇到任何竞争对手，葡萄牙人的永久定居还有他们所主导社群的兴起，改变了游戏的规则。虽然澳门始终宣称自己的独立性，但这只是地方性的自主。由于处在葡属印度和马六甲港务部（1554年由莱昂内尔·德·索萨开设）的外围，葡人后来直接与广东官府谈判，才为澳门的建立奠定了基础。与中国当局不断会商，澳门逐渐磨炼了其边境外交和生存外交[②]，并始终自觉地关注帝国政策的转变及权力的更迭，还总是留心地区的变化，并乐于与德川幕府、暹罗和交趾达成协约。从多方面看，"澳门模式"（Macau Formula）承继了广州灾难之后延续多年的私通贸易和秘密活动。

葡萄牙使团在广州的清除，并没有终止欧洲人的出现。葡萄牙人在促进明朝中国成为世界经济中心作出了重要贡献，当时世界经济中心在16世纪从里斯本扩展到太平洋地区。欧洲人的撤退，打开了一条新出路，既不属于征服也不类似殖民，最终还使中国成为游戏的主宰者。通过挥舞着禁止一切对外贸易的大棒，北京拥有影响供给的有力武器，而这时沿海地区的大批天朝臣民开始投入到各种类型的贸易之中。

墨西哥的混乱

科尔特斯在墨西哥的情况大不相同。征服墨西哥的头10年，充满了混乱、磨炼和错误。卡斯提尔人的胜利，导致了一些没有先例的问题。数以百万计的印第安人以及成千上万平方公里的土地，是如何落入数千西班牙人的手中？这些异教的芸芸众生，是如何融合进天主教国家之中？没有一个人清楚，在征服带来一片废墟之后，在墨西哥统治被推翻之后，到底会浮现出一个什么样的社会。西班牙人先前从摩尔人手中收复了失地，也曾以牺牲当地民众的巨大代价对加勒比地区进行殖民

[①] Jorge dos Santos Alves, *Um porto entre dois impérios*：*Estudos sobre Macau e as relações luso-chinês*, pp. 51 – 102.

[②] Ibid., p. 42.

化，但这些早期经历均与墨西哥所面临的挑战无甚关联：当地人口之众，大陆面积之广——恰与渺小的岛屿相反，而且社会的性质还有当地贵族的角色，所有的这一切都难以确定。

首先，因战争和墨西哥城陷落所带来的混乱，是西班牙胜利者必须面对的问题。在16世纪20年代，一切尚未成为定局。笔者在其他著述中讨论了墨西哥陷入混乱的历史史实——政治、社会、人文还有经济和宗教方面[1]。统治不再稳定，战争摧毁乡村，流行病侵蚀着民众。这并不是传统上的战后状态。它很难恢复到以前的样子，很难重塑传统的秩序。依赖加勒比人或大都会的重建计划，简直没有可能。这里没有什么妙方，可以将中美洲社会变成殖民社会；马基雅维利提到的所有现代性的手段都难以奏效。

入侵者必须根据当地的情况，进行各种各样的开发和占领；他们必须设计出传播福音的政策，必须制定出一种西班牙模式的规章制度，既要与原有的截然不同，还要能够为当地树立起新秩序，并消除可能出现的一切不利情况。在非常早的初期阶段，甚至是在墨西哥被征服之前，科尔特斯就向王室建议将墨西哥命名为新西班牙。就像是衰落于1492年的格兰纳达王国一样，这个印第安国度必须被制服和基督宗教化。在这么多引起变革的方法中，最有用的还是将城市生活中的源自于卡斯提尔人和欧洲人的规章、权力、信仰、价值、城市和农村的生活方式，逐一落实到位。这些挑选出来并应用到墨西哥的方法，来自于大洋另一边多年积累起来的实践、习俗和传统，其目的主要是权衡什么才是基督宗教救赎的本质，什么才是卡斯提尔人的赢利能力和效率。无论是在大都会还是小地方，只要犯下错误，都有可能面临消灭宝贵的印第安劳力之风险，这种情形前期在岛屿上业已发生，结果是激怒了用于修筑据点的当地劳力，并且还给王室权力与加勒比岛的关系蒙上了一层风险。殖民者必须创造出一种模式，即后来的"西方化"。这是一个宏伟的计划，其内容包括：强力推行罗马法基础之上的卡斯提尔法律，实施教会法的

---

[1] Serge Gruzinski, La Pensée métisse, Paris: Fayard, 1999, pp. 59 – 84；英译本见 Deke Dusinberre, *The Mestizo Mind: The Intellectual Dynamics of Colonisation and Globalisation*, London/New York: Routledge, 2002.

各种禁令，教导字母读写，传播拉丁礼节，引领教堂成婚还有告罪忏悔，引导金属加工、饮酒乃至穿鞋等日常琐碎之活动，可以说所有的这些都可以被称为"西方化"。

从原则上来说，西班牙人不存在妥协的问题；在基督宗教信仰上不容协商，因此，要系统地推行基督宗教，还要打响反对敬奉偶像的战争。战败的一方，不可能去抵制政治控制，这暗示着印第安人完全依赖于胜利者；甚至还少有人会反抗西班牙人的经济主导地位，虽然他们系统且长期地遭到欺诈。这并不是说，西班牙人只是不做任何改变地行使自己的意志，或者说他们不受所占领社会的任何影响。事实上，入侵者必须适应当地的食物、语言，还有和雨旱两季交替出现的气候。对于一个想要存活的殖民地，西班牙人必须知道怎样以及何时，去妥协和调整他们所引入的欧洲元素和印第安人的现实。

另外，还要去应对反抗以及当地民众的习惯。印第安人从来不是被动的接受者。对于印第安人来说，不管是自己接受，还是被他者强加，新事物都需要逐步地重新释意、修正，甚至有时还要彻底改变。事实上，协商并没有清楚明朗的界线。欧洲人不可避免地被其相遇者改变，就像他们所引入或强力推行的规章、价值观和礼俗一样。"文明之间的碰撞"，不仅仅是消灭和替代。个人与社会之间的冲突，在最意想不到的领域产生了"杂交化"（*métissages*）。因此，墨西哥殖民化的反响，在今时也不能被忽视。这些"杂交"第一次牵涉到3块大陆的本土民众。故而，这不仅仅是西方化，还是全球历史以及全球化历史上的决定性阶段。[①] 殖民化、西方化是个人及观念模式的混合：而1522年的中国，却丢掉了这个持久的根基。

美洲化与亚洲化

虽然在加勒比群岛有着一定程度的实践，但是，中世纪的"旧制度"大规模地输出是发生在新大陆，而且这还是欧洲国家所开展的首次

---

① 参见：Serge Gruzinski, *La Pensée métisse*；Serge Gruzinski, *Les Quatre Parties du monde：Histoire d'une mondialisation*, Paris：La Martinière, 2004.

全方位殖民冒险。在此之前，欧洲国家还没有管理过面积如此辽阔的遥远国度。西班牙人占领加勒比地区，只是一次规模不大的征服，在那里他们对船舰可谓是触手可及，而且当地人口也在迅速减少。从葡萄牙人占领的亚洲地区来看，葡属印度及其首都果阿（自1510年）同中美洲相比简直微不足道。西班牙后来又拿下从哥伦比亚到巴塔哥尼亚的领土，葡萄牙与其之差距更是天壤之别。

尽管如此，在西方化和"杂交"的过程之外，或者是否因这两种动态而产生某种类型之美洲化，并能与葡萄牙人所经历的亚洲化相比拟？事实上，"美洲化"（Ameicanization）并非人们的广义理解之意，今天的"Ameicanization"系指美国对世界其他地方的影响。美洲的经历，对相关的民族造成了转变，尤其是对欧洲人而言。之所以如此，是因为他们离开故土，被迫在远离西班牙几千里格外的地方建设新家。相同背景下，有些家庭的成员在美洲生活，和那些数代都在欧洲生活的家庭相比，已经开始有了很大的不同。家庭关系跨越海洋的扩大，对未知和非基督世界的再度聚焦，习惯的变动，经常性的开拔和定居，这些都改变了人们。美洲的空间亦是如此，现在的空间绝对要比最初的居住之地要大上数倍；而印第安人的时代，也不再是世代庆祝其国家起源的年代；同样，其共处的和平还有其女性的伙伴也都发生了改变。所有这些因素，还有其他的新奇体验，都影响到了个体的行为，虽然当时并不为人察知，但最终还是改变了这些新来者的生活和情感。除此之外，所有胜利者甚至包括卑贱之人，都乐于与战败的当地人保持联系，从而拥有他们在故土卡斯提尔和巴斯克所根本无法享受到的社会和经济上的优越感。

"美洲化"意味着许多欧洲人提升了社会地位，还得到了更多的认同。从好的一面来看，这是对他们占据社会主导地位的保证；从差的一面来看，他们获得了在旧世界根本无法得到的优势。同样，"亚洲化"为葡萄牙人带来了财富和认知，但其中伴随了高风险，而且他们处于边缘的地位，最终都没占有无与伦比的统治。

第十五章　南部海域的秘密

　　在远处，就在山坡还有山林后面，极目远眺望去，可以看见一面巨大的银镜，那是海洋，一片十分著名的海洋，许多人心向往之却力不能行，哥伦布及其后来者曾对这片海洋求索多年，这片海洋的周边是美洲、印度和中国。

斯蒂芬·茨威格：《财富之潮》

　　我会向陛下禀告南部海域的秘密。

科尔特斯呈查理五世函，1532 年

　　对欧洲人来说，中国现在遥不可及了吗？倘若我们相信欧洲人在 16 世纪 20 年代彻底放弃了征服的想法，那么我们的故事到这里就结束了。在此要提醒的是，在欧洲，不只有葡萄牙人对遥远的东方感兴趣，而且美洲的殖民化同亚洲历史也是联系在一起的。

第一次环球航行时的中国

　　欧洲的观察者在一点上是达成共识的。按照马克西米利安·特兰西瓦努斯的说法，麦哲伦的航行给"接近中国"提供了可能。[1] 虽然远征队并未登陆中国沿海，但在行经的多个岛屿，麦哲伦的船员们发

---

[1] Xavier de Castro et al., *Le Voyage de Magellan (1519 – 1522): La relation d'Antonio de Pigafetta & autres témoignages*, Paris: Chandeigne, 2007, vol. 2, p. 908; Peter Martyr d' Anghiera, *Décadas del Nuevo Mundo*, ed. Edmondo O'Gorman, Mexico: José Porrúa e Hijos, 1964 – 1965, vol. II, p. 517.

现天朝存在的诸多痕迹①。麦哲伦死后,其船员还碰到过中国帆船;②还发现了镶金布料和丝绸。在婆罗洲,他们发现一些硬币,中间有孔,可以用绳子串起来;硬币的一面,上面刻着四个字,一看就是大汗中国的文字。从该地区港口所获取的信息来看,他们了解到这个国家的统治者是"世界上最伟大的国王'Santhoa Raja'",事实上就是明正德帝。据说其权势巨大,一直影响到大印度(India Major)和小印度(India Minor)③。他们认为正德帝是朝堂上的至尊,与三宫六院、侍卫共同生活在建有无数房间的宫殿。船员们还谈到大港口广州,还有两个城(南京和马可·波罗笔下的汗八里)。这个国家令人向往,这里的居民"皮肤白皙、衣着体面",还"围着桌子吃饭"。然而,入其国境不太容易,因为必须得到皇帝的诏许。宿雾岛大屠杀之后,一些西班牙人被卖与中国商人为奴,这些人可能到过中国。④在整个16世纪20年代,卡斯提尔人是以中国为大背景来审视马鲁古群岛的。

西班牙人的尝试

西班牙王室并未因麦哲伦远征的失败而放慢脚步。对查理五世来说,1525年乃吉利的一年:2月24日在帕维亚(Pavia)会战中取得胜利,在欧洲确立了军事和政治上的优势,法国国王弗朗索瓦一世也成为其阶下囚。⑤ 查理五世迫切拿下香料群岛,来增添其历史功绩。1525年8月24日,他任命弗赖·加西亚·霍夫雷·德·洛阿萨(Fray Garcia Jofre de Loaisa)为圣约翰骑士队的指挥官,带领8艘船舰,前去攻占马鲁古,期望在那里建立永久据地,来确保

---

① 相关信息见安东尼奥·德·皮加费塔(Antonio de Pigafetta)之书第47章,转引自 Xavier de Castro et al., *Le Voyage de Magellan* (*1519–1522*), vol. 1, pp. 251–257.

② 相关陈述见 Albo, "Les dépositions d'Elcano, Albo et Bustamente au retour de la Victoria", ibid., vol. 2, p. 625.

③ Ibid., vol. 1, pp. 223, 229, 254–257, 469.

④ Ibid., pp. 256, 257, 411.

⑤ Jean-Michel Sallmann, *Charles Quint: L'empire éphémère*, Paris: Payot, 2000, p. 123.

统治①。不过，有材料表明，洛阿萨还筹划兵发日本。他们通过麦哲伦海峡后，派分遣队向北航行；该分遣队抵达了新西班牙，并告知科尔特斯其远征的目标。然而，洛阿萨在航行中去世，其接任者也接二连三地因各种原因在途中死亡。后来，只有1艘船舰抵达马鲁古，其抵达让人心生猜疑，"因为马鲁古岛上的摩尔人非常依附卡斯提尔人"②。亚洲的葡萄牙人也不愿意谅解西班牙人，原因是后者与其穆斯林对头建立了特殊的联系。

还是在1525年，另外一个远征队驶往马鲁古，目的是"发现东方契丹"③。得到富商克里斯托巴尔·德·哈罗（Cristobal de Haro）的资助，又借葡萄牙人埃斯特万·戈麦斯（Esteban Goméz）的指挥，远征队从西班牙拉科鲁尼亚（la Coruña）出发，不过却是向西北方向航行，目的是在佛罗里达和"科德岛"（Land of Cod）之间找到驶往太平洋的另一条通道。戈麦斯一路向北，远达新斯科舍（Nova Scotia），还带回几个奴隶。西班牙迫不及待地想要得到通往马鲁古的直接通道，因此，戈麦斯返回的消息带来极大的鼓舞和振奋。有传言说，其船舰满载丁香，而实际上只是奴隶而已④。拉科鲁尼亚从来没成为香料新航线在大西洋的终点，毕竟从这里出发还要穿过远北地区的冰层。

1526年4月，首席领航员塞巴斯蒂安·卡博特（Sebastian Cabot）从拉科鲁尼亚起航，率领由3艘船舰和1艘轻快帆船组成的远征队。远征队再次朝西南方向航行。然而，既没有驶往马鲁古，甚至没有进入太平洋海域，卡博特却钟意于开发拉普拉塔（Rio de la Plata）河口地区。1530年，返回西班牙之后，卡博特因不遵指令而遭到控诉和监禁，尽管后来得到了王室的宽恕。与此同时，寻找西北方向通道的想法，还是引发了广泛的兴趣。正因如此，才引发了1527年的又一次探险，此次

---

① José María Ortuño Sánchez-Pedreño, "Estudio histórico-jurídico de la expedición de García Jofre de Loaisa a las islas Molucas. La venta de los derechos sobre dichas islas al rey de Portugal por Carlos I de España", *Anales de derecho*, Murcia, 21 (2003), pp. 217-237; idem, "Las pretensiones de Hernan Cortés en el mar del Sur. Documentos y exploraciones", ibid., 22 (2004), p. 325, n. 17.

② António Galvão, *Tratado dos descobrimentos*, Porto: Livraria Civilização, 1987, p. 133.

③ Juan Gil, *Mitos e utopias del descubrimiento 2: El Pacífico*, Madrid: Alianza Editorial, 1989, p. 26; AGI, Patronato, 37, 9.

④ Juan Gil, *Mitos e utopias del descubrimiento 2: El Pacífico*, p. 134.

探险的总司令是潘菲洛·德·纳尔瓦埃斯（Pánfilo de Narváez），结果却带来了一场灾难。

科尔特斯的第二人生

自 1521 年始，征服墨西哥，以及抵达太平洋沿岸，改变了这场发现游戏的名称。新西班牙周边大片海域即"南部海域"，亟待"发现、征服与定居"，而且墨西哥滨海地区也为驶往马鲁古提供了天然的基地。同时，还能克服大陆上的障碍。不知疲倦的科尔特斯很快认识到这一点，因此，在 1522 年，他拿下太平洋沿岸的哈利斯科（Jalisco）和萨卡图拉（Zacatula）两地①。在第三批函件中，科尔特斯不厌其烦地抛出开发南部海域的诱人前景："他相信通过这条线路，可以更顺利和更安全地进口马鲁古和班达两地的药材还有爪哇的香料。"② 在第四批函件（1524 年 10 月），科尔特斯建议占领香料群岛和向中国航进。但是，在接下来的两年里他不得不抑制住自己的急躁，直到洛阿萨舰队失败之后，皇帝于 1526 年 6 月在格兰纳达给其下旨，指令其派船寻找幸存者。此次远征救援还肩负另外一个使命，是要一并找回麦哲伦远征队的幸存者，约计 50 人，曾在特立尼达岛（Trinidad）一带航行。看来，科尔特斯还是要执意发现新西班牙前往马鲁古的航线。

在此期间，科尔特斯有着大量时间来探索墨西哥沿岸；他必须选择最适宜港口的地址，还要设法获得权力，接着建立军火库，储存建造船只之必要工具和材料。科尔特斯没有节衣缩食：他从西班牙调集材料，还招募技工建立造船工场。这位墨西哥的征服者，不仅十分富有，还有志于在太平洋建立属于自己的小型舰队，滋养出跨越大洲的野心。受洛阿萨探险队失事之警示，科尔特斯加速建造船舰，并深信，从西班牙更容易抵达马鲁古，正如他在 1527 年 5 月写给宿雾岛国王的信中所解释

---

① José María Ortuño Sánchez-Pedreño, "Estudio histórico-jurídico de la expedición de García Jofre de Loaisa a las islas Molucas. La venta de los derechos sobre dichas islas al rey de Portugal por Carlos I de España", pp. 339, 317 – 353; Xavier de Castro et al., *Le Voyage de Magellan（1519 – 1522）: La relation d'Antonio de Pigafetta & autres témoignages*, vol. 1, pp. 23 – 24.

② António Galvão, *Tratado dos descobrimentos*, p. 125.

的那样："我们离马鲁古很近，短期内就能抵达"。很明显，他会下决定派船前往马鲁古营救西班牙人，同时，很多墨西哥人和塞维利亚人也乐见这位难缠的对手跑到另一片危险的海洋。

很快，科尔特斯一家卷入到了太平洋的这些事端。科尔特斯于1527年5月匆忙指派其表兄阿尔瓦罗·德·萨阿维德拉·塞龙（Alvaro de Saavadra y Cerón）为远征军指挥，并下达精确的指令：要径直驶向马鲁古，中途不得在任何岛屿或陆地上停留，除非是为了联系，还有记录发现事物之需。这番指令，揭示了西班牙征服者是如何摇身变为海上事业家的。另外，科尔特斯再一次强调了秩序和效率：在船上不得亵渎神明；严厉禁止赌钱；女人实乃祸水，不许登船；不得与当地人发生冲突（不得强求或激怒他们，相反，要想办法取悦他们）；无论如何，不得勾结当地人的妻子。另外，萨阿维德拉要避免与葡萄牙舰队发生冲突，尽可能地搜集信息，最重要的是收集西班牙能够栽培的香料植物。

这位征服墨西哥的队长，当向宿雾岛和蒂多雷的统治者表示友好姿态时，就证明了他已经掌握了娴熟的外交手段。在宿雾岛这起事例中，科尔特斯请求宿雾岛国王宽恕麦哲伦的失度行为，即"发动战争并和您与您的子民失和"。正如科尔特斯的解释，麦哲伦本人也已经得到了主的惩罚："我们的神和万能的造物主对其做出了死亡的惩罚，原因就是他不听指挥，犯下错事，违背其君主的意愿"[1]。因此，寥寥数语，不仅宣告了这个著名航海家的一命呜呼，同时还将之扔进历史的垃圾桶，而且证明科尔特斯不仅是合适的继任者，还是一名公正的与话人。科尔特斯是一名善于摆弄他人的高手，不要忘记他不久前也曾"违背君王意愿"。他向蒂多雷的统治者表示谢意，感谢收留了麦哲伦远征队的幸存者，并许诺提供军事援助，"保护您的土地和人民免遭敌人攻击"[2]。科尔特斯甚至坦诚，还准备接待蒂多雷的使节，"这样让他们参观下新西班牙"。这位征服者所宣告的这些意图，符合查理皇帝的指令，并准备

---

[1] José María Ortuño Sánchez-Pedreño, "Estudio histórico-jurídico de la expedición de García Jofre de Loaisa a las islas Molucas. La venta de los derechos sobre dichas islas al rey de Portugal por Carlos I de España", pp. 327, 329, 331.

[2] Ibid., p. 332; Hernan Cortés, *Cartas y documentos*, p. 474.

要去控制另一个半球的事务。

1527年10月31日，萨阿维德拉离开萨瓜塔内霍港（Zihuatanejo），随身携带科尔特斯写给蒂多雷国王、塞巴斯蒂安·卡博特、埃斯特万·戈麦斯以及麦哲伦远征队幸存者的多封函件。萨阿维德拉船队首先抵达马绍尔群岛（Marshall Islands）。经过马里亚纳群岛时，这群西班牙人下船登岛，受到这里的欢迎，人们大喊"卡斯提尔人！卡斯提尔人！"1528年2月，这支小型舰队抵达棉兰老岛（Mindanao），在这里解救了洛阿萨远征队的一名西班牙幸存者。他们从该人口中探知，跟随麦哲伦的船员有一些被囚禁起来，后被宿雾岛的土著卖给中国商人为奴。在相邻的岛屿上，他们还解救了一些反对洛阿萨的造反船员，这些人后来在蒂多雷受到了惩戒。

萨阿维德拉还推算济罗罗岛（Gilolo）和新西班牙之间的距离，约为1500里格。① 1528年3月27日，他终于登陆蒂多雷，这里流落一支150人的西班牙驻防军，头目是赫尔南多·德·拉·托雷（Hernando de la Torre）。托雷委托萨阿维德拉给科尔特斯捎回一封信，希望得到帮助。这个小支部队，有十几门火炮，和该地区的葡萄牙人拼得你死我活。萨阿维德拉施以援手，擒获一艘平底小船，杀死葡萄牙籍船长。葡萄牙人和卡斯提尔人可能会在欧洲和美洲和平相处，但在世界的其他角落却会无情厮杀。我们看到了欧洲扩张给异域和遥远地区带来的后果，其中殖民者之间的竞争在接下来数世纪还会轮番上演。同样，此亦为伊比利亚人所激发的全球化，带来政治和经济变化趋势的宝贵体现：局地或大洲内的现象，目前转移到了世界舞台。

此后，远征沦为一场惨败。1528年6月12日，萨阿维德拉决定载着60公担的丁香返回母国。他们首先朝东航行，结果受不利风向和洋流之影响，最终失败。他们无奈折返，经阿德米勒尔蒂群岛（Admiralty Islands）、俾斯麦群岛（Bismarck Islands）、加罗林群岛（Caroline Islands）和马里亚纳群岛，数月航行之后，才返回蒂多雷，接着处决葡萄牙囚犯，这些人被枭首、分尸或绞死。看来，卡斯提尔人并不比中国人心软。

---

① António Galvão, *Tratado dos descobrimentos*, p. 138.

1529 年 5 月，萨阿维德拉再一次试图返回新西班牙。他一路向南并再次抵达新几内亚（New Guinea）。在途中，西班牙人还发现了平塔多斯（Pintados，在菲律宾群岛中部的米沙鄢群岛），加深了对太平洋的了解；他们可能也抵达了夏威夷群岛的北部。萨阿维德拉还首次描述了平塔多斯的土著。说从脸型和体态来看，这些人好像是中国人的后裔，但应该是"退化的"中国人："因为他们在这里生活许久，他们变得很野蛮，既不信仰宗教和教派，也不饲养动物。"[①] 风向总不利于他们航行，1529 年 10 月，萨阿维德拉在航途中去世，造成远征队员的惶恐不安。

这次航行有何收获呢？那就是，西班牙人对太平洋有了更多的了解，并且开始探索岛屿和海岸：加罗林群岛、巴布亚群岛（Papua，近济卢卢群岛）、阿德米勒尔蒂群岛等。这些信息，足以支撑再度横跨那诱人海洋的尝试。事实上萨阿维德拉不仅仅是一名科尔特斯所雇佣的帮手。他酝酿的计划，与马鲁古的葡萄牙人有着真正的关系："他希望能够说服皇帝为黄金卡斯提尔和新西班牙开辟一条海道"，直接冲向"巴拿马的陆地和地峡"，这样就可以在这里卸载丁香，接着用马车送往农布雷·德·迪奥斯（Nombre de Dios），"这是卡斯提尔人的基地"。他甚至规划了 4 条横跨中美洲的可行路线。

马鲁古岛和加那利岛（Canaries）之间的航道，经由太平洋和大西洋后能够节约大量时间，这是因为，在太平洋的一边，航线会行经赤道和北回归线之间。[②] 这样就无需绕行好望角，再穿过麦哲伦海峡，还有预想中的纽芬兰（Newfoundland）北部的水路了。再次来看，伊比利亚人的全球化，还是以海上全球化的方式出现：这就促进了环绕全球的海洋航线网络的形成，无论朝着东西南北哪个方向航行，世界上任意两个地方的距离都是等同的。由于熟悉了太平洋，西班牙人比葡萄牙人更有

[①] António Galvão, *Tratado dos descobrimentos*, p. 139.

[②] 萨阿维德拉舰队返回蒂多雷岛时曾解救过 18 名西班牙人，这些人曾被葡萄牙人俘虏，还被带到马六甲。详见：José María Ortuño Sánchez-Pedreño, "Estudio histórico-jurídico de la expedición de García Jofre de Loaisa a las islas Molucas. La venta de los derechos sobre dichas islas al rey de Portugal por Carlos I de España", p. 334；Francisco López de Gómara, *La conquista de México*, Madrid: Historia, 16, 1986, p. 401.

机遇去全面地掌控整个世界。

科尔特斯的野心和世界意识

　　科尔特斯何以对马鲁古岛有着浓厚兴趣，原因显而易见。这位西班牙征服者很难不为财富诱惑所动，而财富才是欧洲人和亚洲人所贪恋的焦点。他明白，在太平洋只要拥有自己的港口，就能享有宝贵且理想的地位；这是不容错过的良机。但是，"这位征服者探索南部海域的渴望"，也是其全球计划事业的产物：他把自己看作一个全球性的天授帝国的设计师。他在1527年5月致塞巴斯蒂安·卡博特的信中提到："我对于这些区域很感兴趣，希望将之纳入帝国帐下，我深深信赖我们的天主，深信皇帝在我们的时代一定能够统治全球，因为我们能够发现数量之多、面积之广的土地，一定是天主的旨意"。另一封写于1527年5月致遥远岛屿的君主的信中，同样可以看到类似的痴迷：天主"予以恩赐，希望（查理五世）能够成为世界的皇帝，届时其他君主会认可其地位和权力"①。

　　在太平洋、新西班牙和欧洲帝国之间，出现了新的广大空间，在还未演变为实体之前，即给人留下了深刻的印象——这种实体就是全球化的标志，将助推人们探索环游世界，并探求世界层面上的权力，而所谓的世界层面就是麦哲伦的海员们所经由的海域。

　　全球化预示着统一性。在海洋的另一端，科尔特斯的帝国主义与查理五世皇帝重塑普遍和谐的欧洲梦，只是偶然性的一致吗？此时的旧世界，充斥着末世论的期望。人们不满足于静候末日帝王的到来，也不想再去经历中世纪千禧年主义（Joachimism）的影响。难道只有伊拉斯谟一人请求查理五世在各民族之间重塑和平吗，难道也只有大臣默丘里奥·迪·加蒂纳拉（Mercurio di Gattinara）筹谋普世之王的前景吗？在加蒂纳拉的顾问中，只有曾在《马鲁古》一书中描述麦哲伦远征队的马克西米利安·特兰西瓦努斯，在欧洲率先领会了此次航行的

---

　　① Francisco López de Gómara, *La conquista de México*, Madrid: Historia, 16, 1986, pp. 329, 330.

全球性价值①。在帕维亚赢得与法兰西国王之役后，如果说这时查理五世已显现为"世界的主人"，那么，1530 年在博洛尼亚举行的加冕大典，似乎就能够证明人人都是希望在新奥古斯都大帝的庇护之下，全球和平的时代能够到来②。

征服者和其君主的野心，还从来没有这么接近过。科尔特斯利用了这一点。一封从三邦联盟之旧都特斯可可（1530 年 10 月）寄出的函件中，科尔特斯在言语里煽动皇帝的好奇，实际上这也是他心底的想法，他说"陛下的愿望就是想去了解这些区域的秘密"。两年之后，他再度重申了几乎同样的话语："我十分清楚君主非常想要了解南部海域的秘密。"③ 然而，科尔特斯的主张，同时也非常审慎。在信中，他没有谈及未来的征服，只是提及太平洋及其神秘性，只是简单地说这片空间在原则上属西班牙所有。不过，我们亦清楚卡斯提尔士兵所指的"好奇"的含义。

科尔特斯的慎重，绝不是毫无由头。他不得不意识到，1529 年 4 月《萨拉戈萨条约》的签订，查理大帝官方放弃马鲁古的所有要求，换取葡萄牙约翰三世提供的大量现金补偿。很明显，所谓"南部海域"的秘密，就是找到墨西哥通往马鲁古再到中国的往返航线。1529 年 10 月，科尔特斯谋得协议，从而获得了进入西属太平洋所有地区的权限。科尔特斯只是获得了瓦哈卡（Oaxaca）谷地侯爵的封号，虽然名义上享有 2 万 3000 名封民，但还是不尽如人意，毕竟他一直盼望能成为新西班牙的总督，这次权限的获得对他来说是个宽慰。科尔特斯现在要去"发现、征服和定居在新西班牙南部海域发现的一切岛屿，还包括在西部海域可能发现的岛屿"。自哥伦布和麦哲伦之后，西部海域成为无尽的魅力之源。就像是墨西哥取代安的列斯群岛一样，太平洋这一次取代了墨西哥。

原则上看，马鲁古群岛要从征服名单除名了，不过这并不包括东亚，当时人们认为东亚与太平洋北部的新西班牙在海岸线上相连。不

---

① *De Moluccis*, Cologne, 1523；1523 年时该书有 3 部拉丁文本，在整个 16 世纪则涌现出 13 部拉丁文和意大利语本。见 Jean-Michel Sallmann, *Charles Quint：L'empire éphémère*, p. 207.

② Ibid., pp. 216, 225.

③ Hernan Cortés, *Cartas y documentos*, pp. 494–495, 497–498.

过，在科尔特斯面前还有个大障碍：新加利西亚（New Galicia）总督尼诺·德·古斯曼（Nuño de Guzmán）统治的海域，虽说也是墨属太平洋的一部分，但是他却没有权限进入。另外，合同也不包括佛罗里达总督授予潘菲洛·德·纳尔瓦埃斯的土地。对此，科尔特斯以得寸进尺的要求进行回击：他甚至要求在南部海域所得财富的十二分之一，归自己及子孙所有，作为继续探索所需大量投资的补偿。这一要求并未得到满足，但他还是攫取了在初次发现土地上的司法权。

"魔鬼布下的障碍"[1]

科尔特斯返回到新西班牙时，一场困厄在等待着他。他遭到总督的敌视，后者禁止他进入墨西哥。1530年，科尔特斯准备建造5艘船舰，做好后再度抛锚起航，但趁他不在之际，墨西哥"皇家检审法庭"（Real Audiencia de México）逮捕了船工场的头目，侵吞本来用来造船的材料，还断绝了当地劳力的供应。这对探索太平洋还没有造成太大的阻碍。在接下来的1年，因"船只丢失"，西班牙船匠无工可做。多数人只得离开造船工场，还要求偿付未清工资。科尔特斯深感惊愕："他们令我损失了两万多卡斯提兰（一种金币），本来刚好能够建造5艘船舰。"[2]尽管面临这般损失，尽管面临皇家检审法庭首任主席布下的"魔鬼般的"障碍，科尔特斯还是继续推进计划。1531年，科尔特斯通过多方承诺，终获得官方指令，给予2年时间组建探索太平洋的舰队，若未能成功实施，那么他与王室达成的协议则会失效。

王室在1530年和1531年所签发的指令，可能只是为了解决燃眉之急，而不是要去探索太平洋，其初衷是敦促科尔特斯远离墨西哥首都，原因是科尔特斯与检审法庭的冲突一触即发。这不是说西班牙王室在签订《萨拉戈萨条约》之后，并不急于重新主张在太平洋的权利，而是说更当紧的是要处理好拥有财富、船只和港口并期望成为新西班牙主宰的科尔特斯。后来，科尔特斯践行诺言：重建属于自己的舰队。到了

---

[1] Hernan Cortés, *Cartas y documentos*, p. 495.
[2] Ibid., pp. 494–495.

1532年，他在特万特佩克（Tehuantepec）获得1艘轻快帆船，在阿卡普尔科（Acapulco）得到2艘双桅船，另有2艘在建。印第安港口搬运工，在库埃纳瓦卡（Cuernavaca）和海滨地区之间来回穿梭，"为双桅船提供材料和设备"。如果加上上次在造船工场废弃的5艘船舰，那么，到现在他就能拥有一支由9艘或10艘船舰组成的舰队了。

1532年，在新西班牙，就是在征服之后的第10个年头，并不是每个人都能经历科尔特斯那样的困难。全力推进的发现事业，吸引了无以糊口的大量西班牙人加入其中。已经卸任的皇家检审法庭首任主席尼诺·德·古斯曼，此刻正忙于新加利西亚省的总督事务，在那里他也建造1艘双桅船，准备探索南部海域。另外，危地马拉总督佩德罗·德·阿尔瓦拉多也在准备"9艘适于海航的船只"，7月就能完工。当时，有人认为科尔特斯在海上事务上花费了过多时间。最后，佛罗里达仍旧没收到关于潘菲洛·德·纳尔瓦埃斯的任何讯息，该人前期起航出发去寻找著名的西北通道。

皇家检审法庭的目标，还是科尔特斯。皇家检审法庭禀请王室查抄科尔特斯所属的1艘轻快帆船和2艘双桅船，当时两者正在打官司[1]。科尔特斯还是以一贯的作风予以回击，也就是义无反顾地继续前行。1532年6月，科尔特斯的表兄弟迭戈·乌尔塔多·德·门多萨（Diego Hurtado de Mendiza）从阿卡普尔科起航，该地坐落着科尔特斯的军火库。门多萨手下有2艘船舰，分别是圣米格尔（San Miguel）号和圣马科斯（San Marcos）号，均是科尔特斯从胡安·罗德里格斯·德·威利福特（Juan Rodríguez de Villafuerte）手中买来。门多萨沿海岸线向上航行200里格，行进时小心翼翼，避免进入新加利西亚总督尼诺·德·古斯曼之领地。他还勘探了科利马（Colima）和哈利斯科（Jalisco）两地的海岸。其中的1艘船向南方航行时，船员不幸在纳亚里特的班德拉斯湾（Bay of Banderas）遇害。另外一艘船由门多萨本人指挥，向北航行，不过"后来没有听说有关他本人及船只的消息，此后再也没有见过他"[2]。科尔特

---

[1] Francisco del Paso y Troncoso, *Epistolario de la Nueva España*, Mexico: José Porrúa e Hijos, 1939, vol. 2, pp. 133, 113, 140.

[2] Bernal Díaz del Castillo, *Historia verdadera de la conquista de la Nueva España*, ed. Joaquín Ramirez Cabañas, Mexico: Porrúa, 1968, vol. 2, p. 305.

斯将这次失败归咎于第二届皇家检审法庭主席，认为他无所不用其极，蓄意破坏航行的准备事工，妨碍给船队提供补给。科尔特斯反复重申，王室和殖民当局要联手耗尽征服者的干劲和财富，因为他们觉得征服者喜欢招惹是非，从来不给人以信心。从这个角度来看，太平洋似乎更像是西班牙征服者挥动的一个圈套，而不是一个要认真追逐的目标。海上的失利，只会逐渐磨灭科尔特斯身上无可战胜的光环，更不用说还要担忧新西班牙带来的种种威胁。

1532年底，特尔特斯准备妥当，再次开展新远征。其结果是，他的手下赫尔南多·迪·格里哈尔瓦（Hernando de Grijalva）发现了雷维利亚希赫多群岛（Revillagigedo islands），该群岛位于距下加利福尼亚（Lower California）半岛南端西南300千米的大洋中。这次远征共带有2艘船舰，一艘安全返回，但另一艘落入对头新加利西亚总督尼古斯曼之手。

后来，王室做出决定，转而支持危地马拉总督阿尔瓦拉多，批准他远征太平洋的所有地区。然而，科尔特斯坚持己见，据理力争。1535年4月，科尔特斯担任一支由3艘船组成的小型舰队之总司令，载有300西班牙人，还有30名女人。他从查梅拉（Chametla）起航，在圣克鲁兹湾（Santa Cruz）的下加利福尼亚半岛南端登陆。但是，士兵和水手却遭到了饥荒："和科尔特斯一道的士兵，有23人死于饥饿和疾病；剩下的其他人很多都生病了，他们大声咒骂科尔特斯本人，咒骂科尔特斯的岛屿，咒骂科尔特斯的海洋，咒骂科尔特斯的发现计划。"[1] 最终，幸存者们被遣送回大陆。

这一次，不只有西班牙和葡萄牙两国寻找香料和中国。1534年，法国人雅克·卡蒂埃（Jacques Cartier）起航，目的是寻找北部通道，"将印度的香料和药材带回法国"。[2] 结果，他只发现了一片陆地，还将之命名为新法兰西（New France），"这里资源丰富、村庄和人口众多"。秘鲁的征服，也改变了墨西哥的境况。现在，西班牙对南太平洋唾手可得。1536年，弗朗西斯科·皮萨罗（Francisco Pizarro）的人马遭印第

---

[1] Bernal Díaz del Castillo, *Historia verdadera de la conquista de la Nueva España*, ed. Joaquín Ramirez Cabañas, Mexico: Porrúa, 1968, vol. 2, p. 308.

[2] António Galvão, *Tratado dos descobrimentos*, p. 147.

安人围困，便向危地马拉总督阿尔瓦拉多求助。结果，这封信落入总督门多萨手中，因此他任命已返回阿卡普尔科的科尔特斯前去救援。科尔特斯迅速抓住这个机会，派遣2艘船舰驰援，1艘是由其大管家格里哈尔瓦管控。他还为此番远征设立两个目标：一是给皮萨罗带去补给和礼物，二是探索从南太平洋水域，直至马鲁古群岛的航道。事实上，格里哈尔瓦的船只最后没有由新西班牙返航，反而一路向西航行。在葡萄牙舵手马蒂姆·达·科斯塔（Martim da Costa）的帮助下，科尔特斯的大管家沿着赤道航进，远到圣诞岛（Christmas Islands），并且抵达了吉尔伯特群岛（Gilbert Archipelago）。不过，格里哈尔瓦被自己的水手杀害，叛变者最后还抛弃船只。1538年，葡萄牙人安东尼奥·加尔沃（António Galvão）解救了许多落入当地土著手中的幸存者。

这是一场完全失败吗？放到科尔特斯身上，这可能是事实。但是，在16世纪30年代，卡斯提尔王室获得了美洲太平洋的大部分海滨地区；而且早晚都会将这片大洋变成西班牙的内湖。大都会西班牙，从来都没对南部海域失去兴趣。1535年，一支由2艘船舰和200人组成的小型远征队，离开塞利维亚，似乎是朝着马鲁古或中国进发。总司令是西芒·德·阿尔卡科瓦（Simão de Alcaçova），葡萄牙人，曾随费尔南·佩雷斯·德·安德拉德远征过中国，因此，他对这片区域有所了解。查理五世指令他实地勘测《托尔德西里亚斯条约》所主张的界线。与前任相比，阿尔卡科瓦也没取得多大的成功。这支远征队想从麦哲伦海峡航行，结果在巴塔哥尼亚（Patagonia）抛锚，其中1艘船发生叛变，另1艘选择回到圣多明各，并最终返回到西班牙。

现在，皮球又回到了科尔特斯的半场。4年之后，在1539年7月，科尔特斯开始了人生的最后一次远征。他带领3艘船舰离开阿卡普尔科，想要探索加利福尼亚沿海，还再次希望发现通往东方的可行航道。船只行进到加利福尼亚湾的深处水域，接着沿着科尔斯海（Sea of Cortez）向下航行，两次经过圣卢卡斯海角（Cape San Lucas），之后顺着太平洋海岸往上航进，最后到达塞德罗斯岛（Cedros Island）。不过，当他们在返程途中，路经瓦图尔科（Huatulco）时，其中1艘船被新西班牙当局截获。除了在加利福尼亚沿海探得一些信息之外，其成绩均乏善可陈："他们带回来的消息说，那里没有发现什么值得探索的土地。

科尔特斯相信在这片海域的沿海地区，能够发现另一个新西班牙"。这位日益年迈的征服者，不得不承认自己的失败。但是，科尔特斯最后一次返回西班牙时，手中仍有 5 艘船舰，希望能继续展开探索。

对于科尔特斯来讲，其财务状况可以说是负债累累；他基本花光了大部分财产，据说高达"20 万达克特金币（Ducat）"。据其传记作者所说，"还没人像他这样对此类事业抱有这么大的热情"①。也正是缘于此点，科尔特斯才与总督门多萨交恶，并频频向国王控诉。他性格上的不屈不挠，说明在其心中征服太平洋与征服墨西哥有着密切的关联。重要的是，这位冒险拿下特诺奇蒂特兰城的人，显示出向太平洋迅速强力推进的意愿；而且，其航线给人留下深刻印象，不仅仅是因为不断地向西冲进，还在于他敢向大洋另一边甚至是未知领域进行冒险投资的经历。这时，我们看到了欧洲现代性的开端，在这里，对利益的无尽追逐和空间与未来的扩张规划联结到了一起。

交给总督的接力棒

什么是"现代性"，对此王室不能说不熟悉。1535 年，查理五世的代理人总督门多萨抵达新西班牙，提出接管太平洋远征队，意在保有对这项事业的垄断权。查理五世也想在殖民地社会推行其律例，自征服以来这些殖民地遭受了多年动乱。此外，也是时候重起炉灶了。在古斯曼之后，科尔特斯也毅然决然地返回了西班牙，而且，阿尔瓦拉多和赫尔南多·德·索托（Hernando de Soto）先后在 1514 年和翌年离世，最合适带领远征发现及呼求利益的人消失在历史烟云之中。

重新开展的探索，受到了严格管控。1540 年 3 月，总督门多萨派遣瓦斯奎兹·德·科罗纳多（Vasquez de Coronado）察探新西班牙北部地区。接着，总督征用阿尔瓦拉多的舰队。1542 年，他派遣部分船舰探索加利福尼亚和其他地区，委任其妹夫鲁伊·洛佩斯·德·维拉洛博斯（Ruy Lopez de Villalobos）为司令，朝着香料岛的方向进发。这是第 5 支派往马鲁古群岛的远征队，由 370 人组成，其中包括麦哲伦船队中

---

① Francisco López de Gómara, *La conquista de México*, pp. 414 – 415.

一个名叫吉尼斯·德·马夫拉（Ginés de Mafra）的幸存者，还有几名奥斯定会教士。在殖民或者准备殖民萨兰加尼省之前，1543年2月，维拉洛博斯抵达棉兰老岛，接着抵达吕宋岛及菲律宾群岛，最后将萨兰加尼岛（Sarangani）掠为殖民地。在打算回到新西班牙时，遇到了前面几位远征家同样面临的困难。历经辛劳和饥饿，远征队的残余者抵达蒂多雷，在这里想探索另外一条返回路线。1545年，他们占领了"新几内亚"，之所以如此命名，是因为这里的居民长得很像非洲几内亚人，但是他们还是未能返回新西班牙。在过去20年间，先后有5次失败[①]：1522年西班牙的贡萨洛·戈麦斯（Gonzalo Gómez），1528年和1528年的萨阿维德拉，1543年和1545年的赫尔南多·德·拉·托雷和奥尔蒂斯·德·雷特斯（Ortiz de Retes）。整体上看，计有143人尝试从印度洋返回西班牙，不过并不包括洛维拉洛博斯，他在安得拿岛（Amboyna）十分荣幸地病逝在沙勿略（Francis Xavier）的怀里。一般认为，维拉洛博斯探索了卡罗林（Carolines）和帕劳（Palau）两岛，最重要的是还察探过菲律宾群岛。巨大的太平洋，正在一点一点地被西班牙化。然而，伊比利亚水手们尚未自东向西航行。

进发亚洲的诉求，还从来没有如此之强烈。1531年，瓦伦西亚的马丁（Martín）这位在墨西哥传教的方济各会修士，此时鲁莽地决定离开新西班牙，想要去太平洋沿岸散播教义。1549年，很多宗教首领也下达过进军亚洲的指令。多明我会修士贝坦索斯（Betanzos）甚至还领取了资金和法衣。结果他却未成行，后来墨西哥、普埃布拉和瓦哈卡等地的修道院瓜分了这些物品。1550年3月，在前一年的6月和9月巴利亚多里德连下两道文书之后，前往"香料岛"的航行被迫取消[②]。1554年，墨西哥大主教方济各会的胡安·德·苏马拉加（Juan de Zumarraga）和多明我会修士贝坦索斯在一起合谋，计划找1艘合适的船只，然后前往亚洲。新西班牙第二任总督路易斯·德·韦拉斯科（Luís de Velasco），也说服新任国王腓力二世（Philip II）重启远征。1559年，韦拉

---

① Carlos Prieto, *El oceano pacífico: navegantes españoles del siglo XVI*, Madrid: Alianza Editorial, 1975, p. 83.

② Peter Gerhard, *Síntesis e índico de los mandamientos virreinales, 1548–1553*, Mexico: UNAM, 1992, pp. 19–20.

斯科接到旨令，开始建造船舰，准备跨海。这支远征队不是要染指葡萄牙人的势力范围，而是要发现返程航线。此次远征得到弗雷·安德烈斯·德·乌尔达尼塔（Fray Andrés de Urdaneta）支持，他是奥斯定会教士，还是太平洋事务最负盛名的专家。舰队的指挥官是巴斯克人米格尔·洛佩斯·德·勒加斯比（Miguel López de Legazpi），当时在墨西哥只是一名普通的镇长。

总督的提议，乌尔达尼塔的帮助，勒加斯比的指挥，再一次为新西班牙赢得了在太平洋和东方事务中的主要角色。不过，总督在远征队尚未出发之前就去世了。数年之后，在1564年秋，远征队才得以最终出发，当时的见证人这样描述了弥散其中的极大热情：

> 招募很多人手，任命多位船长。广泛报道说他们要前往中国，也正是这个原因，很多人加入进来，组成了一个装备精良的舰队，还认为最终会达到中国，丝毫没有考虑到中国的实力，还有人数上与当地居民在数量上的悬殊之大。

当驶入大海之后，勒加斯比通知说此次远征前往菲律宾，此时这些自愿跟随者的幻想破灭了[1]。

---

[1] Juan Suárez de Peralta, *Tratado del descubrimiento de las Indias*, Mexico: Secretaría de Educación Púbica, 1949, p. 109.

第十六章　中国近在眼前

凡人：你需要人手吗？你要前往中国吗？
神使：无知之人才这么说，那应该是神圣之国。

费尔南·冈萨雷斯·德·艾斯拉瓦：
《勒加斯比前往中国之前的第二次对话》，1565 年

16 世纪下半叶，大约在上述讨论事件 60 年后，征服中国被再次提上日程。进一步说，天主教君主吹响了向"中华帝国"进攻的号角，一伙西班牙人与一些葡萄牙人一道，在一位耶稣会士的带领之下，花费数年时间想要达到当时最强大的国家。在马尼拉、澳门、墨西哥和马德里，耶稣会士更是将这项军事计划予以正义化，并赢得了支持，还挑起了仇恨。然而，中国的战争还是没有再次爆发。这些战争贩子到了澳门之后并无前进，根本没发生烧杀抢掠之事。这件被高度期望但未实现之事，要不是能够体现对中国的极大兴趣，要不是能够在某些方面代表着从征服到殖民战争的转变，否则根本不值一提。这起事件，同样反映了新世界开始有了自我认知，开始有了亚洲这个身份认同，这些甚至发生在美洲白银外输中国从而构建两者关键联系之前。

清晰的道路

中国之所以出现在西班牙帝国的视野之内，原因是返程航线这一棘手难题在 1565 年时得到了解决。太平洋航行上的能手、奥斯定会教士

安弗雷·安德烈斯·德·乌尔达尼塔，① 首次尝试向北航向，得到有利风向，从而返回美洲。在海上漂流 130 天之后，乌尔达尼塔最终于 1565 年 10 月登陆阿卡普尔科。这样一来，为墨西哥打开了进入菲律宾和中国的门廊。乌尔达尼塔曾在 1528 年跟随阿尔瓦罗·德·萨阿维德拉·塞龙发现了菲律宾。在墨西哥的戏剧里，也有剧本庆祝了这次新联系的构建：1565 年费尔南·冈萨雷斯·德·艾斯拉瓦（Fernán González de Eslava）在其对话体文学作品《第二次对话》记录了这一伟绩②。无论艾斯拉瓦描述这次东方之行的初衷如何，然而很明显的是，这是墨西哥和新西班牙都感兴趣的话题。在这个作品中，之所以对中国感兴趣皆因菲律宾，是因为菲律宾现在已触手即得，下一步就要跨越群岛，直达天朝中国。《第二次对话》在两个层面进行叙述，一个是从尘世的航行，一个是从天上的航行。"凡人"谈及的"中国"，就是"神使"口中的"神圣之国"；"凡人"说要找到著名返程路线，"神使"则说"现在可以确定的是，这是从尘世通往天堂之路"；"凡人"谈到从亚洲带回的金链和樟属时，"神使"则将唤起宝藏的人描述为"飞向天堂之人"。穿越太平洋，绝对偶然之幸事，在船上要经受无尽考验，完全听天由命，正是深怀现实与精神之前景，才找到了从地球通往天堂之路。这个时期的全球化，是在海洋上演，所以将航行变成了通往其他世界的考验。在此后的其他作品中，我们也发现了对"前往中国"同样的亢奋③，还总是带着神秘的视角，还总是出现一些平凡人的身影："哦，主啊，带我去中国！"一名不被允许身穿丝绸的女人这样大喊大叫。

因此，自 1565 年始，前往中国的航行就提上了日程。1567 年 7 月，米格尔·洛佩斯·德·勒加斯比向腓力二世提议，应建造大木船，"沿着中国海岸向上航行，并与本土贸易"。④ 在这里，不禁让人想起曾经

---

① Carlos Prieto, *El oceano pacífico: navegantes españoles del siglo XVI*, Madrid: Alianza Editorial, 1975, pp. 89 - 92.

② Fernán González de Eslava, *Coloquios espirituales y sacramentales*, Mexico: El Colegio de México, 1998, pp. 61 - 63.

③ Ibid, pp. 154, 298 (Coloquio sexto), 318, 322 (Coloquio séptimo).

④ AGI Filipinas 6; Pablo Pastells and Pedro Torres y Lanzas, *Catálogo de documentos relativos a las islas Filipinas*, Barcelona: Viuda de L. Tasso, 1925 - 1936, I, CCVCIV; Manuel Ollé, *La empresa de China. De la armada invincible al Galeón de Manila*, Barcelona: Acantilado, 2002, p. 40.

征服墨西哥—特诺奇蒂特兰城的科尔特斯,其船队也曾用这种造船方式准备横渡太平洋。乌尔达尼塔返回的消息,产生了重大的影响。不仅仅是征服了太平洋,也促进了新世界情势的改变。对新西班牙的西班牙定居者来说,他们所占领的边远地区正转向变为中心地带。塞维利亚的时事评论员酣畅淋漓地说道:"墨西哥的人民对他们的发现十分骄傲;还认为自己现在是世界的中心"。[1] 这种移位,迅速在地图上有所表现,这时的地图以美洲为南北轴线,将地球一分为二。

世界空间的重新排序,激起了传教团体的希望,他们寄望在美洲革新基督宗教。当时,最为人耸听的预言,是说欧洲要落入土耳其人之手,罗马天主教的重心将会放到新大陆。16世纪,在伊比利亚各大都市及罗马天主教徒之中,都在传递着这些消息。然而,这并没有阻止痴迷于返程航线的殖民精英者,仍然关注这片虽然在地图上空白但因马鲁古香料而极为富有的区域,而且,还希望能从中国和日本或是世界第四区域的大陆地区榨取资源。现在,这些区域人人有份,且有待发现。

分界线

事实上,这一空间不是自由地任人航行。不管是葡萄牙人还是卡斯提尔人,其出发点都取决于是为里斯本还是为塞维利亚效力。自15世纪末始,地理学家和宇宙学家曾讨论卡斯提尔和葡萄牙划分世界的界线到底在哪里。1529年,《萨拉戈萨条约》暂时解决了一些问题,并对葡萄牙人有利。不过,在接下来的几十年间,对太平洋的持续探索,披露出卡斯提尔王室从来没有放弃对这片世界的权利。1566年,就在马尼拉至阿卡普尔科航线开辟一年之后,西班牙就召集行家里手再次讨论尚未解决的问题。其中的一些行家,是当时一流的专家学者和宇宙学家,如阿隆索·德·圣克鲁斯(Alonso de Santa Cruz)、佩德罗·德·梅迪纳(Pedro de Medina)、弗朗西斯科·法雷罗(Francisco Falero)、赫罗尼莫·德·查韦斯(Jerónimo de Chaves)、桑丘·古铁雷斯(Sancho

---

[1] John M. Headley, "Spain's Asian Presence, 1556–1590: Structures and Aspirations", *The Hispanic American Historical Review*, 75, 5 (1995), p. 633.

Gutiérrez)和安德烈斯·德·乌达内塔（Andrés de Urdaneta）。宇宙学家古铁雷斯的态度直截了当：对向子午线应从马六甲穿过。[1] 这样，就使得中国归属于卡斯提尔的那一半。奥斯定会教士迭戈·德·埃雷拉（Diego de Herrera），1570 年经过墨西哥时也持这番论点。6 年之后，在 1576 年，菲律宾总督弗朗西斯科·德·桑德（Francisco de Sande）依然秉持此说。

马德里的野心，在1574 年见世的《西印度群岛地理概述》一书中表现得淋漓尽致，该书作者胡安·洛佩斯·德·韦拉斯科（Juan López de Velasco），专治印地之宇宙学及编年史学[2]。这一皇皇总论，在 16 世纪以手稿形式保存，被发现之后呈送给了卡斯提尔王室，其主张西印度群岛之空间并不仅于美洲大陆，还应包括"帕劳群岛、香料群岛马鲁古、菲律宾、日本、琉球群岛、新几内亚还有所罗门群岛"。那么，横亘于西班牙和葡萄牙之间且产生诸多争论和嫉恨的分割线，到底在哪里呢？

韦拉斯科认为，"按照天文学细致观测之结果"，这条分界线应穿过马六甲和苏门答腊中部。还有一人支持该作者的这个主张，这就是"了解数学并在菲律宾定居多年的一名西班牙人"，很明显这是指乌尔达尼塔[3]。其书所收录的第一份标出西太平洋的地图，标注的分界线相当清晰：维度的标示十分精确，但经度的标示明显是为了支持西班牙的利益[4]。不过，韦拉斯科亦坦诚指出，葡萄牙人并不这么认为，因为他们主张将分界线划到济卢卢岛最东部，"这样在他们的这条线内，包括了马鲁古群岛及该岛与马六甲之间发现的所有领地"。毫无疑问，在"世界之端"的这些地区与西班牙人的模糊解释之间，实际上存在很大

---

[1] Lourdes Díaz-Trechuelo, "Filipinas y el tratado de Tordesillas", in *Actas del primer coloquio luso-español de Historia de Ultramar*, Valladolid: University of Valladodid, 1973, pp. 229 – 240; Juan Gil, *Mitos e utopias del descubrimiento 2: El Pacífico*, Madrid: Alianza Editorial, 1989, p. 65.

[2] Ricardo Padrón, "A Sea of Denial: The Early Modern Spanish Invention of the Pacific Rim", *The Hispanic Review*, 77, 1 (Winter, 2009), pp. 1 – 27.

[3] Juan López de Velasco, *Geografía y descripcíon universal de las Indias*, Madrid: Ediciones, Atlas, 1971, p. 289.

[4] Geoffrey Parker, *The Grand Strategy of Philip II*, New Haven, CT/London: Yale University Press, 1998, p. 62, Plate 12.

差异，但不管怎样，这种解释还是流传开来。其中，中国沿海被认为是西印度群岛之西段标界。可以看出，韦拉斯科在其《西印度群岛地理概述》希望提出有利于西班牙的解决方式，这样一来西班牙人就能得到机会，再一次在亚洲立足。在书中，韦拉斯科并没有隐藏其知识上的缺陷："大陆的海岸线，延伸到中国还有在那里发现的无数岛屿，这点上我也没有太多的发言权，因为葡萄牙人现在占据了这些岛屿，而且在'西印度事务院'（the Council of the Indies）的文书中也没有发现相关资料。"[1]

就在这时，西班牙人重新宣示其在马鲁古群岛上的权利。为什么还要忠实于一个人人唾弃的协约呢？葡萄牙人在过去都始终无法抗拒诱惑，后来在特尔纳特建立堡垒，实际上也违背了其本来的承诺；卡斯提尔人最终也来这片区域定居，并殖民了当时割让给葡萄牙的菲律宾群岛。总之，正如前文所叙，尽管葡萄牙国王一再抗议，各路专家能手还是在1566年根据西班牙人地图重建秩序。

韦拉斯科在《西印度群岛地理概述》一书中，注意到这片世界所出现的伊比利亚势力。在那时，"西班牙人和葡萄牙人总共才有4个据点"，计约500名欧洲人；当地人遍地都是，但"欧洲人的数量并不很多，而且征服和探索还带来疾病，导致人数一直在下降。"最重要的是，《西印度群岛地理概述》一书还预言说：伊比利亚两王室之间的冲突，可能很快爆发。葡萄牙人在这些岛屿的数量约在三四百之间，还不包括生意人。他们建有2个堡垒，其中1个在马六甲。而卡斯提尔人则有一个潜在的联盟，即蒂多雷王国，在这里西班牙人曾建有堡垒。他认为最重要的还是"分界线"将之一分为二的马六甲，说该地位置重要，借之可与爪哇、帝汶岛（Timor）、马鲁古群岛、婆罗洲、孟加拉（Bengal）和中国进行贸易。

这部地理学汇编，能够让我们从美洲穿越太平洋窥探几千公里之外新世界，它在1574年的见世绝非偶然。该书在内容上不仅是老话重提，而且其汇编之时还适逢西班牙王室正在探索西葡两国的未来。当时，葡萄牙王室没有直接继承人，是不是意味着腓力二世能将其国收入囊中？

---

[1] Juan López de Velasco, *Geografía y descripcíon universal de las Indias*, p. 295.

而且，当时西印度群岛与东印度群岛在概念上还没有完全区分开来。

中国的位置在哪里呢？《西印度群岛地理概述》一书收录了一份"中国沿海地势图"，令人惊喜①。这些资料来自菲律宾，得益于马尼拉和中国人之间的商业联系，当然还要感谢了解这片世界的耶稣会士。韦拉斯科相信，"中国属于卡斯提尔王国的那一半分界……，虽然直到现在还没有以卡斯提尔国王的名义去发现和占领"。我们应该再度注意到"直到现在"（hasta ahora）这一表达的使用，该词来源于西班牙人的笔下，说明他们有着完全占有的企图。韦拉斯科很了解其所言之事："在我们真正地了解中国之前，我们暂时认为中国是这个世界上最大的国家"。接下来，他还描述了地理空间、十五行省，还有"皇宫所在地"北京；还论及人口：不管男女，中国人都很白皙，他们虚荣且懦弱，卑鄙又柔弱②。还说这个国家外输丝绸、贵重家具、彩陶和镀金瓷器。它因为缺乏白银，所以比较看重银两。民众没有武装，士兵不够英勇，官军还不知如何使用大炮。不过，中国人能读会写，不仅有学校，印刷工坊在这里也存在很久了。尤其是，韦拉斯科还绘制了一幅"中国水文图"，虽简略不堪且不尽人意，但"可能有助于发现和进入这些省份"③。

《西印度群岛地理概述》只是在统治阶层流传，西班牙普通读者尚不能接触该书，直到1577年时大众才开始了解到中国。这时，用西班牙语撰写的第一份关于中华帝国的著述问世了，这也是欧洲出版的第二部关于中国研究的著述，其中，第一部是加斯帕尔·达·克鲁斯于1570年在埃武拉出版的专题研究《关于东方王国及其省份的航海志，及宏伟中国的可用信息》④。这部西班牙语著述的作者贝纳迪诺·德·埃斯卡兰特（Berndino de Escalante），是加利西亚（Galician）人，因此，葡萄牙语对他来说没有什么障碍。他在从加利西亚前往塞维利亚的途中，停驻里斯本，搜集到一些关于东方的信息。在这里，他还遇到一些到访此

---

① Juan López de Velasco, *Geografía y descripcíon universal de las Indias*, p. 300.
② Ibid., p. 301.
③ "Será para lo que se puede ofrecer": Ibid., p. 302.
④ *Discurso de la navegacíon que los Portugueses hazen a los reinos y provincias de Oriente y de la noticia que se tiene de las grandezas del reino de la China*; Geoffrey Parker, *The Grand Strategy of Philip II*, p. 186.

地的中国人，还轻松拿到了克鲁斯的专题研究。埃斯卡兰特甚至援用了编年史家若昂·德·巴罗斯所拥有的一份中国地图，而且，他还是第一个在书中印刷汉字的欧洲人。埃斯卡兰特还明确表示，对中国基督宗教化比征服更为重要，且充满了紧急性和必要性。

世纪之精神大事

在西班牙，绝对不只有专家、统治阶层和普通阅读者，对东方和中国感兴趣。在教会人士看来，对中国进行基督宗教化乃是世纪之精神大事。自1565年之后，对充满憧憬的传教士来说，对菲律宾和南部海域诸岛屿传播宗教虽然迫在眉睫，但并非最终目标。在群岛传播福音的先驱奥斯定会教士，首先认为此乃事业之起点，而不是继续耕深于太平洋的这片绝地。奥斯定会教士埃雷拉在1570年向腓力二世呈递函件，概述了一番宏伟的远景："紧邻宿雾的是一些广阔富饶的土地，如中国、琉球群岛、爪哇、日本，这片地区都属于陛下"[①]。这些地区"属于陛下"，在一定程度上不是说要去征服，而是说卡斯提尔要担负起基督宗教化的责任。在当时，难道还有比此更高贵的事业吗？

墨西哥也紧随潮流。1578年，新西班牙首都大肆庆祝罗马教廷赐给耶稣会的圣物。一路两旁摆满了圣像，装饰着铭文。一些必胜口号随处可见：

果阿将会走出一些圣徒和非凡之人
前往日本和墨西哥中国（Mexico China）。[②]

这是墨西哥耶稣会的策略，目的是给在中国传播福音留出余地，因为这片区域原则上应属于澳门的葡萄牙的教区。中华帝国所产生的精神吸引力，已从首都消息灵通的神职人员这个小范围群体传播出去。在米

[①] Lothar Knauth, *Confrontación Transpacífica. El Japón y el Nuevo Mundo Hispánico*, 1542–1639, Mexico: UNAM, 1972, p. 42.

[②] *Carta del pedre de Morales*, ed., Beatriz Mariscal Hay, Mexico: El Colegio de México, 2002, p. 54.

迦勒节（Michaelmas）上，墨西哥人所颂唱的一首"混响曲"（Ensalada）中，饱含着前往中国乃至天堂的想法：

> 想要出发前往伟大中国的人啊
> 一定要尽快做好准备
> 伟大的天使长米迦勒（Michael）嘱令我们
> 他一定会带领信友前往天朝。①

看来，中国哪是新大陆和非洲所能比拟：这是一个近似天堂又是尘世的地方，这是一个问题重重的地方。数世纪之后，保罗·克洛岱尔受此启发，描述了一番让人狂喜的景象："这里熙熙攘攘，有丝绸、棕榈和赤裸的人体，沿河两岸人口众多，正在等待受洗。"②

与此同时，大权在握的墨西哥宗教法庭审判官、大主教兼总督的莫亚·德·孔特雷拉斯（Moya de Contreras），对中国和中国人亦颇感兴趣。1583 年 10 月，孔特雷拉斯乐见马尼拉皇家检审法庭的建立，因为这样一来，菲律宾就更在新西班牙的势力范围之内，而且，也能成为墨西哥在这片遥远之地的哨站。他充分利用这一点，还说"我们应该培育与中国人的友谊，这样才能了解关于这个伟大国度更多的信息，而且，神圣的天主为我们的君主保留了很多解决的方式，其中一条就是让臣服者和藩属国将之包围"。必须要说的是，这是一种侵入式的友谊，因此"包围"（cercados）一词为军事用语，与"围困""包抄"含义相同。诚然，孔特雷拉斯对中国人并不看好：他们"贪得无厌，追逐所有利益。"③ 他还说，毕竟中国人是商业伙伴，因此他们应谨慎地与之保持良好的合作关系；即便从他们这里购买水银运往墨西哥市场，其价格还是要比西班牙水银便宜很多，而中国人一般要银子甚至金子，就像在马

---

① *Cinco cartas de Pedro Moya de Contreras*, Madrid: Porrúa Turanzas, 1962, p. 32; 摘编自: Cristóbal Gutiérrez de Luna, *Vida y heróicas virtudes de Pedro Moya de Contreras*, 1619.

② Paul Claudel, *The Satin Slipper*, trans. Fr. John O'Connor, London: Sheed & Ward, 1932; repr. 1945, First Day, scene 6, p. 43.

③ Francisco del Paso y Troncoso, *Epistolario de la Nueva España*, Mexico: José Porrúa e Hijos, 1939, vol. 12, p. 124.

尼拉交易中国货物的方式一样。

先进的据点

不管卡斯提尔的西班牙人还是墨西哥的西班牙人有着何种意图，假如不在远东地区建立一个先进的据点，那么一切都是空谈。当年想拿下马鲁古群岛就是想发挥这种作用，现在菲律宾能弥补这一缺憾。正如上文所言，建立据点这一计划，最初由新西班牙第二任总督路易斯·德·韦拉斯科发起，后来墨西哥检审法庭继续打磨直至完善。东印度群岛总督洛佩斯·德·勒加斯比于1567年9月再次提出该计划："要征服这些岛屿，要在这里定居，要将之纳入王室统治"。① 不过，光拿下菲律宾尚不足矣："我们的目的，是继续讲和、定居和探索吕宋岛（Luzon）以及靠近中国的岛屿，比如说日本、琉球群岛和科钦。"②

菲律宾的征服，进一步刺激了对亚洲种种利益的追逐。引用一部著名电影的名称"中国已近"③，来说明无论是在地理上、精神上还是经济上中国都已近在眼前。在墨西哥、马尼拉、利马（Lima）和澳门的各类群体都萌生了进入中国内地的欲望，包括基督教会的中枢阶层、传教士、王室官员、富商巨贾还有各色冒险家④。在墨西哥，先后出过两位总督且食客、亲信诸多的韦拉斯科家族，自16世纪中期多次开展征服菲律宾活动的路易斯·德·韦拉斯科总督开始，数代以来都充满了对亚洲事务的渴望。新西班牙的总督们也相继效仿，如阿尔曼萨（Almansa）曾于1572年建议派遣远征队探索中国沿海，此后的总督孔特雷拉斯亦复如此。在菲律宾，其总督也深信西班牙据点要想存活，还需依赖与天朝的关系。期望与中国之间的贸易，包括贸易私通、走私禁运货物，还有潜藏其中的利益，更是点燃了种种想象。现在，人们把希望主要放到

---

① Lothar Knauth, *Confrontación Transpacífica. El Japón y el Nuevo Mundo Hispánico*, 1542 – 1639, p. 44.
② "Relación de Juan Pacheco Maldonado", ibid., p. 46.
③ 电影名为"La Cina è vicina"，导演"Marco Bellocchio"，上映时间是1967年。
④ Fernando Iwasaki Cauti, *Extremo Oriente y el Perú en el siglo XVI*, Lima: Pontíficia Universidas Católica del Perú, 2005.

来自阿卡普尔科的大帆船上，自 1565 年始，每年开通菲律宾所在之亚洲通往墨西哥所在之美洲的航线①。在利马，这里的西班牙人只需要将波托西（Potosi）的白银外输到中国，这样能为秘鲁提供获得巨大利益的希望。

---

① Pierre Chaunu, "Le galion de Manille. Grandeur et décadence d'une route de la soie", *Annales, Economies, Sociétiés, Civilisations*, 4 (1951), pp. 447 – 462; Pierre Chaunu, *Les Philippines et le Pacifique des Ibériques*, XVIe, XVIIe, XVIIIe siècles, Paris: SEVPEN, 1960; Federico Sánchez Aguilar, *El lago español: Hispanoasia*, Madrid: Fuenlabrada, 2003.

第十七章　当中国醒来

> 之所以要与那个国家开战，最主要还是因为要解放一些可怜的人，他们的孩子或被人杀死，或遭人虐待。
>
> 　　　　　　　　弗朗西斯科·德·桑德呈腓力二世函，1576 年

> 发动战争，无论多么正义，均会引起严重的伤害及恶果。……假如战争不公义正当，那就是对天主的严重冒犯，其负债也将无法偿还。
>
> 　　　　　　　何塞·德·阿科斯塔：《中国之战的构想》，1587 年

仍旧需要一些人冒险一试，并号令征服。发生在永久占领吕宋岛之前，安德烈斯·德·米朗道拉（Andrés de Mirandaola）于 1569 年 6 月请愿从菲律宾发兵，前去征服中国①。不过，这是奥斯定会的命令，其目的是使天朝皈依基督宗教，但这吹响了最为响亮的战争号角。长期居留该地区的奥斯定会教士马丁·德·拉达（Martín de Rada），也在这一年将征服中国提上议程。他说，中国虽资源丰富，但军备薄弱。从马尼拉这个坚实的据点出发，带领为数不多的军队，就能实现完全征服，尽管中国规模很大、财富众多、文明发达以及还有着带有防御的城镇（很多比欧洲的城镇都要大）②。其时，愤怒墨西哥人还正在反击，伊比利亚人始终在谋取解决之道，虽然说西班牙的征服已经翻页，而且在书面中偷换表达，将"征服"表述为委婉的"发现"。拉达的上述观点，产生了很大影响，主要是因为他是一位专家，他的言辞真实客观：他是宇

---

① Letter from Andrés de Mirandaola to Philip II, Cebu, 8, June 1569（AGI, Audiencia de Filipinas, 29）. 当时王室专门设立机构负责国家经济利益。

② AGI, Filipinas, 79, 1, 1, in Manuel Ollé, *La empresa de China. De la armada invencible al Galeón de Manila*, Barcelona: Acantilado, 2002, pp. 41–42.

宙学家，还是名数学家，先后在萨拉曼卡和巴黎读过书。此外，他行使自己被赋予的道德权威，代表印度群岛进行抗争。因此，在一定程度上，他是"菲律宾的拉斯卡萨斯"，正在号召与中国进行战争；我们从这点上好像能够看出，在伊比利亚人的世界里，印菲（Indophilia）和帝国主义是齐头并进的①。应该说，并不是所有的传教士都期望进行征服。一些传教士，尤其是一些方济各会修士，曾设想和平地在中国渗透，但他们暗中所付出的所有努力结果都功亏一篑。

为何与中国为战？

同中国交战的原因有很多。首先，正如上文所述，从西班牙和美洲来看，对中国进行皈依乃是他们的天命。所以，这里还继续有着竞争，奥斯定会希望能够获胜，牺牲掉其西班牙对手，他们中大多数是方济各会教士，当然还有身处澳门的葡萄牙耶稣会教士。此外，对群岛的殖民化，亦颇令人失望。无论是在物质还是精神上，菲律宾人都辜负了入侵者的期望。向中国进行扩张，既能解决在菲律宾群岛的困境，也有助于宽慰自己的良心。这与古巴的西班牙人当年向墨西哥海岸进发时的状况有些类似。

在这种背景下，入侵计划徐徐展开。1570年7月，总督洛佩斯·德·勒加斯比解释了为什么选择马尼拉也就是吕宋岛而不是宿雾岛，来作为群岛的首都，其原因是西班牙人认为此地临近中国沿海，将来可以扩大菲律宾的领土范围。2年后，西班牙人决定开始远征，主要目的是侦查中国沿海，并迅速拿下。不料勒加斯比去世，远征被迫中断。1574年，菲律宾临时总督吉多·德·拉维萨雷斯（Guido de Lavezaris）再次萌生侵略之意图，向腓力二世呈送中国总图，另附中国沿海图，里面故意缩小了中国与菲律宾的距离。主战派不仅仅有传教士和总督。同年，一名王室官员亦提出征服计划，其鲜明特点是盲目乐观。一些征服者也鼓呼战争，胡安·巴勃罗·德·卡里翁（Juan Pablo de Carrión）即一例，该人早就忽悠发动对中国的战争，想要获得"南部海域和中国沿海

---

① 这里无需再重述拉斯卡萨斯的手段，详见前文。

舰队司令"这个夸张的头衔①。另外一位主要人物,也急切地想分到头一份羹,这就是在菲律宾的王室成员胡安·包蒂斯塔·罗曼(Juan Bautista Román)。不过,这时出现了一个同中国建立商业和外交关系的机会。当时,西班牙人本来可以借助联合剿灭海盗这个良机,但结果不久夭折。先前,西班牙人差不多能够在福建谋取一地,按照澳门的模式,建造他们在中国的基地。结果,卡斯提尔的冷漠和敌意,进一步加重了中国人的猜忌,最终酿造出危机的形势和彻底的僵局。在这种情况下,干涉主义者重燃希望,其中包括新任总督弗朗西斯科·德·桑德(Francisco de Sande,1575—1579年在位)。

较之前任,桑德更强烈地推动战争的发动。他在萨拉曼卡大学学过法律,后在墨西哥担任一系列职位,如刑事法官(1568年)、财政官和审计官。他是王室的股肱之臣,在与科尔特斯儿子图谋作乱的斗争中,在与突袭新西班牙边境的奇奇梅克印第安人的斗争中,都充分展现了才干。在事业上的成功,才使他后来能从菲律宾调往危地马拉(1593—1596年),此后又前往圣菲波哥大(Santa Fe de Bogota,1596—1602年),在这里担任皇家检审法庭的主席。因此,桑德是殖民事务的专家,应该完全了解西班牙发动战争的能力如何,应该比多数人了解向这片世界扩张的最佳时机。他说,"远征中国当无问题,且花费甚少。……西班牙人不要一分饷银也会前往,还会自购装备,招募人手;带头来所有费用会自己应承下来,且毫无怨言"。1576年6月,在拉达所提用情报的基础上,他公开呼吁征服"大明王国"(Kingdom of Taybin):"这是对天主最重要的侍奉,……因为中国有600万人口,其藩邦将会给其带来3000万的收入。"②

这是一个诱人的目标:"最小的省份,其人口也要超过新西班牙人和秘鲁之和。"③桑德甚至还提出了一个战争计划。要招募"6000人手,配有长矛和火绳枪",募集船舰、火炮和军需品;届时该地区的海盗和

---

① Manuel Ollé, *La empresa de China. De la armada invincible al Galeón de Manila*, Barcelona: Acantilado, 2002, p. 52.
② AGI, Audiencia de Filipinas, 6, 28, 内容涉及桑德在1576年6月7日的来函。
③ 引文出处同上,内容是来自马尼拉某城镇的信函,时间是1576年6月2日;Audiencia de Filipinas, 84。

日本倭寇也会加入进来。控制整个海洋之后，下一步要占领利润丰厚的中国省份。是否能够征服沿海省份，决定了能否取得最终胜利，但这还要取决于中国人的支持，因为他们饱受贫困之苦，这样就会起来反抗统治者。"法官、政府和国王都横征暴敛，其暴虐可以说闻所未闻，见所未见"。他还说，根本无须顾忌，这是一场"本来就该爆发的战争"，因为不仅会解放一个深陷堕落之中的民族，而且按照《托尔德西拉斯条约》，中国位于卡斯提尔人那一侧的分界。在这里，我们发现桑德的这番言语和50年前葡萄牙人的计划简直一字不差，虽然广州葡囚所写的文字和这位菲律宾总督的荒诞不经的说法之间没有直接联系。

桑德还介绍了一种新论点，然而不久以后这种论点就不利于伊比利亚人了："按照习惯法，海洋应该是开放的，但是中国的法律在这片水域占得上风，他们屠杀和劫掠进入其水域之人"。为了赋予其计划正义性，总督炮制出一份中国的描述，尽是夸大之词：一群饭桶草包，军队毫无战斗力，火炮极为糟糕，民众粗鲁无知（"他们不会读也不会写"），官员贪赃枉法。中国人尽是些"偶像崇拜者、作奸犯科者、劫道歹徒及江洋大盗"。他还告诫说，要远离对中国人的阿谀奉承之描述。还说一场正义的战争自有其原因，而这些原因都出自中国人身上："无论对他们多好，他们每天都会给你一千个进行正义之战的理由。"

桑德并不满足于仅拿下中国。他还筹划着攻击婆罗洲，甚至还有亚齐苏丹国（Sultanate of Aceh），来对抗伊斯兰的扩张。这位菲律宾总督，已然将自己看作是这一伟大的扩张计划的领路人，看出来这一计划还将商业利益和圣战利益完美地嫁接起来。事实上，桑德只是反华游说集团的发言人，该集团还包括前任总督勒加斯比还有那些梦想主宰中国的人。1578年，菲律宾又得一位重要人物来助，该人名为迭戈·加西亚·德帕拉西奥（Diego García de Palacio），还是位博士，原来在危地马拉检审法庭供职，后来转赴墨西哥检审法庭。他的计划也是远征：从危地马拉派4000人手、6艘大木船，随船装载青铜，以备将来建造火炮之需；西班牙人有能力荡平大明王国[1]。由于对中国和菲律宾极感兴趣，德帕拉西奥号称是军事专家，1583年在墨西哥出版的此领域的专

---

[1] AGI, Patronato, 24, 47.

著更是其证。① 另外，他还是一名出色的海事专家，这一点可以窥见于其2年后在新西班牙首都出版的《航海指南》（Nautical Instruction）。因此，在16世纪的美洲，德帕拉西奥是同时出版战争和航海两类著述的唯一作家，而且他还支持征服事业。看起来，他的著述既讨论了枪炮功能和造船技术，又论说到仿效法兰西斯·德瑞克（Francis Drake）进行入侵，还涉及判决中国的命运。

因此，攻击天朝之构想，只是地方上的倡议，其原因是其起源于菲律宾和新西班牙。过去的描述尽说西班牙痴迷于全球扩展，陈词滥调，不绝于耳，与之相反的是，这一构想则从边缘地区怂恿伊比利亚半岛所主导的犯罪活动。这里的例证可见贝尔纳尔迪诺·德·埃斯卡兰特（Bernardino de Escalante）的言说，他是第一位描写中国的西班牙作家，也是书面反对任何武装干涉的第一人。埃斯卡兰特主要参考迭戈·德·阿尔铁达（Diego de Artieda）的相关作品，阿尔铁达是名船长，深信征服不切实际且不符常理：既不能与无数的军队作战——"中国国王可能会派遣30万士兵和20万骑兵前来交战"——又难以应付漫长的航行②。1577年4月，针对一些行家里手的叫嚣，腓力二世做出回应，明确反对征服。他还指出，不仅不可以谈论这一话题，相反，还要与中国人发展"热情友好的友谊"③。西印度事务院亦表示无法理解如何去入侵一个大国，且该大国有500万将士驻防，还有着与欧洲人一样的武器装备。

1580年，马德里考虑派遣使团拜谒万历帝。奇怪的是，与其战争企图一样，这项本来授予奥斯定会的外交计划，也最终宣告失败。看起来，这位天主教君主还是无法决定，对天朝到底应采取什么样的态度。在前文，我们已经考察了明朝中国对外关系上的僵化和困惑。似乎同时

---

① Díalogos militares Mexico: Pedro Ocharte, 1983, in Joaquín García Icazbalceta, *Bibliografia Mexicana del siglo XVI*, Mexico: FCE, 1981, pp. 316, 393 – 395; *Instrucíon nautica*, Mexico: Pedro Ocharte, 1587.

② Bernardino de Escalante, *Discurso de la navegación que los Portugueses hacen a los reinos y provincias del Oriente y de la noticia que se tiene de las grandezas del reino de la China*, Seville, 1577, pp. 96, 98.

③ *Real cédula* of 29 April 1577, in AGI, Audiencia Filipinas, 339, I, 80.

代的另外一个伟人腓力二世也有着类似的困惑，在地方的征服梦想、和平的机会主义还有官僚的拖延之间饱受折磨。外交使团的这次失败，错不在中国人，而是新西班牙总督这位拉科鲁尼亚的伯爵，中断了这次行程。他坚持要向前任总督桑德请教，当时桑德从菲律宾前往秘鲁，此时正从墨西哥经行。他们反复权衡，一致认为应暂缓远征。本来选定奥斯定会修士胡安·冈萨雷斯·德·门多萨（Juan González de Mendoza）为外交使臣，腓力二世还准备了厚礼和国书呈送给万历帝，结果最终都没有实现①。与其说是主战派在新世界取得了胜利，不如说是通往和平的道路步步充满了陷阱。这起事件若能说明一些问题，那就是西属美洲现在对于王室与中国塑造和平，具有很大的发言权。

耶稣会的战争

拥护战争的人，缺少有利时机，缺少一个代言人，也缺少一位理论家。1580 年，腓力二世的卡斯提尔兼并葡萄牙之后，才弥补了上述缺憾。同时，这还创造了历史上最伟大的帝国，这是因为，马德里、利马、安特卫普（Antwerp）、布鲁塞尔、米兰、那不勒斯、圣多明各、墨西哥、马尼拉、马六甲、果阿和罗安达（Luanda），目前都纳入同一位君主之帐下。这位天主教君主的势力，目前遍及地球四大地区。② 资源大大增加，全球主导地位日渐显现。在政治层面亦可证明伊比利亚人的全球化程度，那就是欧洲的事件会对世界的另一端（澳门、马六甲、马尼拉）产生直接的影响，侵入葡萄牙即例证；也可能对相邻国家造成严重的隐患，中国即例证，一般情况下中国很少会关心外部世界的动态。马尼拉的西班牙人，此时攥住了长期盼望的机会，这样可以在东南亚扩张并向中国进军，虽然两家王室现在走向联合，但原则上两个帝国还是会保持各自独立。

---

① Carmen Y. Hsu, "Writing on Behalf of a Christian Empire: Gift, Dissimulation and Politics in the Letters of Philip II of Spain to Wanli of China", *The Hispanic Review*, 78, 3 (Summer, 2010), pp. 323 – 344.

② 关于天主教君主国的势力范围，见 Serge Gruzinski, *Les Quatre Parties du monde. Histoire d'une mondialisation*, Paris: La Martinière, 2004; Points Seuil, 2006.

葡萄牙知识界的精英，此时还沉浸于合并所带来的震动，① 相反，马尼拉的西班牙人则为发动战争找到了一位名为阿隆索·桑切斯（Alonso Sánchez）的理论家。桑切斯本是位教士，1565年入耶稣会，起初去往新西班牙和普埃布拉，在那里教导见习修士。这时，马尼拉总督先前曾开发了吕宋岛东北方向的新塞哥维亚港（Nueva Segovia），希望能够开展对中国的攻击，遂于1582年3月派桑切斯进发澳门，将腓力二世已当上葡萄牙国王的消息，告知那里的葡萄牙人和耶稣会士②。正是在这次行途期间，桑切斯开始了解到澳门的重要地位：占据澳门，就拥有进入中国之门户，这一港口"对陛下对中国之图谋极为重要"。对于桑切斯来说，这次航行主要是与中国进行直接接触的机会。桑切斯对经行之地的中国人，实际上并没有留下太好的印象，而且最重要的是，他坚信征服不可避免。

在澳门，桑切斯必须说服葡萄牙人相信两个王室联合起来的益处，同时，他还需要谨慎行事，这样消息才不会传播到中国人耳中。不然，要是获悉澳门和马尼拉的欧洲人现在臣服于同一个国王，天朝官僚就会忧虑重重。澳门的葡人只要尊重条规，给地方带来些利益，不要引发军事冲突，就会得到中国地方官府的容忍。看来明智的是，不要让中国人在伊比利亚两王室联盟的消息上浮想联翩。同样地，桑切斯亦不愿容忍来自菲律宾的教士们采用暗中登陆这种方式。另外，还要避免再生事端，否则中国政府会迁怒到澳门葡人头上，这会使得入侵和征服计划更趋于复杂。桑切斯还定下心思，要观察下耶稣会能否贯彻其主张及条件，独立完成对中国进行基督宗教化的使命。他还认为，自己能够得到当地耶稣会士还有与马尼拉进行私通贸易的葡萄牙人之帮助。③

---

① Giuseppe Marcocci, *L'invenzione di un impero. Politica e cultura nel monde portoghese* (1450 – 1600), Rome: Carocci Editore, 2011, p. 135.

② "Relación de Alonso Sánchez (Manila, April-June 1583)", AGI, Audiencia Filipinas, 79, 2, 15; Manuel Ollé, *La empresa de China. De la armada invincible al Galeón de Manila*, pp. 89 – 120; 关于葡萄牙耶稣会士在澳门的开端，见 Rui Manuel Loureiro, "Origens so projecto jesuita de conquista espiritual da China", in Jorge Manuel dos Santos, *Portugal e a China. Conferências no III° Curso livre de história das relações entre Portugal e a China (séculos XVI – XIX)*, Lisbon: Fundação Oriente, 2000, pp. 131 – 166.

③ Ibid., p. 114.

无法容忍的中国之侮辱[①]

为何要对中国宣战呢？与 16 世纪 70 年代皇家检审法庭主席和王室成员要求进行军事介入不同，这次是马尼拉天主教会的两位成员耶稣会士桑切斯和主教多明戈·德·萨拉查（Domingo de Salazar），决意对中国开战[②]。他们声称得到了总督和当地权贵的支持，其中包括王室成员罗曼；甚至，按照桑切斯的说法，他们还与先期潜入中国的耶稣会士达成了秘密协议，其中就有著名的利玛窦（Matteo Ricci）。

他们的论点非常简单。有必要进行战争，以使中国皈依。传播福音的使命赋予介入以正义性，好像依靠"和平的"布道方式难以取得重大进展。中国人出于多种考量，对福音传播多有戒心。主要原因是他们是自高自大的民族：

> 他们不相信，也不愿听到民众谈及国外之事；他们从不会拜其他人为师，还认为其知识都是谎言而已；至于外人，他们认为都是些蛮夷和畜生，不守法度，缺乏理性，又无治理。假如陌生人出现在城镇……，他们会像把玩动物一样，戏弄这些陌生人；这就是我们在中国经历的真人真事，我们不知道如何自卫，只好沉默不语……。他们尖酸刻薄，诡计多端，骄傲自大，令人难以容忍。

看来，中国人不仅嘲笑不熟中文的陌生人，还会愚弄散播福音的传教士。除去公然的反感，也撇开仇外不说，桑切斯深为他和其同胞在与中国人的日常接触困惑不已。甚至是熙熙攘攘的中国人所充满的好奇心，亦让其心烦意乱：

[①] "Ynformación sobre los impedimentos a la predicación en China … por el Obispo Domingo Salazar para el papa Gregorio XIII y el rey Felipe II", Manila, 19 April 1583, AGI Patronato, 25, 8; 也可参见 AGI Audiencia Filipinas, 74, 22.

[②] AGI Audiencia Filipinas, 79, 2, 15, "Relación breve de la jornada que el P. Alonso Sánchez hizo…"; Letter of Bishop Domingo de Salazar to Philip II, Manila, 8 June 1583.

> 这里的人们让人生厌，他们对所有东西都感兴趣，还特别留意到我所穿的披风，这件披风是我在西班牙的日常衣服，但是他们竟然大打出手，就是为了看看衣服、摸摸衣服。更要命的是，最后这帮人竟趁我和同伴们不注意，撕烂披风，扯走两块半厄尔（Ell）大小的布料。此时，我们周边的人群可谓是水泄不通。

桑切斯在中国短暂停留，返回时带着满满的偏见。

皈依的道路上，还有其他障碍。首先是中国人的"贪婪""毫无知足"，"尤其是贪图银两，银子就是他们的上帝"。另外，桑切斯发现中国人还有其他的缺点，比如暴饮暴食，更不用说其道德低下了。桑切斯之所以指责中国人"暴殄天物"，实际上只是伊比利亚人旧有观念之反映，因为这会引起对敌人的道德批判，从而为消灭敌人提供正当性。这样既能肯定欧洲人的优越性，又能强力迫使中国人遵循传教士的教诲。桑切斯还说，一旦中国人意识到世界上还有更强大的势力，就会变得软弱可塑。这番言论，长期以来一直应用在美洲印第安人身上。而且，桑切斯早就预想，一旦中国人被征服并皈依，他们就会开始学习卡斯提尔人，"就像是学校里的小学生一样"。

不过，还有一种更难以克服的障碍。在桑切斯看来，中文这门语言难以理解：

> 我们和他们在语言构成的鸿沟，实在是天主的旨意。即使是中国人也会觉得语言晦涩难懂，没有其他的学习方法，只能从咿呀学语背诵其汉字或文字符号，据说其数量就有8万多个。

桑切斯认为，学习中文耗费时间，常使人智力枯竭，还不能让人学习其他语言"或其他自然科学、神学知识，还有法律及道德问题"。桑切斯很快觉察到此乃恶魔之手段："恶魔之所以发明此手段，主要是为了扭曲判断力，疏离精气神，以至于孩子本来在一年或者一年半能做的事情，却要耗尽一生的时间"。中文复杂异常，约有10万个汉字，个个都难以理解，发音时"唇、喉、颚、鼻"要一并动起来，可谓是困难重重。虽然中文从来不是葡萄牙人面前的拦路虎，不过桑切斯还是将之视为反基督宗教的武器。中文从交流障碍变成了布道障碍①。

使用通译，或能克服这一障碍。然此法也有问题，"因为使用中国人作为中间人着实可笑，敢冒如此之险的人也确实愚蠢疯狂"。桑切斯解释道，在居留中国期间，他不得不雇佣一名通译，"懂一点葡萄牙语，但完全不知卡斯提尔语"。补充一点的是，尽管这位西班牙人没有坦白，但他还是不情愿使用葡萄牙语。最终，中国当局因无法理解其话语而不悦。看到这种情况，桑切斯询问其通译到底发生何故，结果这名通译跳出指责他在背后操控。因此，桑切斯指出，不要招募当地人为通译，因为他们不值得信赖："我们知道他们从来不说实话，相反，他们对说谎还洋洋自得，还会讥笑我们，并无中生事"。他还推断说，定有通译将卡斯提尔人描绘为"劣性民族，他们会打劫外国，杀掉统治者，占领国土"。说实话，在欧洲之外，很少能读到对西班牙扩张进行批判的言词。而且，伊比利亚人还没有受过这般的攻击，并且这种攻击竟然还反馈到了马德里。看来，桑切斯并没有理解，至少在表面上没有理解到中国通译最害怕引起官府的愤怒；但在西班牙人看来，通译则是他们与中国官员进行沟通的一大障碍。

总之，与中国百姓接触时的不安，旁观者的嘲弄和缺乏尊重，还有卑劣的道德品质，这些加深了对"翻译失误"的困惑。桑切斯每次都要经历这种情形，他无法理解"他们在说什么，他们要将他带到哪去，他们又在何时取笑、何时欺骗"。事实上，误解和愤怒都是对当地官府的不信任表达，因为官府对造访者往往有种错觉："把我们当成强盗和卡斯提尔人的奸细，来这里是为了学习语言和窥察当地港口。"

对中国的另外一番批评，是说中国对外部世界闭关锁国。中国水师拒外人于国门之外，"不管是绕道经行，还是说遵循旧例前来贸易"。按照中国律例，擅敢进入者，会被处以死刑、终身监禁或受鞭笞之苦。澳门可能是个例外，但其相当脆弱。澳门的葡萄牙人总是担心自己会被处以死刑，或者遭到迫害，这样的话他们就会遭到驱逐，

---

① 关于对中国语言的刻板印象，可参见：Anne Cheng（ed.），*La Pensée en Chine aujourd'hui*，Paris: Gallimard, 2007.

葡萄牙王室的收益就会减少。谋杀或莫名的消失，是这座城市的常见现象："每天，一些熟人都会无影无踪，他们被人杀掉乃司空见惯。"当然，在印度的葡萄牙人因信仰问题也冒着类似的风险，其他地区同样如是："日本的基督宗教也是损失惨重，因为能否活下去就要听天由命。"

传教士，尤其是耶稣会士，乃是闭关政策的第一批受害者："中国人禁止耶稣会士进入城内，既不准建立房子，又不能建造教堂，还不让传播福音。假如敢这么做，则会受到笞责。"这种敌意再加上地方官府散播的种种恐慌，结果就阻止了任何皈依，否则"就会有无数的人前来聆听福音"。传教士所遭受之折磨和屈辱的事例难以言尽，甚至他们还要下跪和磕头。在他们看来，通译从来不敢翻译有关信仰和皈依诸事宜。假如这些通译们胆敢穿西式衣服或戴基督宗教饰物，也会遭到笞责，并会被当作帝王和国家之忤逆。对这些耶稣会士来说，语言障碍、智力落后和封闭守旧，造就极富敌意的环境，这与基督教的仁爱这一文明品德完全对立。

"通往战争之路"

由于上述原因，中国的皈依看起来只能通过武力来实现。熟悉中国事务的老手们一致认为："了解这个民族和去过中国的任何人，都会觉得利用友好的方式让其皈依都是天方夜谭。"也就是说，这里还有"另外一条路，完全不同于在新西班牙和秘鲁所采取的原始教会的做法，在这些地区，新西班牙的基督宗教已然颇具规模；目前，菲律宾群岛也采取了这种方式"。

当然，战争总会带来负面因素，不过当"破坏、恶魔和灾难与征服联系到一起"时，这不再构成任何障碍。天主之道神秘难测："天主可能会恩许……"，葡萄牙人"合法"征服就是例证。"尾随坚船利炮的福音传教士"会对战争的正义性感到不安吗？桑切斯不以为然，并援引"陛下征服中华帝国有着……既定的权利"这番论断。这一权利可应用于其他任何异教国家，"这是研究这些地区的学者还有与之有利害关系的人们之共识"。他还说，单就中国这一具体事例来看，只要敌人不是基督徒，我们就要获取一种绝对且不受限制的征服权力。

中国军事力量薄弱，更利于支持军事干涉的观点。首先，普通民众禁止携带武器。其次，中国人的很多论断都无根据，很多话纯粹信口胡言。萨拉查主教指出，中国"统治者深信其国民人口众多，因此当西班牙人告诉将会迫其臣服时，他们不以为然，而且，他们还说，即使用士兵的尸体也能挡住道路，从而保护自己，而且他们还会建造堡垒，能阻止任何人进入"。对此，自信的主教反驳道："这些野蛮人从未见识过西班牙人的手法，而且并没有意识到，仅需几排火绳枪手，就能将百万中国人打得落花流水"。菲律宾的西班牙人，似乎一直梦想着再度上演墨西哥式的征服。

耶稣会教士桑切斯和其主教萨拉查更喜欢谈论数据，尤其是完成这项事业需要多少人手，还有如何最大限度发挥军事干预的效果；他们指望在作战时能突袭中国军队。他们还认为会得到地方的帮助，这是因为，被压迫民众会施以援手，他们会受到天主教国王的保护，不再忍受统治者的暴虐统治。正所谓"民意"不会撒谎！事实上桑切斯暗中得知，"老百姓盼望着能摆脱悲惨的盘剥与奴役，认为自己从来不像个自由人，过得简直就是奴隶的生活"。我们可能也听说过卡尔弗和维埃拉类似的说法，60 年前他们曾被关押在广州监狱。

桑切斯和萨拉查主教也讨论后勤问题。他们研究了"进入中国的最佳之地，及需要为赶来援助的民众做好后勤供应的准备"。之后，菲律宾总督也有过类似的表述，认为约需一支 8000 人的西班牙军队足以完成征服，舰队规模约 12 艘大帆船左右。相反，王室成员则认为，征服约需要 15000 名士兵[①]；澳门圣保禄学院（*Jesuit College of Macau*）的教区长则认为 10000 人为宜，其中包括耶稣会在群岛地区招募的 2000 名日本人[②]。日本人是潜在的同盟，不应该被轻视，因为"日本人是中国人的劲敌，他们迫不及待地伙同西班牙人一同进入中国"。与此同时，为了落实这一设想："最好的方式是，陛下旨谕耶稣会总会长给日本下

[①] Juan Bautista Román, *Relación*（1584）, Archivo de la Real Academia de la Historia, Colección Juan Bautista Muñoz, 9 - 4797, vol. 18, fols 249 - 258; Manuel Ollé, *La empresa de China. De la armada invencible al Galeón de Manila*, p. 157.

[②] Ibid., pp. 158 - 159.

发宗教指令，告诉日本人应如何行事为宜"①。与日本结盟的想法，乃总督桑德在 1576 年提出。他们还认为菲律宾人也能提供帮助，菲律宾人数量众多，很有效率，就像以前西班牙在墨西哥的帮手特拉斯卡拉人一样，当时特拉斯卡拉人尽心效力于科尔特斯及其手下。最后，澳门圣保禄学院的教区长提供了不少帮助，其教友利玛窦、罗明坚（Michele Ruggieri）等亦私下收集各类信息。与中国的战争，绝不是尾声。某种意义上，耶稣会主教的想法和总督的观点，都认为伊比利亚统治这部分世界乃是天主之命。我们再一次面对彼得·斯洛特戴克所谓的"庞然怪物"之论说，西班牙人在这时野心勃勃，美洲和太平洋已然难以满足胃口。

在这种情况下，如果还是遵循原来的计划，走外交路线，赠送国礼，简直是浪费时间："向这么一位野蛮且自大的皇帝赠礼，简直是对我国君主的最大亵渎，他不仅不会接受礼物，还会嗤之以鼻，甚至还不会亲自接见来使"。毫无疑问，他们接下来还要忍受"督抚们的漫不经心和傲慢自大，因为这些人无法想象到其他世界也存在着与其皇帝同等地位的国君"。在外交上，西班牙人丝毫不掩饰自己更喜欢火炮的声音："在这里，战鼓和火炮的响声，与布道者的声音一样悦耳且实用。"

当中国醒来

局势越是拖下去，越不利于卡斯提尔人，桑切斯和萨拉查主教均坚信此点。耶稣会士认为，葡萄牙人身上也肩负着唤醒中国人的重要责任。桑切斯认为，与卡斯提尔人不同，葡萄牙人并不想发动战争：

> 他们不感兴趣，也不想付出，正如我们在印度所看到的那样，在那里葡萄牙人只是拥有一些海滩之地而已，而且他们还总是躲在巢穴和堡垒里进行商品买卖和货物交换；但是我们要谅解他们，毕竟他们唤醒了整个世界，通过火炮和火绳枪等相对于这些地区的先

---

① 实际上直到丰臣秀吉（Toyotomi Hideyoshi）统一日本之后，日本才发动对朝鲜和中国的战争，也就是所谓的"七年战争"（1592—1598 年）。

进武器，给予世界以武器和战争艺术的指导。这群葡萄牙人现在承认，当年只凭借一艘船舰就能打退异教徒的六七十艘船，然而时至今时，在一对一作战时，敌人不仅能进行有效的防御，还能经常打败他们。

于是，桑切斯得出结论：趁着还有机会，赶紧发动进攻！"中国仍在沉睡之中，但是，他们与葡萄牙人的关系，还有听到的关于卡斯提尔人的谣言，都会动其耳目，他们早晚都会醒来，而且这个民族头脑发达、心灵手巧、禀赋过人。"拿破仑和其追随者所做的"唤醒中国"这一事业，其主题实际上自欧洲人接触这片世界之时就已提出。桑切斯的所言所说，其主题亦同样如此。"了解他们的每个人都会这么说：即使现在他们仍在沉睡，可是当他们醒来之时，就会心生怀疑；倘若再让他们有所准备，那么，他们就不会相信我们所解释的一切理由，而且民众人数之众，看起来就像生活在海洋和陆地上的大群蝗虫。"

萨拉查主教也有同样的看法：中国人"直到现在还是一个沉睡的民族，他们不相信大祸即将降临到头上"。他说，中国人的军事，主要对付鞑靼人。中国水师只是用来驱逐日本和中国的海盗，倘若官府起了戒心，千万要小心从事。"假如中国人有所警惕，未雨绸缪，那么入侵就会变得比现在不设防时要困难得多"。因此，尽早先发制人，乃当下紧急之要务。为出其不意，还必须言行审谨。因此，不能对马尼拉的中国人吐露半字，甚至还不能让教皇有所耳闻，毕竟他在这件事情上没有发言权，"因为罗马教廷将这一责任托付给了西班牙王室"。这一点表明，卡斯提尔国王享有对所有天主教徒的保教权。因此，耶稣会和菲律宾主教并不一定对教廷言听事从。事实上，这一态度并不惊异；这完全与卡斯提尔人的政策一致，他们通过支持中世纪的各类大学，蓄意限制天主教会插手全球事务的权力。

相反，还有一方面着实让人意外，那就是桑切斯的出身和责任。作为耶稣会的教士，他上述的一言一行切莫让耶稣会总会长获悉。原来对全球权力的想象（当初科尔特斯向查理五世皇帝打开了墨西哥、太平洋和香料群岛的广阔视野）现在逐渐走向了实际。这衍生了诸多问题。应该由谁来决定中国的命运呢，是影响遍及全球的罗马教廷，还是天主教国家的统治者？还有，到底以卡斯提尔腓力二世还是以葡萄牙菲利普一世的身份，主导对这片世界的干涉呢？桑切斯等人的倡议，因伊比利亚人带来的全球化而打开了视野，从而忽视了官僚和权力的机制。不仅仅是事业如何开展，会带来问题。桑切斯和萨拉查主教还要考虑时间和空间的问题，因此，他们努力地催促王室加快步伐，尽管他们知道从马尼拉到西班牙，信息和决定的传播往往需要几年的时间。

新鲜事物

因此，桑切斯决定前往马德里，面陈开战之理由。他现在有两重身份：菲律宾的外交官和得到授权处理事务的委任专家；他用这样一句话来概括其被委任的事务："陛下必须小心行使征服中国之权利，确保中国能接受传教士，保证在传播福音上完全自由、彻底安全"。他之所以如此之不安，自然有其理由。他虽然得到了马尼拉和澳门的支持，但或许难容于西班牙的主流阶层。毕竟，桑切斯处于边缘位置——"他所做的事情都是在千里之外发生"，关键是还要面对一个根本不能理解"遥远国度"之事端的政府。他还秉持一种观点，事情的决定主要是依赖于"能够理解这里（菲律宾）的人之观点和论断"，而不是根据一些（西班牙）学者的讨论。中心和边缘之间的紧张态势，在腓力二世治下的国家绝非偶然。同时，这还揭示出想要从天主教国家的层面将全球化战略付诸实践，实在是困难重重。可以说，空间距离削减了情况的严重性，也减弱了情况的紧急性。

不过，桑切斯还要遭遇一个困难异常且难以对付的障碍。他认为"欧洲这片地区的学者焉能知晓如何征服这个王国"，这个想法明显系冒犯之词。他还说，"新鲜事物在出现时，总是充满了挑战"。并说，这是一种"新话语……（在西班牙）既不会说，又不能理解"。若是如此，这种话语在哪些方面与西班牙日常受到的教育产生冲突的呢？

表面上看，萨拉查主教和耶稣会士桑切斯竭力避免与伊比利亚的神学和司法传统发生正面冲突。弗朗西斯科·德·维多利亚（Francisco de

Vitoria)的学说和萨拉曼卡大学的教义①,还有拉斯卡萨斯与人文主义者希内斯·德·塞普尔维达的讨论,都促进了调节民族间关系之原则的形成,或更精确地说,这是关于卡斯提尔人与其他民族之间的关系。②这些讨论的焦点,主要集中在卡斯提尔国王征服新世界的权力上。16世纪中期,中国还未进入论域;拉斯卡萨斯在其著《护教简史》(*Apologética Historia Sumaria*)中甚至没有提到中国。不过,时至16世纪末,讨论的中心转向了中国。这种讨论转换了洲际,改变了敌人,这种新奇在一定程度上受到桑切斯的启发。现在可以畅所欲言,或说异教徒本质上是奴隶(塞普尔维达语),或说他们是捧在手心里的孩子(维多利亚语),从此类话语中可以观察到这与西班牙人和葡萄牙人所描述的中国现实,有着极大的矛盾。不过,菲律宾的好战者还不止引入了这些新元素。

在维多利亚看来,欧洲只有遭到公开攻击时,才能宣战,这样才具有正义性,这种论点在其去世多年后还影响深远。他还认为,不管是宗教差异,还是征服欲望,抑或军功荣耀,都不能为欧洲的军事干预提供理由。可以攻击独立国家,但前提是他们没有基督徒。当然,自由流动和自由布道的原则不可侵犯。因此,对那些想要限制这些自由的人开战,也是合法的。不过,维多利亚没有限制干预的严格范围,这一点桑切斯和萨拉查也都故意忽略了。在维多利亚去世几年后,1546年,梅尔乔·卡诺(Melchor Cano)甚至认为传教士不会赋予世俗君主对任何财产的所有权;因此,印第安人才能依旧保持着自由身。16世纪中期,虽然并不想颠倒事实,但拉斯卡萨斯还是攻击了征服带来的残暴,并捍卫印第安人的权利,这促使神学家不再相信武装干预的后果,并探寻导致问题的原因③。

---

① Francisco de Vitoria, *Relectio de Indis*, 1539; *Relectio de Jure Belli*, Salamanca, 19 June 1539.

② Anthony Pagden, *The Fall of Natural Man*: *The American Indian and the Origins of Comparative Ethnology*, Cambridge: Cambridge University Press, 1982; Antony Anghie, *Imperialism*, *Sovereignty and the Making of International Law*, Cambridge: Cambridge University Press, 2005.

③ 拉斯卡萨斯在1550年的辩护书,见 Anthony Pagden, *The Fall of Natural Man*: *The American Indian and the Origins of Comparative Ethnology*, p. 119.

当然，也有一些不和谐的声音，如人文主义者塞普尔维达，还有瓦斯科·德·基罗加（Vasco de Quiroga）主教；特别是基罗加在1552年发表的辩护书，认为对印第安人宣战不仅完全合法，而且还系责任所在①。不过，基罗加也没有刻意隐瞒，与其相对立的观点更为人接受和认同的事实。此间，受拉斯加斯影响，维多利亚的观点在大学传播开来，广受欢迎。16世纪下半叶，诸如巴托洛梅·德·梅迪安（Bartolomé de Median）、多明戈·拜尼兹（Domingo Báñez）和胡安·德·拉·佩纳（Juan de la Peña）等萨拉曼卡派学者均深受影响，相反，塞普尔维达的观念却普遍遭到敌视。

桑切斯和萨拉查主教早就了解了这一点。如果说，他们在马尼拉就宣告自由流动和自由布道的权利，这是对中国进行军事干预的正当手段，那么这无非想给其计划镶嵌上"维多利亚"的光辉。另外，他们声称还准备了司法证据，来证明中国人限制西班牙自由流动和自由福音布道。实际上，正是出于这个目的，主教早就展开正式调查，只不过由于其谨言慎行，才不为反对这一计划的中国人以及卡斯提尔人和葡萄牙人所知悉。总之，他们的所作所为，都是为了影响公众舆论，争取到王室支持，还要显示出对萨拉曼卡教义的尊重。当然，不管他们如何精心计算，毕竟理论和现实存在距离。正是考虑到这一距离问题，他们认为通过"周旋"就能逐一解决。桑切斯和萨拉查知道，在布道遇到阻碍时，适当使用武力可以被人接受，或者是使用拜尼兹所谓的"和平干预"这种更让人接受的方式。总之，诉诸武力清除摆在传教活动面前的障碍，仍然有很大的可行性，因为这是对民众听道权利的捍卫②。

这群以马尼拉为根据地，呼吁向中国开战的好战者，目前正在利用理论与现实之间的这种差距。如果再度审读萨拉曼卡大学的神学家对如何操控非基督徒的言说，那么就会明白这种差距实际上相当之大。在这点上，佩纳认为，假如他们都保持一致，那么异教徒就有权利拒绝听道。拜尼兹则说，假如异教徒不是教皇或基督宗教国王之臣民，不得对

---

① Vasco de Quiroga, *De debellandis Indis*, ed. René de Acuña, Mexico: UNAM, 1988, p. 57.
② Bartolomé de las Casas, *Obras completas*, Madrid: Alianza Editorial, 1992, vol. 1, pp. 157 - 158.

他们使用武力和战争手段。

实际情形到底如何？难道就像萨拉查和桑切斯所认为的那样，萨拉曼卡大学的神学家所秉持的大原则，最多能容忍一些不太正统的做法？不可否认，在神学家的要求、法律的规定和定居者的压力之间，有诸多妥协之处。王室的法律，限定了军事干预和侵入的条件。坐落在巴利亚多利德的政务会（1550—1551年），官方暂停征服事宜之后，支持"和平"的一派大获成功，虽然还有人不时叫嚣使用武力[1]。因此，1558年，闻听其教友在佛罗里达的失败，多明我会的多明戈·德·桑达（Domingo de Santa）公开谴责没有军事支持情况下进行的侵入。这件事情看似与这里毫无关联，实际上参与这次远征的教友就有萨拉查这位未来的菲律宾主教。不过，整体观之，传教士集体上反对诉诸武力。1583年，来自墨西哥哈利斯科的一些方济各会传教士，声称遇到了困难，原因就在于"有兵士随行"[2]。同年，对于"传播福音的教士应尾随坚船利炮，向异教野蛮人传道"的观点，方济各会传教士加斯帕·德·里卡特（Gaspar de Ricarte）怀有满满的敌意。在他看来，这种观点乃"歪理邪说，鲁莽可耻"。

这时，王室找到了折中办法。1556年，王室给秘鲁总督下旨，授予其在特定情况下可以使用武力的权力，不过"应严加限制，以防造成严重危害"。对什么人可以使用武力呢？可以针对阻止布道和皈依之人，也可以针对当地贵族的反抗。1573年，王室重臣胡安·德·奥瓦多德（Juan de Ovando）制定的法令，认为如果将福音传道作为最终目的，宜用讲和而非征服的方式。因此，这是再一次对和平方式的肯定，当然也不排除会派遣小型卫队保护传教团。[3]

中国之战不会发生

这些在菲律宾的西班牙人之计划，看来毫无进展。桑切斯在西班牙

---

[1] Lino Gómez Canedo, *Evangelización y conquista. Experienca franciscana en Hispoamérica*, Mexico：Porrúa, 1988, pp. 77 - 79, 81, n. 35.

[2] Ibid., pp. 80, 83, n. 41.

[3] Ibid., pp. 81 - 82.

可能为其事业做出辩护，但无论如何，与中国之战争断然不会爆发。其中的原因，则有很多。无论是穿过太平洋还是借由印度洋，菲律宾和马德里之间都相距较远。任何的交流、任何的往返航行、任何的决定，均要面临危险的航行、暴风雨、船只失事乃至船员暴动等无法预见之事，还有那极其漫长的航行。从马尼拉寄送一些基本档案到马德里，往往需要花费两年多的时间。主教和耶稣会士前往王庭的简单行程，也总是面临严重困难。原则上看，未得国王之旨许，高级教士不得离其教区，而要想获得授权，首先要做的就是提交请求，一般需航行半个地球，当然批复在回程中亦是如此。此类事业可以说处处碰壁，极易树敌，对能否在西班牙获得成功的谈判，桑切斯基本不抱幻想。严格意义来看，从马尼拉和澳门发起事业，可以说烦琐复杂，其原因是这需要接受马德里的管理，还要得到新西班牙在后勤上的关键支持。看来，伊比利亚人的扩张方式，与其野心难以匹配。然而，战争说客向来不缺乏宏伟的概念。我们从中能够管窥出，他们企图联合欧洲诸强重新瓜分这片世界的企图。当然，想用征服墨西哥的方式来占领中国，自然绝无可能。

甚至更严重的是，马尼拉所提出的原因——中国的闭关锁国和传教士所受到的迫害，都与中国当局对耶稣会士的热情接待形成了明显的矛盾。耶稣会士桑切斯和萨拉查主教并未占得时运：他们的论点主要是基于中国人片面和偏见的反应，而利玛窦和罗明坚进入广州和内地传回鼓舞人心的消息之后，促进了他们论点的彻底瓦解。1583年9月，利、罗两位教士获准入居肇庆府。这时，这两位意大利耶稣会教士甚至萌生了进入北京的奢望。也就是在这一年，和平通使的提议再起，虽然暗藏着一些其他动机。派遣外交使团的主要目的，是有助于"理解这个国家的军事、习俗和特点，目前是为陛下在未来合适之际领导这一伟大事业"。萨拉查主教认为派遣使团，还能够检验中国当局在福音传播和割让商业飞地上是否具有妥协意向[1]。结果，同其他尝试一样，最终无果而终。意大利耶稣会士和罗马教廷依旧盼望着能够消减卡斯提尔人的勃勃野心，倾向于支持更具体和更具目的性的渗透：一些耶稣会士持续努力，采取适应政策，融入当地环境，吸收中国生活方式，扎扎实实地推

---

[1] Manuel Ollé, *La empresa de China. De la armada invincible al Galeón de Manila*, p. 146.

进目标。

马尼拉和澳门之间的分歧,使开战派的目标更趋于复杂。在葡萄牙飞地的定居者,早就看不惯菲律宾的西班牙人,他们与澳门和广东官府建立良好的关系,通过这条捷径来掌握整个地区的命运。商业发展可谓是极盛,甚至让人有惊愕之感,这是因为,新大陆开采的白银现在能从海上源源不断地运至马尼拉,它的数量如此之多,以至于严重影响了中国的物价。此外,与耶稣会的关系也陷入破裂。葡萄牙籍的教区区长嘉拉耳(Francisco Cabral)确实支持桑切斯及其军事计划,然而意大利籍的成员范礼安(Alessandro Valignano)、罗明坚和利玛窦等,竭尽所能地呵护已经得到的进入中国内地的权利,而且还得到了教廷和耶稣会总会长克劳迪奥·阿夸维瓦(Claudio Acquaviva)的认可,尤其是阿夸维瓦长期以来拒绝接纳征服事业。

1587年,在墨西哥,耶稣会教士何塞·德·阿科斯塔(José de Acosta)受命前去说和桑切斯。阿科斯塔在秘鲁耶稣会的建立工作上,曾发挥重要作用,因此,他在福音传道上的权限越来越大。现在,他要接下任务,既要驳倒桑切斯的观点,还要解释为什么不能对中国宣战。既然如此,那么他代表的就是耶稣会的官方意见。结果是,桑切斯被彻底禁止再提此计划。同时,这也抑制了墨西哥对中国的野心,在1585年时,总督还有大主教莫亚·德·孔特雷拉斯(Moya de Contreras)就对桑切斯之计划大有兴趣,且乐于坚持。① 总之,桑切斯和阿科斯塔这两位耶稣会教士爆发的争执,衍生出教会与另外一半世界关系的问题,或具体言之,揭示了传教团所面临的挑战(如传教的程度,传教的进度,还有传教的手段)与充满政治和利益的"整体性世界"之关系,阿科斯塔曾将这个"整体性世界"概念表述为"宇宙世界"(*Universo Mundo*)。重要的是,墨西哥决定了马德里天主教国家和罗马教廷如何在东南亚开展事务。

最终,欧洲的现实占得上风,其代价是牺牲了萨拉查和桑切斯这两

---

① José de Acosta, *Parecer sobre la guerra de la China et Respuesta a los fundamentos que justifican la guerra contra China*, Escritos menores, in *Obras del Padre José de Acosta*, Madrid: Atlas, BAE, 1954, pp. 337–340; Francisco del Paso y Troncoso, *Epistolario de la Nueva España*, Mexico: José Porrúa e Hijos, 1939, vol. 12, pp. 132–133.

位在菲律宾的西班牙人。桑切斯在马德里协商之时,恰逢西班牙舰队的最新消息到来。1588 年 8 月,西班牙无敌舰队战败,攻击中国的想法亦随之被迫中止。无敌舰队在英格兰沿海遭受重创,使得他们无力再派舰队支援中国海域的计划。对萨拉查和桑切斯来说,"只要稍微谨慎的话,看到当时的环境,就会明白不能与国王进行任何讨价还价"。[1] 这样一来,在攻击中国的问题上,就没有任何疑问了。因此,西班牙与中国之战不会发生。[2]

---

[1] Ibid., pp. 223-224; Pedro Chirino, Historia de la provincia de Philippinas de la Compañía de Jesus, I, XXI, 1630ms.

[2] 当然,这并不是说所有的征服梦想都荡然无存了;马鲁古、暹罗和柬埔寨成为新的征服目标,参见: Manuel Ollé, La invencíon de China. Percepciones y estraegias filipinas respecto a China durante el siglo XVI, Wiesbaden: Otto Harrassowitz, 2001, pp. 86-87.

结论：面向文艺复兴时期的全球史

> 国王：这片夕阳沉落的海洋，波鳞闪闪发光
> ……
> 我们的祖先大胆的目光掠过了它，他们的手指急切地指向对面海岸，那是一个全新的世界。
>
> 保罗·克洛岱尔：《缎子鞋》
>
> 马尼拉的西班牙大帆船……只有一条航线，若能分析其密度、关系网及交换网，虽然比较棘手，但就会发现其意义重大，而且还会发现它是以马尼拉而不是以阿卡普尔科为中心，虽然出人意料，但却是战略使然，结果给马尼拉、墨西哥、澳门、中国内地、美洲以及欧洲大西洋沿岸都带来不菲的意义。
>
> 皮埃尔·索鲁：《在太平洋的伊比利亚人》

在 16 世纪，欧洲与中国的战争没有爆发。"沿河两岸人口众多，正在等待受洗"，保罗·克洛岱尔所描述的这个地区，最终避免了基督宗教化和殖民化。很久之后，在 1840 年，欧洲人悍然发动的鸦片战争爆发。英国政府全权代表懿律（Admiral George Elliot）实现皮莱资及其同僚还有桑切斯盼望已久的梦想，进驻珠江河口，建立岛上基地，沿河直上，并攻击广州。结果，广州城遭到炮轰，最终还要缴纳赎城银两。而且，香港也落到英国人手中。孱弱的中国，被迫同意欧洲人的各项要求。但严格来讲，中国并没有遭到全盘殖民。

16 世纪时，未来一切向好。葡西两国的征服梦，还未掀起多大的风浪。虽然新大陆被系统殖民，其财富被伊比利亚人以各种方式无限榨取，其偶像崇拜被基督宗教踩到脚下，但是，中国却经历了前所未有的

繁荣，其边境再一次半开半掩。在中国，贸易给商人阶级带来不菲利益。在马尼拉和澳门的白银涌入之前，日本一方的白银就泛滥于市了。中国对边疆之事向来悉知，特别是来自海域一边。在中国设定的情境之中，在中国制定的节拍之下，中国与其他世界接触，其他世界也进入中国，这一切都得益于交换的全球化。时至16世纪末期，这种联系已经完备起来，此时美洲的白银开始流向中国。现在，是条条大路通北京，而不是通往罗马了。白银通过太平洋航线，或先后通过大西洋和印度洋的航线，最终流入中国的金库。因此，中国和欧洲的联系，既不是通过征服也非仰仗于皈依，甚至也不是经济依赖，而是通过将世界各地联系到一起的环球航行。西班牙不仅没有在中国"醒来"之前开展攻击，反而，还将在殖民地社会和强迫劳役体制下榨取的宝贵矿藏输送给中国，可以说西班牙花大力气为中国服务，这一点值得铭记。在美洲的西班牙人，发挥自己的优势，通常会用波多西的银两，非法交换亚洲的高价产品。在安第斯山脉（Andes）和墨西哥，当地和非洲的劳工在深入矿井之时，并不知道他们不只是为自己的欧洲雇主效力，也是为追逐墨西哥银制比索（Pesos）的中国商人卖命。

因此，世界的开放是同步性的，但是以一种对立的方式展开。要想完全理解，我们需要摒弃既存的国家、殖民和帝国之历史的老旧框架，此乃全球研究方法的一大阻碍。[1] 有一点需要澄清，全球史不等于欧洲扩张史，即便是站在欧洲的视角来观察全球化的进程。笔者之所以反对大西洋普遍盛行的欧洲中心主义，并不是因其政治正确伦理的狭隘，乃是出于学术的综合考量。想要了解我们现在所处的世界，其当务之急就是打破由来已久的框架，其中的历史记忆依旧在发挥着作用。事实上，这种记忆过时陈旧，沉闷无味，最终导致所谓的"现在主义"（Presentism），关于其不利影响学界已有充分研究，于此不赘。[2]

---

[1] "中国这个庞大世界的发现，是16世纪中期的大事。马尼拉和澳门基本同时开始构建两条渗透网络，其大事年表令人印象深刻……，但根据我的了解，这尚未充分阐述。事实上，这段历史总是在不同欧洲国家的背景下进行叙说，近似失真，又难言完善。"参见：Pierre Chaunu, *Conquête et exploitation des Nouveaux Mondes*, XVIe siècle, Paris: PUF, 1969, pp. 209 – 210.

[2] François Hartog, *Régimes d'historicité. Présentisme et expériences du temp*, Paris: Seuil, 2002.

面向文艺复兴时期的全球史，有助于我们对大发现进行重新诠释，其中的路径就是重建以往欧洲史学所忽视或略过的联系。这样一来，我们相对容易地避免对"他者"的过分简单化分析，这种方法将历史看成"他们"与"我们"之间的冲突，从而遗失掉了更加复杂的场景：全球史告诉我们，不只有胜利者和失败者，这个世界的主导者在另外一个世界可能处于被主导的位置。而且，借助于国别史学还有更为碎片化的微观史学，全球史能够将全球拼图的碎片再次拼接一起。这就鼓励我们的学术兴趣不受地方之局限，而且时时怀有问题意识。前几年，笔者出版的著述《那里是什么时间？现代黎明前的美洲和伊斯兰教》①，综合研究了腓力二世的天主教君主国这个诞生于西葡王室联盟的全球性帝国，并简要回溯它在世界各个角落所占领的地区。在这种背景下，笔者接着讨论了伊斯兰教和新大陆之间的真实关系和虚拟关系。另外，全球史应适当关注非洲，不仅因为这里是第一次大规模殖民经历和福音传播开始的地方，还因为这里持续为新征服的美洲输出奴隶，从而保持了其与印度洋世界的长久稳固关系。我们不应该忘记的是，就是在非洲，葡萄牙疯狂庆祝即将到来的奴隶贸易和福音传播②。

我之所以提出面向文艺复兴时期的全球史，其原因是历史的书写不能没有立场——总不能站在天狼星上写历史，否则就会沉溺于世界历史的泛泛而谈。不采取全球史这条路径，看不到历史之间的联系，结果就是再次回到起点。在更宽泛的视野里，重新定位地方史和欧洲史，不仅是对之重新估量，而且还是重新关注这部分世界的特质，比如一些看似简单却值得深思的问题，即为何是伊比利亚人造访美洲和中国，而没有出现反向的场景。

聚焦这些特质，同样会揭示出一些裂痕，可能会摧毁我们在过去的认知，因为欧洲中心主义目前遭到了口诛笔伐。在16世纪，欧洲不等于北部欧洲。墨西哥和中国的发现人及其指使者，大部分是伊比利亚人

---

① Serge Gruzinski, *Quelle heure est-il là-bas*? Paris: Seuil, 2008, trans. Jean Birrell, *What time is it There? America and Islam at the Dawn of Modern Times*, Oxford: Polity, 2010.

② Giuseppe Marcocci, *L'invenzione di un impero: Politica e cultura nel monde portoghese (1450 – 1600)*, Rome: Carocci Editore, 2011; Giuseppe Marcocci, *A consciência de um império. Portugal e seu mundo, secs XV – XVII*, Coimbra: University of Coimbra, 2012.

和意大利人。需要始终牢记，南部欧洲和地中海地区所发挥的重要作用，还有天主教在 16 世纪对欧洲和世界历史所产生的重大影响。当站在宗教乃至神秘的维度观察欧洲人感兴趣的全球流动时，我们不应该忘记罗马教廷和传教团所发挥的作用，这一点被支持英国和荷兰扩张以及北部欧洲的宗教改革的人们所故意忽略。

现代性

笔者早些年的另外一部研究《世界各地：全球化的历史》，曾提议说，仅仅以欧洲话语来描述现代性的外貌具有很大的限制性，更遑论是单一的意大利语、法语、英语或荷兰语。与世界其他宗教和文明交流数量的增多，随之滋养出无数的人类体验，并产生出其他形式的现代化，而且，这些现代化深深隐藏于边缘位置，只是和欧洲人和其他人有着主动或被动的接触。

在这本书中，我在两个方面分析了欧洲的现代性。首先，说明麦哲伦革命的真正意义，诚如彼得·斯洛特戴克所言，它可能与哥白尼革命同等重要，甚至更加重要。文艺复兴时期的全球史不能忽视这一点。自哥白尼革命发生之后，人类发现了地球绕着太阳公转；伴随着麦哲伦革命，欧洲人和欧洲的大都会开始环绕地球。它立即给船员、商人、投资家、王室和编年史家带来了影响；它带来了海洋、人类和资本的流动，成为各类环球航行和所有新开放的驱动。可以说，没有麦哲伦的环球航行，就不会有全球化，尽管它没有真正地将世界四个区域联系起来，尽管它仍旧相信亚里士多德所提倡的老旧宇宙观，从而追求一个世界帝国。

总之，不能将世界历史缩小到欧洲历史的范畴。麦哲伦在菲律宾麦克坦岛（Mactan）惨遭杀害；科尔特斯在太平洋的计划终遭失败。香料货物永远没有穿过南部海域，通过美洲抵达欧洲，伊比利亚人也至少两度放弃袭击中国的想法。亚洲，包括其最负盛名的中国，非但未落入欧洲人之手，而且还让欧洲人吸取些教训。在巴西和美洲其他地方，欧洲人在与野蛮人的对抗中占据上风，结局是野蛮人被征服、杀害或利用，而这种情况在亚洲却没有发生。欧洲与中国之间的战争，并没有发生。

伊比利亚人不仅感受到仓皇无助、力有未逮，而且葡萄牙人与西班牙人都经受了中国人所带来的羞辱，其尊严被中国人的傲慢自大碾压得粉碎。结果是，伊比利亚人沉迷于中国的政治伟大、经济伟大和文化伟大。16世纪中期至18世纪初期与中国的关系史，实际上是一场知识建构，始终吸引着西方欧洲精英们的目光。墨西哥的情形就大为不同，它被打入死亡文明的冷宫，这里只是不足挂齿的异国风味，给人留下的最多是些怜悯和悲叹。

向西转向及"西方"的诞生

在16世纪下半叶，太平洋及其东海岸，自然包括中国沿海在内，开始进入西班牙帝国的视野。西班牙人所谓的"西印度群岛"，也就是美洲大陆，是向南部海域对向一侧的东印度群岛这个对应区域，进行扩张的桥头堡。然而，太平洋浩瀚无垠，占领中国、殖民亚洲断无可能，这就迫使他们撤回到新大陆，并将该区域与印度群岛的其他地方分离开来。这样，被欧洲列强逐渐且必然殖民化的美洲，转向东方，与旧世界建立了紧密联系。这两个区域构成了我们今时所谓"西方"，而这个概念和事实只有在全球史的视角下才能给出满意的解释。

欧洲—美洲之"西方"的孕育，与在中国和此后在日本的失败有着密切的关系。在中日两国的落败，阻碍了哥伦布和麦哲伦之远航所首倡的向西转向。这两次远航扭转了上千年的潮流。人类自古就知道，地球是圆的，因此，它是个球体。亚里士多德曾指出，理论上通过向西的路线可以抵达遥远的印度。这就意味着要穿越舵手们还不知悉风向和洋流的海洋，还要得到能够航行如此远距离的船只。自古以来，西方始终是未知区域。这几乎没给中世纪欧洲带来什么改变，当时欧洲人的目光主要定格在东方：天堂、圣地、耶路撒冷、古老传说、十字军圣战、蒙古人的入侵、马穆鲁克兵的威胁、土耳其伊斯兰教、印度的巨大财富以及一系列的其他因素，加上欧洲人面对伊斯兰战争的威胁，共同使得东方成为希望之源，贪婪之泉，仇恨之根。在这一点上，葡萄牙人也不例外，这是因为，虽然说其船只开创了驶向太平洋南部地区之先河，但是他们仍然倾向于向东航进，最终达到印度古国。一旦通过好望角，那就到达东方了,这里召唤着精疲力竭和冻得冰冷的水手们。

跟随哥伦布和麦哲伦的步伐,欧洲人开始向西出发。现在,他们流向了一条反向道路。当然,起初并没有明显的不同。安的列斯群岛的发现并没有改变对于西方的传统形象,西方还是汪洋一片,坐落着几处孤岛,不时被海浪淹没。第一次环球航行,最首要的发现就是西方路线十分之长且非常危险。麦哲伦还有其他人的生命,都是陨落在这条航线上。另外一个大发现,也是本书的主题,不可避免地标志着西方开始出现在欧洲人的视野之中。这一次的航线距离并不太长。1517年之后,欧洲人意识到在西边大陆上存在着令人震惊的社群,其生活方式与旧世界无异。随着秘鲁和印加帝国(Empire of the Incas)的发现,圣经和古人所忽视的另外一个世界,最终被人接受。远至伊斯坦布尔的时人,也意识到这一发现的特殊性,这个地区的穆斯林听到了一些流言蜚语,说被人类社会所忽视的这群异教徒已被基督宗教所征服。奥斯曼帝国的某匿名编年史家,大约于1580年,就敦促苏丹赶紧下定决心,将基督徒从这片新大陆清除,以宣扬伊斯兰教①。

因此,西方不再只是一个方向,也不再是一个无法抵达,从而使人不得不放弃"幻想与疯狂"的地方②。西方成为现实,变成了长时间内都将保持的情景:这是传教士充满希望之地,这是自由掠夺财富之地,这是复制新兴欧洲的试验之地,这是欢迎移民定居之地,这是非洲黑人生不如死之地。在一些天主教徒看来,新的印第安人就像是基督宗教世界的未来。他们认为,按照天意,伊斯兰教和基督新教派就不能染指人口稠密的新人类印第安人,而且当时欧洲人面对土耳其之威胁,摇摇欲坠,这片土地可能是天主教的希望所在。就基督新教而言,在17世纪时,他们梦想着建立清教徒的美洲,清除这里的土著野蛮人,打造美洲的巴勒斯坦(Palestine)。无须多言,在接下来的数世纪里,美洲成为几代欧洲人的希望,他们驶向大西洋的另一侧,在那里寻找被旧世界拒绝给予的生存机会和未来希望。到了19世纪,在"西方"自身成为自由和冒险精神的代名词之前,在大西洋联盟成立之前,在反共产主义兴

---

① 参见格鲁金斯基《那里是什么时间?现代黎明前的美洲和伊斯兰教》一书。
② Paul Claudel, *The Satin Slipper*, trans. Fr. John O'Connor, p. 26.

起之前,大批人涌入西方,只是美洲国家再一次恢复了其吸引力而已。与古老、专制、疲弱和颓废的"东方"不同,"西方"逐渐成为现代文明的驱动和现代性的摇篮。在这里还应补充一点,那就是我们今天所熟知的"欧洲思想",也是伴随着新大陆一道产生,这有助于我们更好地理解为什么地球这两个地区的命运密不可分:一方面欧洲塑造了美洲,另一方面文艺复兴之后,欧洲也通过与新大陆不同区域的联系,在大西洋另一侧投射出自己的身份属性,并有着充实、建造和重构的变化。正是通过新西班牙、新格兰纳达、新英格兰(New England)和新法兰西,欧洲国家才同时发挥了"掠夺者"和"教化者"的双重作用。这里有充分的理由得出结论说,哥伦布改变航向这一辉煌之肇举,其重要性并非完全在于所发现的岛屿和海岸,而是在于所引发的中国之抗拒,最终决定了西方的轮廓。

在亚洲的失败,还有征服中国的全然落空,使得太平洋变成不同世界的分界线,成为"东方"和"西方"之间的巨大鸿沟。而在相当长的一段时间里,美洲则束缚于旧世界,正如腓力二世在《缎子鞋》的如下阐释:

> 很长时间以来,聪明人早就放弃了对这个世界之海岸的幻想与疯狂;
> 而现在,我的财务臣属正在这里采掘黄金,供养整个国家机器,推动一切的进步;茂密的五月青草中,竖立着我骑兵中队的长矛!
> 对于我们,海洋已不再恐怖,只剩下神奇;
> 是的,它激荡的波涛,不足以毁坏两个卡斯提尔之间的黄金通道;
> 我的双桅商船穿梭来往。
> 船上带走的是教士和勇士,带回的是太阳赐予野蛮人的宝物[1]。

---

[1] Paul Claudel, *The Satin Slipper*, trans. Fr. John O'Connor, p. 26.

参考书目

缩写全称

AGI：Archivo General de Indias（塞维利亚）

CSIC：Centro Superior de Investigaciones Cientifícas（马德里）

FCE：Fondo de Cultura Económica（墨西哥）

UNAM：Universidad Nacional Autónoma de México（墨西哥）

Acosta, José de, *Parecer sobre la guerra de la China et Respuesta a los fundamentos que justifican la guerra contra China*, Escritos menores, in *Obras del Padre José de Acosta*, Madrid：Atlas, BAE, 1954, pp. 337 – 340.

Adelhofer, Otto（ed.）, *Codex Vindobonensis Mexicanus I*, Graz：Akademische Druck-u. Verlagsanstalt, 1963.

Alves, Jorge dos Santos, *Um porto entre dois impérios*：*Estudos sobre Macau e as relações luso-chinês*, Macao：Instituto Português do Oriente, 1999.

Alves, Jorge dos Santos, *Portugal e a China. Conferências no III. Curso livre de história das relações entre Portugal e a China（séculos XVI – XIX）*, Lisbon：Fundação Oriente, 2000.

Andaya, Antony, Y., *The World of Maluku*：*Eastern Indonesia in the Early Modern Period*, Honolulu, HI：University of Hawaii Press, 1993.

Anghie, Antony, *Imperialism, Sovereignty and the Making of International Law*, Cambridge：Cambridge University Press, 2005.

Anghiera, Peter Martyr d', *Décadas del Nuevo Mundo*, ed. Edmondo O'Gorman, 2vos., Mexico：José Porrúa e Hijos, 1964 – 1965.

Argensola, Bartolomé Leonardo de, *Conquista de las islas Malucas*, Madrid：Editorial Miraguano, 1992.

Barbosa, Duarte, *O livro de Duarte Barbosa*, ed. Maria Augusta da Veiga e Sousa, Lisbon: Ministério da Ciência e da Tecnologia, 1996.

Barros, João de, *III^a Décadas da Asia*, vol. 3. part 2, books 6, 7, Lisbon: Regia Officina typografica, 1778.

Bataillon, Marcel, "Les premiers Mexicains envoyés en Espagne par Cortés", *Journal de la Société des américanistes*, new ser., 48 (1959), pp. 135 – 140.

Berriel, Marcelo Santiago, "Cristão e sudíto. Representação social franciscana e poder régio em Portugal, 1383 – 1450", doctoral thesis, Fluminense Federal University, Niteroi, 2007.

Bethencourt, Francisco and Kirti Chaudhuri, *História da expansão portuguesa*, Lisbon: Círculo de Leitores, 1998.

Bierhorst, John, *A Nahuatl-English Dictionary and Concordance to the Cantares Mexicanos with an Analytical Transcription and Grammatical Notes*, Stanford, CA: Stanford University Press, 1985.

Bierhorst, John (ed.), *Cantares mexicanos: Songs of the Aztecs*, Stanford, CA: Stanford University Press, 1985.

Bisaha, Nancy, *Creating East and West: Renaissance Humanists and the Ottoman Turks*, Philadelphia, PA: University of Pennsylvania Press, 2006.

Boucheron, Patrick (ed.), *Histoire du monde au XVe siécle*, Paris: Fayard, 2009.

Bourdon, Léon, "Un projet d'invasion de la Chine par Canton à la fin du XVIe siècle", in *Actas do III° Colóquio Internacional de Estudos Luso-Brasileiros*, Lisbon: 1960, vol. 1, pp. 79 – 121.

Boxer, Charles Ralph, *Fidalgos in the Far East*, The Hague: Martinus Nijhoff, 1948.

Boxer, Charles Ralph, *South China in the Sixteenth Century*, London: The Hakluyt Society, 1953.

Boxer, Charles Ralph, "Portuguese and Spanish Projects for the Conquest of Southeast Asia, 1580 – 1600", *Journal of Asian History*, 3, 2 (1969), pp. 118 – 136.

Brandi, Karl, *Charles Quint et son temps*, Paris: Payot, 1951, trans. C. V. Wedgewood, *The Emperor Charles V: The Growth and Destiny of a Man and of a World*, London: Jonathan Cape, 1939.

Brook, Timothy, "Rethinking Syncretism: The Unity of the Three Teachings and Their Joint Worship in Late Imperial China", *Journal of Chinese Religions*, 21 (1993), pp. 13 – 44.

Brook, Timothy, *The Confusions of Pleasure: Commerce and Culture in Ming China*, Berkeley/London/Los Angeles: University of California Press, 1998.

Brook, Timothy, *Vermeer'Hat: The Seventeenth Century and the Dawn of the Global World*, London: Bloomsbury Press, 2008, pp. 1 – 25.

Brook, Timothy, *The Troubled Empire: China in the Yuan and Ming Dynasties*, Cambridge, MA: Harvard University Press, 2010.

Brooks, Francis, "Motecuzoma Xoyocotl, Herman Cortés and Bernal Diaz del Castillo: The Construction of an Arrest", *The Hispanic American Historical Review*, 75, 2 (1995), pp. 149 – 183.

Burkhart, Louise M., *The Slippery Earth: Nahua-Christian Moral Dialogue in Sixteenth-Century Mexico*, Tucson, AZ: University of Arizona Press, 1989.

Cardim, Pedro, *Cortes e cultura política no Portugal do Antigo Regime*, Lisbon: Edições Cosmos, 1998.

Castanheda, Fernão Lopez de, *Hestória dos descobrimentos e da conquista da India pelos Portuguese* [*1552 – 1561*], Porto: Lello & Irmão, 1979.

Castro, Eduardo Viveiros de, *Métaphysiques cannibales*, Paris: PUF, 2009.

Castro, Xavier de, et al., *Le Voyage de Magellan (1519 – 1522): La relation d'Antonio de Pigafetta & autres témoignages*, Paris: Chandeigne, 2007.

Chang, Stephen T., "The Changing Patterns of Portuguese Outposts along the Coast of China in the XVIth Century: A Socio-Ecological Perspective", in Jorge dos Santos Alves, *Um porto entre dois impérios. Estudos sobre Macas e as relações luso-chinês*, pp. 15 – 34.

Chang, T'ien-tse, "Malacca and the Failure of the first Portuguese Embassy to

Peking", *Journal of Southeast Asian History*, 3, 2 (1962), pp. 45 – 64.

Chang, T'ien-tse, *Sino-Portuguese Trade from 1514 – 1644: A Synthesis of Portuguese and Chinese Sources*, Leiden: E. J. Brill, 1934; New York: AMS Press, 1973.

Chaunu, Pierre, "Le galion de Manille. Grandeur et décadence d'une route de la soie", *Annales, Economies, Sociétiés, Civilisations*, 4 (1951), pp. 447 – 462.

Chaunu, Pierre, *Les Philippines et le Pacifique des Ibériques, XVIe, XVIIe, XVIIIe siècles*, Paris: SEVPEN, 1960.

Chaunu, Pierre, *Conquête et Exploitation des Nouveaux Mondes*, XVIe siècle, Paris: PUF, 1969.

Chaunu, Pierre, and Michéle Escamilla, *Charles Quint*, Paris: Fayard, 2000.

Cheng, Anne, *Histoire de la pensée chinoise*, Paris: Seuil, 1997.

Clark, Hugh R., "Frontier Discourse and China's Maritime Frontier: China's Frontiers and the Encounter with the Sea through Early Imperial History", *Journal of World History*, 20, 1 (March, 2009), pp. 1 – 33.

Clavijo, Ruy González de, *Embajada a Tamorlán*, ed. Francisco López Estrada, Madrid: Castalia, 2004.

Clendinnen, Inga, *Aztecs: An Interpretation*, Cambridge: Cambridge University Press, 1991.

Colón, Cristobal, *Taxtos y documentos completos*, ed. Consuelo Varela, Madrid: Alianza Editorial, 1982.

Cortés, Hernán, *Letters from Mexico*, ed. Anthony Pagden, New Haven, CT/London: Yale University Press, 1986.

Cortesão, Armando (ed.), *The Suma oriental of Tomé Pires and the Book of Francisco Rodrigues*, London: Hakluyt Society, 1944; New Delhi/Madras: Asia Educational Services, 1990.

Costa, João Paulo O., "Do sohno manuelino ao pragmatismo joanino. Novos documentos sobre as relações luso-chinesas na terceira década do século XVI", *Studia*, 50 (1991), pp. 121 – 156.

Cruz, Gaspar da, *Tractado dos coisas da China*, ed. Luis Manuel Oureiro, Lisbon: Edições Cotovia, 1997.

Díaz del Castillo, Bernal, *Historia verdadera de la conquista de la Nueva España*, ed. Joaquín Ramirez Cabañas, Mexico: Porrúa, 1968.

Díaz-Trechuelo, Lourdes, "El consejo de Indias y Filipinas", in *El consejo de Indias en el siglo XVI*, Valladolid: University of Valladodid, 1970, pp. 125 – 138.

Díaz-Trechuelo, Lourdes, "Filipinas y el tratado de Tordesillas", in *Actas del primer coloquio luso-español de Historia de Ultramar*, Valladolid: University of Valladodid, 1973, pp. 229 – 240.

D'Intino, Raffaella, *Enformação das cousas da China: Textos do século XVI*, Lisbon: Imprensa nacional, Casa da Moeda, 1989.

Durán, Diego, *Historia general de las cosas de Nueva España e islas de la Tierra firme*, Mexico: Porrúa, 1967.

Duverger, Christian, *L'Esprit du jeu chez les Aztéques*, Paris: Mouton, 1978.

Duverger, Christian, *L'Origine des Aztéquess*, Paris: Points Seuil, 2003.

Earle, T. F., and John Villiers (eds), *Afonso de Albuquerque: O Cesar do Oriente*, Lisbon: Fronteira do Caos, 2006.

Escalante, Bernardino de, *Discurso de la navegación que los Portugueses hacen a los reinos y provincias del Oriente y de la noticia que se tiene de las grandezas del reino de la China*, Seville, 1577.

Fernandes, Valentim, *Códice Valentim Fernandes*, ed. José Pereira de Costa, Lisbon: Academia Portuguesa da História, 1997.

Figueroa, Martín Fernández de, *Conquista de las Indias de Persia e Arabia que fizo la armada del rey don Manuel de Portugal*, ed. Luis Gil, Valladolid: University of Valladolid, 1999.

Flynn, Dennis Owen, and Arturo Giraldez, "China and the Spanish Empire", *Revista de História Económica*, 2 (1996), pp. 309 – 339.

Flynn, Dennis Owen, and Arturo Giraldez, "Cycles of Silver: Global Economic Unity through the Mid-Eighteenth Century", *Journal of World History*, 13, 2 (2002), pp. 391 – 427.

Fok, Kai Cheong, "The Macau Formula. A Study of Chinese Management of Westerners from the Mid-Sixteenth Century to the Opium War Period", doctoral thesis, Honolulu, University of Hawaii, 1978.

Furse, Jill Leslie (ed.), *Codex Vindobonensis Mexicanus I: A Commentary*, New York: Institute for Mesoamerican Studies, 1978.

Galvão, António, *Tratado dos descobrimentos*, Porto: Livraria Civilização, 1987.

García Abasolo, Antonio, "La expansión mexicana hacia el Pacífico: la primera colonización de Filipinas", *Historia Mexicana*, El Colegio de México, vol. 22, 125 (1982), pp. 55 – 88.

García Icazbalceta, Joaquín, *Bibliografía Mexicana del siglo XVI*, Mexico: FCE, 1981.

Garcia, José Manuel, *A viagem de Fernão de Magalhães e o Portugueses*, Queluz de Baixo: Editorial Presença, 2007.

Gerbi, Antonello, *La natura delle Indie nove: Da Cristoforo Colombo a Gonzalo Fernández de Oviedo*, Milan: Riccardo Ricciardi, 1975.

Gerhard, Peter, *A Guide to the Historical Geography of New Spain*, Cambridge: Cambridge University Press, 1972.

Gerhard, Peter, *Síntesis e índico de los mandamientos virreinales, 1548 – 1553*, Mexico: UNAM, 1992.

Gernet, Jacques, *Le Monde chinois*, Paris: Armand Colin, 1972.

Gil, Juan, *Mitos e utopias del descubrimiento 2: El Pacífico*, Madrid: Alianza Editorial, 1989.

Gillespie, Susan D., *The Aztec Kings: The Construction of Rulership in Mexica History*, Tucson, AZ: University of Arizona Press, 1989.

Goffman, Erving, *Interaction Ritual: Essays on Face-to-Face Behavior*, New York: Pantheon Books, 1982.

González de Mendoza, Juan, *Historia de las cosas más notables, ritos y costumbres del Gran Reyno de la China* [1585], Madrid: Editorial Miraguano, 1990.

Graulich, Michel, *Moctezuma*, Paris: Fayard, 1994.

Gruzinski, Serge, *La Pensée Métisse*, Paris: Fayard, 1999, trans. Deke Dusinberre, *The Mestizo Mind: The Intellectual Dynamics of Colonisation and Globalisation*, London/New York: Routledge, 2002.

Gruzinski, Serge, *Les Quatre Parties du monde: Histoire d'une mondialisation*, Paris: La Martinière, 2004; Point Seuil, 2006.

Gruzinski, Serge, *Quelle heure est-il là-bas?* Paris: Seuil, 2008, trans. Jean Birrell, *What time is it There? America and Islam at the Dawn of Modern Times*, Oxford: Polity, 2010.

Guoping Jin, and Wu Zhiliang, "Liampó reexaminado à luz de fontes chinesas", in António Vasconce los Saldanha and Jorge Manuel dos Santos Alves (eds), *Estudos de História relacionamento luso-chinês*, séculos XVI – XIX, Macao: Instituto Português do Oriente, 1996, pp. 85 – 137.

Guoping Jin, and Wu Zhiliang, "O impactos da conquista de Malaca em relaçaõ à China quinhentista: uma abordagem sobra a periodização da história moderna da China", A*dministração Pública de Macau*, 13, 49 (2000 – 3), pp. 939 – 946.

Guoping Jin, and Wu Zhiliang, "Uma embaixada com dois embaixadores. Novos dados orientais sobre Tomé Pires e Hoja Yasan", A*dministração Pública de Macau*, 60, 16 (2003 – 2), pp. 685 – 716.

Gutiérrez, Lucio, "The Affairs of China at the End of the Sixteenth Century: Armed Conquest of Peaceful Evangelization", *Philippiniana sacra*, 20, 59 (1985), pp. 329 – 406.

Haar, Barend J. ter, *Telling Stories: Witchcraft and Scapegoating in Chinese History*, Leiden: Brill, 2006.

Hall, Kenneth R., *Maritime Trade and State Development in Early Southeast Asia*, Honolulu, HI: University of Hawaii Press, 1985.

Hartog, François, *Régimes d'historicité. Présentisme et expériences du temp*, Paris: Seuil, 2002.

Hassig, Ross, *Comecio, tributo y transporters. La economía política del valle de México en el siglo XVI*, Mexico: Alianza Editorial Mexicana, 1990.

Headley, John M., "Spain's Asian Presence, 1556 – 1590: Structures and

Aspirations", *The Hispanic American Historical Review*, 75, 5 (1995), pp. 623 – 646.

Higgins, Roland L., "Piracy and Coastal Defence in the Ming Period. Government Response to Coastal Disturbances, 1523 – 1549", doctoral thesis, University of Minnesota, 1981.

Huang, Ray, 1587. *A Year of no Significance*, New Haven, CT/London: Yale University Press, 1981.

Iwasaki Cauti, Fernando, *Extremo Oriente y el Perú en el siglo XVI*, Lima: Pontíficia Universidas Católica del Perú, 2005.

Karttunen, Frances, *An Analytical Dictionary of Nahutal*, Austin, TX: University of Texas Press, 1983.

Keen, Benjamin, *The Aztec Image in Western Thought*, New Brunswick, NJ: Rutgers University Press, 1971.

Knauth, Lothar, *Confrontación Transpacífica. El Japón y el Nuevo Mundo Hispánico, 1542 – 1639*, Mexico: UNAM, 1972.

Lach, Donald F., *Asia in the Making of Europe*, Chicago, IE: University of Chicago Press, 1994.

Larner, John, *Marco Polo and the Discovery of the World*, New Heaven, CT: Yale University Press, 1999.

Las Casas, Bartolomé de, *Antropología historia sumaria*, ed. Edmundo O'Gorman, Mexico: UNAM, 1967.

Las Casas, Bartolomé de, *Historia de las Indias*, 3vols, Mexico: FCE, 1986.

Las Casas, Bartolomé de, *Obras completas*, 14vols, Madrid: Alianza Editorial, 1992.

Lattimore, Owen, *The Inner Asian Frontiers of China* [1940], Boston, MA: Beacon Press, 1962.

Lattimore, Owen, "Origins of the Great Wall of China: A Frontier Concept in Theory and Practice", in *Studies in Frontier History: Collected Papers, 1928 – 1958*, London: Oxford University Press, 1962, pp. 97 – 118.

León-Portilla, Miguel, *Toltecayotl: Aspectos de la cultura náhuatl*, Mexico: FCE, 1980.

León-Portilla, Miguel, *Vision de los vencidos: crónicas indígenas*, Madrid: Historia 16, 1985.

León-Portilla, Miguel, *Le Livre astrologique des marchands*, *Codex Fejérvary-Mayer*, Paris: La Différence, 1992.

Lestringant, Frank, *Le Cannibale: Grandeur and décadence*, Paris: Perrin, 1994.

Lévi-Strauss, Claude, *Histoire de Lynx*, Paris: Plon, 1991.

Levinson, Nancy Smiler, *Magellan and the First Voyage around the World*, New York: Clarion Books, 2001.

Lockhart, James, *The Nahuas after the Conquest*, Stanford, CA: Stanford University Press, 1992.

Lockhart, James, *We People Here: Nahuatl Accounts of the Conquest of Mexico*, Los Angeles, CA: University of California Press, 1993.

López Austin, Alfredo, *Cuerpo humano e ideología*, Mexico: UNAM, 1980.

López Austin, Alfredo, and Leonardo López Luján, *El pasado indígena*, Mexico: FCE, 1996.

López de Gómara, Franciscode, *La conquista de México*, Madrid: Historia, 16, 1986.

López de Velasco, Juan, *Geografía y descripción universal de las Indias*, Madrid: Ediciones, Atlas, 1971.

Loureiro, Rui Manuel (ed.), *O manuscrito de Lisbon da "Suma oriental" de Tomé Pires*, Macao: Instituto Português do Oriente, 1996.

Loureiro, Rui Manuel, "Origens so projecto jesuita de conquista espiritual da China", in Jorge Manuel dos Santos, *Portugal e a China. Conferências no III° Curso livre de história das relações entre Portugal e a China (séculos XVI – XIX)*, Lisbon: Fundação Oriente, 2000, pp. 131 – 166.

Loureiro, Rui Manuel, *Fidalgos missionários e mandarins. Portugal e a China no século XVI*, Lisbon: Fundação Oriente, 2000.

Loureiro, Rui Manuel, *Nas partes da China*, Lisbon: Centro Ciéntifico e Cultural de Macau, 2009.

Machiavelli, Niccolò, *The Prince*, Harmondworth: Penguin Books, 1961.

Maffei, Laura, Franco Minonzio and Carla Sodini, *Sperimentalismo e dimensione europea della cultura di Paolo Giovio*, Como: Società Storica Comense, 2007.

Manguin, Pierre-Yves, *Les Portugais sur les côtes du Viêt-nam et du Campa: Etude sur les routes maritimes et les relations commerciales d'après les sources portugaises*, XVIe, XVIIe et XVIIIe siècles, Paris: EFFO, 1972.

Manzano y Manzano, Juan, *Los Pinzones y el descubrimiento de América*, Madrid: Cultura hispánica, 1988.

Marcocci, Giuseppe, *A consciência de um império. Portugal e seu mundo, secs XV – XVII*, Coimbra: University of Coimbra, 2012.

Marcocci, Giuseppe, *L'invenzione di un impero: Politica e cultura nel monde portoghese (1450 – 1600)*, Rome: Carocci Editore, 2011.

Martínez, José Luis, *Hernan Cortés*, Mexico: FCE, 2003.

Mators Moctezuma, Eduardo, et al. , "Tenochtitlan y Tlatelolco", in *Siete ciudades antiguas de Mesoamérica. Sociedad y medio ambiente*, Mexico: Instituto nacional de Antropología e Historia, 2011.

Mendes Pinto, Fernão, *Peregrinação*, Lisbon: Imprensa nacional, Casa da Moeda, 1984.

Michelacci, Laura, *Giovio in Parnasso: tra collezione di forme e storia universale*, Bologna: Il Mulino, 2004.

Montaigne, Michel de, *The Complete Essays*, trans. M. A. Screech, Harmondsworth: Penguin, 1992.

Morales, Pedro de, *Carta del pedre de Morales*, ed. , Beatriz Mariscal Hay, Mexico: El Colegio de México, 2002.

Motolinía, Toribio de Benavente, *Memoriales o libro de las cosas de la Nueva Españ y naturales de ella*, ed. Edmundo O'Gorman, Mexico: UNAM, 1971.

Moya de Contreras, *Cinco cartas de Pedro Moya de Contreras*, Madrid: Porrúa Turanzas, 1962.

Murray, Harold, *A History of Chess*, Oxford: Clarendon Press, 1962.

Navarette, Martin Fernández, *Colección de documentos y manuscritos compilados por F. de N*, Madrid: Museo naval, 1946.

Needham, Joseph, *Science and Civilization in China*, vol. 5: *Chemistry and Chemical Technology*, Part 1, Paper and Printed by Tsin Tsuen-hsuin, Cambridge: Cambridge University Press, 1985.

Niccoli, Ottavia, *Profeti e popolo nell'Italia del Rinascimento*, Bari: Laterza, 2007, trans. Lydia G. Cochrane as *Prophecy and People in Renaissaince Italy*, Princeton, NJ: Princeton University Press, 1990.

Nogueira Roque de Oliveira, Francisco Manuel de Paula, "A construcão do conhecimento europeu sobre a China", doctoral thesis, Autonomous University of Barcelona, 2003.

Oliveira e Costa, João Paulo, "A coroa portuguesa e a China (1508 – 1531): do sonho manuelino ao realismo joanino", in António Vasconce los Saldanha and Jorge Manuel dos Santos Alves (eds), *Estudos de História relacionamento luso-chinês*, séculos XVI – XIX, Macao: Instituto Português do Oriente, 1996, pp. 11 – 81.

Ollé Rodrígues, Manuel, "Estrategias filipinas respecto a China (1581 – 1593)", doctoral thesis, Barcelona: University Pompeu Fabra, 1998.

Ollé Rodrígues, Manuel, *La invencíon de China. Percepciones y estraegias filipinas respecto a China durante el siglo XVI*, Wiesbaden: Otto Harrassowitz, 2001.

Ollé Rodrígues, Manuel, "A inserçã das filipinas na Asia Oriental (1565 – 1593)", *Review of Culture*, 7 (2003), pp. 217 – 237.

Ortuño Sánchez-Pedreño, José María, "Las pretensiones de Hernan Cortés en el mar del Sur. Documentos y exploraciones", *Anales de derecho*, 22 (2004), pp. 317 – 356.

Pagden, Anthony, *The Fall of Natural Man: The American Indian and the Origins of Comparative Ethnology*, Cambridge: Cambridge University Press, 1982.

Parker, Geoffrey, *The Grand Strategy of Philip II*, New Haven, CT/London: Yale University Press, 1998.

Paso y Troncoso, Francisco del, *Epistolario de la Nueva España*, Mexico: José Porrúa e Hijos, 1939.

Pastells Pablo, and Pedro Torres y Lanzas, *Catálogo de documentos relativos a las islas Filipinas*, Barcelona: Viuda de L. Tasso, 1925 – 1936.

Pelliot, Paul, "Le Hoja et Le Sayyid Husain de l' histoire des Ming", *T'oung Pao*, 2nd series, vol. 38, 2 – 5 (1948), pp. 81 – 292.

Prieto, Carlos, *El oceano pacífico: navegantes españoles del siglo XVI*, Madrid: Alianza Editorial, 1975.

Quiroga, Vasco de, *De debellandis Indis*, ed. René de Acuña, Mexico: UNAM, 1988.

Reid, Anthony, "Southeast Asia Categorizations of Europeans", Stuart Schwartz (ed.), *Implicit Understanding: Observing, Reporting and Reflecting on the Encounter between Europeans and other Peoples in the Early Modern Era*, Cambridge: Cambridge University Press, 1994, pp. 238 – 294.

Robinson, David M., "The Ming Court and the Legacy of Yuan Mongols", in David M. Robinson (ed.), *Culture, Courtiers and Competition: The Ming Court (1368 – 1644)*, Cambridge, MA: Harvard University Press, 2008, pp. 365 – 421.

Rubiés, Joan Paul, *Travel and Ethnology in the Renaissance: South India through European Eyes, 1250 – 1625*, Cambridge: Cambridge University Press, 2000.

Sá, Isabel dos Guimarães, "Os rapazes do Congo: discursos em torno de uma experiêmcia colonial (1480 – 1580)", in Leila Mezan Algranti and Ana Paula Megiani (eds), *O império por escrito. Formas de transmissão da cultura letrada no mundo ibérico, séculos XVI – XIX*, São Paulo: Alameda, 2009, pp. 313 – 332.

Sahagún, Bernardino de, *Historia general de las cosas de Nueva España*, Mexico: Porrúa, 1997, vol. 4, trans. Angel Mariá Garibay, trans. James Lockhart, *We People Here: Nahuatl Accounts of the Conquest of Mexico*, Los Angeles, CA: University of California Press, 1993.

Salazar, Domingo de, *Sinodo de Manila de 1582*, ed. José Luís Porras Camuñez et al., Madrid: CSIC, 1988.

Saldanha, António Vasconce los, and Jorge Manuel dos Santos Alves (eds),

Estudos de História relacionamento luso-chinês, séculos XVI – XIX, Macao: Instituto Português do Oriente, 1996.

Sallmann, Jean-Michel, *Charles Quint: L'empire éphémére*, Paris: Payot, 2000.

Sallmann, Jean-Michel, *Le Grand Désenclavement du monde, 1200 – 1600*, Paris: Payot, 2011.

Sánchez, Aguilar, Federico, *El lago español: Hispanoasia*, Madrid: Fuenlabrada, 2003.

Schwartz Stuart (ed.), *Implicit Understanding: Observing, Reporting and Reflecting on the Encounter between Europeans and other Peoples in the Early Modern Era*, Cambridge: Cambridge University Press, 1994.

Skinner, Quentin, *The Foundation of Modern Political Thought*, Cambridge: Cambridge University Press, 1978.

Sloterdijk, Peter, *Essai d'intoxication volontaire, Suivi de L'heure du crime et le temps de l'oeuvre d'art*, Paris: Pluriel, 2001.

Smith, Michael E., *Aztec City-State Capitals*, Gainesville, FL: University of Florida, 2008.

So, Billy K. l., *Prosperity, Region, and Institutions in Maritime China: The South Fukien Pattern, 946 – 1368*, Cambridge, MA: Harvard University Press, 2008.

Spallanzani, Marco, *Giovani da Empoli: mercante navigatore fiorentino*, Florence: Spes, 1984.

Spate, O. H. K., *The Spanish Lake*, Minneapolis, MN: University of Minnesota Press, 1979.

Suárez Peralta de, Juan, *Tratado del descubrimiento de las Indias*, Mexico: Secretaría de Educación Púbica, 1949.

Subrahmanyam, Sanjay, *The Portuguese Empire in Asia, 1500 – 1700: a Political and Economic History*, London/New York/Longman, 1993.

Tafuri, Manfredo, *Venice and the Renaissance*, Cambridge, MA: MIT Press, 1989.

Tapia, Andrés de, *Relación sobre la conquista de México*, Mexico: UNAM,

1939.

Thomaz, Luís Filipe F. R., *De Centa a Timor*, Algés: DIFEL, 1994.

Townsend, Camilla, "Buying the White Gods: New Perspective on the Conquest of Mexico", *American Historical Review*, 108, 3 (2003), pp. 659 – 687.

Valladares, Rafael, *Castilla y Portugal en Asia (1580 – 1680)*, Louvain: Leuwen University Press, 2001.

Vogeley, Nancy, "China and the American Indies: A Sixteenth-Century History", *Colonial Latin American Review*, 6, 2 (1997), pp. 165 – 184.

Voretzsch, Ernst Arthur, "Documentos acerca da primeira embaixada portuguesa à China", *Boletim sa Sociedade Luso-Japonesa*, 1 (1926), pp. 30 – 69.

Wachtel, Nathan, *La Vision des vainus: Les Indiens du Pérou devant la conquête espagnole*, Paris: Gallimard, 1971, trans. Siân Reynolds, *The Vision of the Vanquished: the Spanish Conquest of Peru through Indian Eyes, 1530 – 1570*, Hassocks: Harvester Press, 1977.

Wade, Geoffrey Phillip, "The Ming-shi-lu (Veritable Records of the Ming Dynasty) as a Source for Southeast Asian History, 14th to 17th centuries", doctoral thesis, University of Hong Kong, 1994.

Wauchope, Robert (ed.), *Guide to Ethnohistorical Sources: Handbook of Middle American Indians*, vol. 14, part 3, Austin, TX: University of Texas Press, 1975, pp. 235 – 236.

White, Richard, *The Middle Ground: Indians, Empires, and Republics in the Great Lakes Region, 1650 – 1850*, Cambridge: Cambridge University Press, 1991.

Zhu, Jianfei, *Chinese Spatial Strategies: Imperial Beijing 1420 – 1911*, London: Routledge Curzon, 2004.

Zimmerman, T. C. Price, *Paolo Giovio: The Historian and the Crisis of Sixteenth-Century Italy*, Princeton, NJ: Princeton University Press, 1995.

译 后 记

受山东大学全球史与跨国史研究院的委托，在刘家峰教授的支持和信任下，并得到著者塞尔日·格鲁金斯基先生的慨然允可，我翻译了《鹰与龙：全球化与16世纪欧洲在中国和美洲的征服梦》一书，且汉译本被纳入山东大学全球史与跨国史研究系列丛书出版，对此我实在是倍感荣幸。

本书的著者塞尔日·格鲁金斯基是墨西哥后裔，1949年出生于法国图尔昆市（Tourcoing），1986年在巴黎第一大学获得博士学位，先后任法国国家科学研究院名誉研究主任、法国社会科学高等研究院研究主任，荣休后又被美国普林斯顿大学延聘为特聘教授。格鲁金斯基教授长期专注于欧洲与拉丁美洲地区的交流史，对西方化与殖民地文化、拉美地区的区域文化、拉美殖民地的文化变迁与交融、全球化影响下的地方文化反应等领域有着开创性的研究，在国际学术界享有盛誉。

格鲁金斯基教授对中国学界来说并不陌生。早在2001年，法语文学翻译家马振聘先生就翻译了其著作《阿兹特克：太阳与血的民族》，该书经汉语大词典出版社出版，为我们讲述了16世纪时西班牙殖民者与墨西哥先民中美洲阿兹特克人的接触与冲突，特别展现了土著印第安人的社会与文化在被西班牙人殖民后的应对与融合。2015年，在济南召开的第22届国际历史科学大会上，格鲁金斯基教授摘得"国际历史学会—积家历史学奖"，成为首位获得这一奖项的历史学家。获奖后，格鲁金斯基做了题为《当鹰来到龙的国度》的主旨演讲，其主要内容实质上就是取材于大家案前的这部作品。

在《鹰与龙：全球化与16世纪欧洲在中国和美洲的征服梦》一书中，"鹰"是墨西哥，而"龙"是指中国，两个相隔万里的国度在16

世纪时被同步纳入到伊比利亚半岛所撒下的全球网络。1519年11月，西班牙远征家科尔特斯侵入墨西哥，1年后的5月，葡萄牙外交使臣皮莱资觐见正德帝，试图打开中国的国门。此后，在欧洲人主导下的军事武力或和平外交的推动下，西班牙与墨西哥、葡萄牙与中国在政治、经济和文化上发生了不同形式的接触和联系。诚如著者在结论中所言，要想完全理解全球化下的历史进程，需要摒弃既存的国家、殖民和帝国之老旧框架，还要摒弃仅仅站在欧洲的单一视角来观察全球化进程的做法。这一点上，国际历史学会在"积家历史学奖"的颁奖词中对获奖者格鲁金斯基的褒扬，无疑更具有客观性：历史不是明确无疑与单向度的，也不是片面与始终如一的。格鲁金斯基是最早论证这一结论的先驱之一。

还需要说明的是，《鹰与龙：全球化与16世纪欧洲在中国和美洲的征服梦》一书使用了大量的葡萄牙语、西班牙语、阿兹特克语、汉语、法语和英语等多语种的史料，加上中文版本的翻译又是根据琼·比勒尔（Jean Birrell）2014年在英国政治出版社（Polity Press）所翻译的英文版本，因而尽管经过青岛大学季发老师和山东大学刘家峰教授的联手核校，但在翻译、转译、回译上仍难免有晦涩不明、疏漏舛错之处，这里我们殷切地期待着读者们的批评和指正。

最后，译著能够顺利出版，离不开中国社会科学出版社郭沂纹副总编和张湉老师负责而又高效的核校及编辑，为本书着实增色不少，本人在此深表谢忱！

崔华杰
2018年4月于济南